湖北省公益学术著作
Hubei Special Funds for Academic and Public-interest Publications 出版专项资金

中华凤文化研究书系

主编 刘玉堂 副主编 庞进

# 凤与中国文化

吴艳荣 著

长江出版传媒 | 湖北教育出版社

图书在版编目（CIP）数据

风与中国文化/吴艳荣著. --武汉：湖北教育出版社，2024. 6
（中华风文化研究书系/刘玉堂主编）
ISBN 978-7-5564-6121-9

Ⅰ. ①风… Ⅱ. ①吴… Ⅲ. ①中华文化—研究 Ⅳ. ①K203

中国国家版本馆 CIP 数据核字（2024）第 111529 号

风与中国文化

| | | | |
|---|---|---|---|
| 出品人 | 方　平 | 策　　划 | 刘　艺　李作君 |
| 责任编辑 | 朱思思 | 责任校对 | 李庆华 |
| 封面设计 | 李　枫　张岑玥 | 责任督印 | 刘牧原 |

| | | | |
|---|---|---|---|
| 出版发行 | 长江出版传媒 | 430070 | 武汉市雄楚大道 268 号 |
| | 湖北教育出版社 | 430070 | 武汉市雄楚大道 268 号 |
| 经　　销 | 新　华　书　店 | | |
| 网　　址 | http://www.hbedup.com | | |
| 印　　刷 | 武汉市新华印刷有限责任公司 | | |
| 地　　址 | 武汉市江夏区大桥新区邢远长街 18 号 | | |
| 开　　本 | 710mm×1000mm　1/16 | | |
| 印　　张 | 12.75 | | |
| 字　　数 | 152 千字 | | |
| 版　　次 | 2024 年 6 月第 1 版 | | |
| 印　　次 | 2024 年 6 月第 1 次印刷 | | |
| 书　　号 | ISBN 978-7-5564-6121-9 | | |
| 定　　价 | 56.00 元 | | |

# 总 序

20 世纪 70 年代后期，歌曲《龙的传人》瞬间风靡大江南北、海峡两岸，令海内外中华儿女心旌摇荡、热血沸腾！然而，人们何曾想过，历史的真实却出人意料：中华民族不只是龙的传人，也是凤的传人，龙与凤都是中华民族和中华文化的象征，理应同享殊荣，不宜扬此而抑彼。

根据现已获取的信息，崇凤之俗似乎早于崇龙之俗。在浙江余姚河姆渡文化遗址出土的一块象牙上，雕刻着两只交体的凤，彼此仰首回眸相视，其间是一轮喷薄而出的太阳，这是迄今所见最早的双凤朝阳图。河姆渡文化时代为新石器时代早期，距今约 7000 年，与出土“黄河第一龙”的河南濮阳西水坡遗址和“长江第一龙”的湖北黄梅焦墩遗址相比，要早千年左右。

无独有偶，位于长江中游的湖北天门石家河文化遗址，出土了一件环形玉雕凤，其构思之奇巧和造型之精美，在已知原始时代的凤鸟形象中罕有其匹。石家河文化遗址的年代为新石器时代晚期，其主人是楚国土著先民三苗遗裔，从石家河文化主人的崇凤情结，方知楚地崇凤之俗由来已久！

夏朝是否崇凤，尚难定论。商朝和周朝崇凤，则是不争的事实。商代晚期和西周早期，凤始终是青铜器纹饰中最闪亮的角色。从东周起，伴随着南北文化的交流激荡，龙与凤开始各擅胜场，前者成为权威和尊严的表征，后者变成才艺和吉祥的标识。

人类文明的“轴心时代”，正值楚人的信史时代春秋战国时期，先民的图腾只留下朦胧的印记，但仍然不乏图腾的象征作用和神秘意味。在楚人的潜意识里，尊崇凤，就是尊崇自己的祖先；钟爱凤，就是钟爱自己这个民族。在楚国出土文物中，凤的图像和雕像比比皆是，远非同期其他各国文物可以比肩。这些凤的形象虽千姿百态，纷华照眼，但无一不显得雍容华贵，英武伟岸。楚人以为只有在凤的导引下，人的灵魂才得以周流八极，飞登九天！

“秦王扫六合，虎视何雄哉！”以公元前221年秦王朝建立为界线，此前是凤与龙相比由更为风光到难分轩轾，此后是凤与龙的地位此降而彼升。龙在先民崇拜的诸多灵物中升到至尊至神的地位，在长达2100多年的岁月中，龙一直是帝制和皇权的标志。辛亥革命结束了帝制，但龙的威仪和神圣依然存在，中华民族的崇龙情结仍未消减，于是，龙又成为民族和文化的象征，凤则悄然退居次席，似乎无缘与龙相提并论了。

其实，这是历史的误会，在民族与文化的象征上，凤与龙理应平分秋色，正如闻一多先生所言：“龙凤是天生的一对！”

正是因为凤的地位如此特殊而际遇又异常曲折，为凤正名的呼声一直不绝于耳。而我们萌生编撰“中华凤文化研究书系”的初衷，并非完全出于为凤之不平而鸣，更主要的考量是凤文化非同寻常的人文内涵。

传世文献和出土文物所提供的资料告诉我们：凤文化是一种具有丰富人文内涵的文化形态，在文学、美术、乐舞、建筑、园林、器用、服饰等领域都不乏精彩呈现，深深地渗透于中国社会的各个层面，放射出璀璨夺目的人文光辉。

尊重传统是凤文化人文内涵的精神底色。凤文化对传统的尊重突出体现在信仰、礼仪、道德、风尚等诸多方面，这是对中华民族慎终追远情愫的赓续，也是对中华文化念祖怀乡精神的传扬。

崇尚美德是凤文化人文内涵的品格标志。凤文化倡导人们追慕诸如仁爱、正义、诚信、孝亲等嘉德懿行，代表着人类共同的理想境界，既涵润着公民的道德修养，又助长了社会的文明风尚。

推崇友善是凤文化人文内涵的人性认知。凤文化认为人类一方面要提升和完善自我修为，另一方面也要懂得体谅和宽恕他人，凤文化中不少文化符号和艺术形式，充分流露出对人性友善的赞美和期许。

追求和谐是凤文化人文内涵的价值取向。凤文化追求个人心灵与肉体之间、人与人之间、人与社会之间的和谐，无论是传世文献对凤的描述，还是出土文物对凤的展示，都体现出凤文化对和谐执着而热烈的追求。

敬畏自然是凤文化人文内涵的科学理念。凤文化尤为注重人与自然的关系，讲求尊重自然、呵护自然、调适自然、因借自然，真正做到人与自然和合共生，凤文化中许许多多的艺术形象，生动地表达了对自然的敬畏和礼赞。

凤文化深邃而独特的人文内涵，宛如生生不息的文脉、血脉和根脉。其文脉贯注于文化创造中，血脉激活于生命智慧里，根脉滋养于公序良俗间，历千年而不绝，亘万古而长新，对凤文化进行系统而深入的研究，成为一道神秘而曼妙的诱人风景。

研究凤文化有助于把握中国历史文化的演进轨迹。凤文化源远流长，博大精深，是中国传统文化的菁华元素，对凤文化流变的精细考察，就是对中国历史文化发展脉络的精心梳理。

研究凤文化有助于弘扬中华文化精神。中华文化精神是中华民族人文精神和价值观念的综合体现，而凤文化精神则是中华文化精神的重要基因，研究凤文化，无疑是弘扬中华文化精神的题中应有之义。

研究凤文化有助于促进文化认同。凤文化作为中华传统文化的一部分，具有强烈的文化认同感，通过对凤文化的研究和传承，可以增强中华民族的向心力和凝聚力，坚定文化自信和文化自强。

研究凤文化有助于推动不同文化间的交流互鉴。凤文化作为一种具有特殊意义的文化形态，对于推动不同国家和地区间的文化交融互摄，具有春雨润物般的功能。

研究凤文化有助于增强审美意识。凤文化涵盖了广泛的艺术形式，如绘画、雕塑、书法、音乐、舞蹈、戏剧、曲艺、织绣、工艺等，对凤文化进行研究，可以更好地理解和欣赏这些艺术形式的美学意蕴，拓展人们的艺术视野和审美空间。

研究凤文化有助于保护文化遗产。凤文化本身就融入中华文化遗产的肌理之中，通过对凤文化这一独具特色且无可替代的文化遗产的保护研究，可以更好地传承、弘扬中华文化遗产，维护中华文化的多样性和独特性。

综上以观，凤文化研究是历史与时代赋予的光荣使命，不能不引起学界的关注和重视。为此，我们策划了这套“中华凤文化研究书系”，选取了与凤文化关系密切的几个选题实施破冰之旅，包括凤与中国文化、凤与中国文学、凤与中国乐舞、凤与中国服饰、凤与中华祥瑞美学和凤与中国民俗等，因这些研究仅仅是开端，此后还将持续推进，以形成系列，故名之曰“书系”。

假定把书系比作新娘，序不过是盖头，人们最想看的不是盖头，而是盖头下欲遮还羞、风姿绰约的新娘，故序宜轻轻掠过，“不带走一片云彩”！

刘玉堂

# 目录

CONTENTS



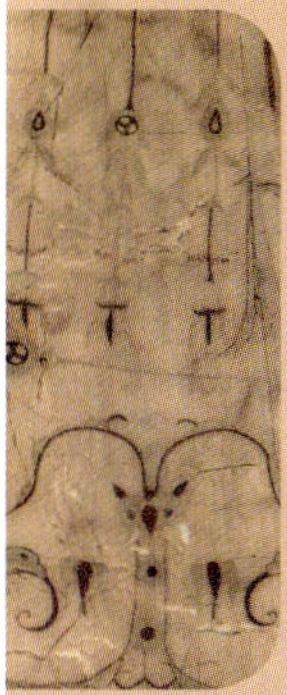

# 绪论

一直以来，人们在凤凰原型的问题上作了很多有意义的探索。本书想换一个思维角度，探寻凤凰崇拜观念的源与流，以及凤凰崇拜观念影响下的丰富物质文明与精神文明成果。

## 一、梳理凤凰崇拜的观念之源

自然神崇拜时期，太阳是天空中的主神，凤鸟与太阳相伴或成为太阳神的化身，是奠定凤凰高贵神性的开始。图腾崇拜、祖先崇拜兴起的时候，不少华夏古帝、氏族始祖（首领）既是太阳神也是鸟（凤）神的复合形象，证明了原始时期太阳崇拜、凤鸟崇拜的主导性。由此，也使凤凰崇拜观念中融合了祖先崇拜、鸟祖信仰、生殖崇拜等巫术宗教思想，凤鸟的神性进一步丰富。原始时期天神主宰人间社会秩序与权力系统，凤鸟是天人间沟通的神使，是人间祭祀的对象。

追根溯源，凤凰崇拜的观念之源具有多元性和兼容性。从神话传说中的“太阳鸟”崇拜、华夏古帝的鸟（凤）神兼日神形象信仰到考古发现中的鸟（日）图像崇拜；从太阳神、华夏古帝，到商周时期抽象意义的帝、天与祖先神，凤凰始终与至上神结缘，凤凰崇拜观念的源头由此也可以归结为几方面的融合：自然崇拜、图腾崇拜、祖先崇拜与生殖崇拜的融合；原始宗教与政治宗教的融合；神性、德性与权力、秩序的融合。以上诸方面融合促成了凤凰崇拜观念的产生，同时也包容了丰富的早期文明的信息。

### 二、论述商周时期的凤凰崇拜

商代至西周时期，依然笼罩着浓厚的原始巫术宗教氛围。凤凰崇拜观念承袭原始时期的同时，在表现形式与文化内涵方面有所发展。在国家祭祀、帝（天）崇拜、祖先崇拜、天人沟通与属神的身份认同等政治、宗教层面，凤凰发挥着重要作用。青铜器是商周时期的国之重器，是国家祭祀的重要物质载体，考古发现凤凰是青铜器上的重要绘饰。本书重点分析青铜器上凤鸟的花草冠及凤鸟的眼睛所凸显的巫术宗教性。

随着社会的发展，人间崇拜的神灵系统会有调整与变化，商周时期至上神为抽象意义上的帝、天，一直与至上神结缘的凤凰成为帝、天的使者，或是帝与祖先神的化身。凤凰既是巫者天人沟通的代表性媒介，亦是统治者属神身份认同的标志性象征。凤凰先是遗卵人间，诞下商族，延续原始思维中的鸟祖信仰、神性生殖崇拜；商代的帝、祖先神形象与凤凰形象杂糅在一起。后来凤凰鸣于岐山，喻示周族崛起。同时，周族始祖后稷诞生的感生神话，有学者认为“大人迹”为“帝（太阳神）迹”，且后稷被弃于冰上时有（凤）鸟飞来温暖覆盖保护，则周族始祖亦隐晦性地表现为帝（太阳神、凤鸟）之子。

### 三、论述秦汉一统后，凤凰维护、体现帝制时代的神圣性与等级性

在中国古代的四灵中，考古发现龙与凤的搭配比较多见，

早有学者论证上古时期存在龙、凤崇拜的古史递代，笔者不敢全部认同，但龙凤崇拜的交叉、融合的确是先秦时期思想信仰中的重要主体。神话传说里，诸多华夏先祖的形象堪称龙凤的复合体；商、周始祖均与凤凰产生或显或隐的血缘关系；秦灭六国，秦始皇号称祖龙；汉代一统天下，感生神话里刘邦为龙之子，亦为龙。龙凤崇拜从原始时期延展到天下一统的帝制时代，成为维护皇权、等级的政治文化象征。

对于皇家以龙象征帝王、凤比拟后妃的政治象征意义，凤冠堪称物化的典型代表。从词源意义追溯，皇、后与王、王冠有密切的关系；古代神话里皇与女神及鸟神有深厚渊源。早期凤凰承载的鸟祖信仰、生殖崇拜、神性与德性等原始宗教思想奠定了凤凰的政治文化地位；秦汉一统以后，龙的政治文化地位跃升，凤凰与龙“相配”的阴阳观念与文化象征，凤凰作为女性头饰的演绎过程，凤凰人格喻意上的逐步女性化，加上宋代儒家礼制的进一步作用，等等一系列渊源已久的政治需求与文化因素导致了凤冠的诞生。（龙）凤冠纳入皇家礼服制度，这一标志性的开端，使（龙）凤冠俨然成为皇后（后妃）的象征。

## 四、阐释凤凰如何贯通儒道释

随着原始的巫术宗教信仰结合理性思维，演绎化生出儒、道（仙）思想，春秋战国时期的凤凰崇拜观念已呈现多元分化，凤凰与儒家思想结合，在神性之德的基础上被注入人间伦理道德，以凤比德成为新兴人文思潮的一种体现；战国时期神仙信仰出现，凤凰成为导引生魂或亡魂升天（仙）的典型媒介；凤凰亦是巫风笼罩下的南方楚人尊奉的氏族祖先祝融的化身。

凤凰与儒家思想结合非常紧密，堪称儒家思想的形象代言。春秋战国时期已流行“以凤比德”，凤凰被赋予了仁、义、礼、信等儒家之“德”所包含的德目。伴随着政治权力与社会生活等多方面的需求，凤凰之“德”与人间的“德”之具备或“德”之需求间发生了密切的感应与互动，主要体现在帝王、文人、百姓这三个层面，其践履方式表现为以“德”为核心，围绕着天命与王权、文人的政治理想、百姓的美好生活需求，分别以正史、诗歌、民间传说等不同形式以及体现出社会等级差异性的内容展开。对凤凰的神化与人格化是凤凰之“德”能在人间践履的根本因素。凤凰秉“德”反映了儒家追求社会和谐的政治理想。凤凰之“德”是秉承儒家思想的一个政治范畴。

凤凰与道教神仙信仰的关系，经历了从先秦秦汉时期的始而深厚，到唐以后的继而淡薄。凤凰与升仙产生联系是包含了灵魂不灭、自然崇拜、鸟祖信仰等思想信仰的原始宗教、巫术信仰与神仙信仰复合作用的结果，贯穿其间的是人类强烈的生命意识。

此外，楚、汉葬俗中以“镇墓、升仙（天）”为主题的凤凰在物质空间与意识空间的演变，产生了凤凰既守“墓门”又守“天门”的独特画像。由楚到汉，巫术信仰与神仙信仰分别对凤凰的形象与存在空间造成了不同的影响，也导致了凤凰在文化属性上由巫风到仙气的转变。

凤凰与佛教的结合，也是中国佛教的一大特色，王勃《梓州通泉县惠普寺碑》：“瑶龛宝座，光华震旦之墟；凤刹蜺裳，斧藻阎符之域。”蒋清翊注：“凤刹，刹上饰凤也。”凤刹即指寺庙或佛塔。佛道融合、佛教的儒学化，表现在考古发现与存世遗迹中可见“仙佛模式”、儒佛混融中的凤凰，如汉墓中凤凰与“仙人骑白象”“舍利”共存，敦煌卜葬书中作为神兽的凤凰；此外佛教的普度众生与凤凰秉承的儒家之德、佛教的净土之和与凤凰承载的“和”文化亦有着一定的共通性，凤凰堪称儒道释三教合流的一个重要影像。不过凤凰与佛教的关系，只是凤凰承载的儒、道思想文化在佛教世界的表现或延展，佛教并未赋予凤凰多少新的文化内涵。

## 五、阐释凤凰在中华民族情感中的深厚沉淀

凤凰承载着人们尚和趋吉的心理意识。“尚和”思维源远流长，是三代礼乐传统的重要精神品格，“和”的内涵博大精深，它既可以作为一种宇宙观、世界观，也可以作为一种价值观、方法论，还能作为一种政治观、伦理观。“尚和”广泛地闪现在古代知识系统的各个领域中，成为具有民族特质的思想文化传统。[①]“凤凰之和”的根本，在于服务于神本时代的“天人之和”、帝制时代的“政治之和”、民本思想中的“社会之和”。“凤凰”在民间有着深固而广泛的群众基础，它化为民俗，渗透在人们的衣食住行中，固化在民族情感里，代代相传，与时俱进，永远鲜活。

①夏静：《“尚和”思维论》，《中国社会科学院研究生院学报》2008年第6期。

幸福、俸禄、长寿、喜庆、财富、吉利、和气、平安、修养、圆满，此为吉祥的十个方面。[②]凤凰的文化内涵与吉祥的十个方面，均有对应的联系，只是随着时代的发展，凤凰的吉祥含义泛化、笼统。凤凰成为吉祥符号，有着时间维度上的累积、信仰维度上的变异与融合等多层面的因素。凤凰能成为吉祥符号，大体归因于三方面：其一，早期自然崇拜中的“太阳鸟”崇拜，原始宗教信仰中以天人关系的“物我同构”“天尊人卑”为导向的鸟祖信仰、生殖崇拜等，反映了凤凰（鸟）与人们的生产生活、思想信仰的密切联系，包含了凤凰能成为吉祥符号的文化诱因。其二，先秦秦汉凤凰作为“四神（灵）之一”、镇恶驱邪的神鸟属性，为其成为吉祥符号进一步奠定了基础。其三，凤凰与儒、道、释结合产生的思想文化，以及凤凰的世俗化带给普通百姓对美好生活的向往等，让不同阶层的人对凤凰倾注了丰富深厚的情感，最终使凤凰定型成为重要的吉祥符号。

②张道一：《吉祥文化论》，重庆大学出版社，2011年，第84—85、256页。

# 第一章

## 神话传说与考古发现里探源

与“龙”形象的主体是“蛇”相似，“凤”形象的主体是“鸟”。河南安阳殷墟出土的殷商甲骨文中的“凤”字，为象形文字，整体看上去像一只孔雀，冠、羽和长尾俱全。鸟是东夷部落的图腾，在神话传说中，东夷部落由少昊建立，其臣僚百官全是鸟，俨然鸟的王国，凤凰为其做总管[①]，凤即是多种鸟类的集合体。

①袁珂：《中国古代神话》，华夏出版社，2006年，第76页。

凤凰的诞生一直是一个众说纷纭的话题，依据文献记载，许多鸟类与其他生物都是凤凰的原型之一，或化作了凤凰身形的一部分。汉代许慎《说文解字》云：“凤，神鸟也，天老曰：凤之象也，鸿前麐（麟）后，蛇颈鱼尾、鹳颡（额）鸳思（腮）、龙文虎背、燕颔鸡喙，五色备举。”当代学者研究认为凤凰家族有凤、鸾、鹓鸰、鸑鷟、鹄、天翟、重睛鸟、鲲鹏、马头凤、鹔鹴、发明、焦明、幽昌、玄鸟、踆乌、皇鸟、孟鸟、灭蒙鸟、天鸡、鹳鸟等约五十种，并将凤凰的起源归为鹑鸡类、鹰枭类、踆乌三类鸟。[②]亦有学者指出凤的别名和凤属神鸟有皇鸟、鹏、鸑鷟、朱鸟、鹓鸰、鸾鸟及其他等。[③]民间艺人笔下凤的形象可概括为：锦鸡首，鹦鹉嘴，孔雀脖，鸳鸯身，大鹏翅，仙鹤足，孔雀毛，如意胜冠。

②王大有：《龙凤文化源流》，北京工艺美术出版社，1988年，第10、16—59页。

③王维堤：《龙凤文化》，上海古籍出版社，2000年，第82—125页。

显然，凤凰是属于“杂取种种，糅成一个”的生灵，虽说我们不能清晰地知道这个“糅成”的详细过程，但可以换一个角度，即探寻凤凰崇拜的观念之源。如果没有核心的信仰与观念作为凝聚力量，怎么能杂取种种生物的特征而融成一个独一无二的生灵——凤凰呢？所幸神话传说、考古发现为我们探寻凤凰崇拜的观念之源提供了双重视角。

## 第一节　神话传说中的“太阳鸟”崇拜

中国的神话是民族文化因子的储存，当人们追寻民族心理、文化传统、自然观念、历史意识、哲学宗教、文学艺术时，无一例外地要上溯到神话传说；正是这样一种充满虚幻色彩的话（话语）说（言说），在很长一段时间中具有不可置疑的权威性和有效性，对中国文明产生了不可替代的影响。[①]神话传说与信仰往往有着密切的联系，神话传说中叙述的超自然力和事件，至少从其产生来说，被认为是远古时代确曾存在和发生过的。对神圣存在的虔敬和信仰，使神话传说具有神圣的性质，往往与世俗的生活范畴分开，而与人们的宗教信仰紧密相连，甚至成为宗教信仰的有机组成部分。[②]追溯凤凰崇拜的观念之源，必然绕不开神话传说。

①伍丹、杨经建：《神话·游戏·象征——对象征主义艺术的存在论阐释》，《湖南师范大学社会科学学报》2016 年第 4 期。

②杨利慧：《女娲的神话与信仰》，中国社会科学出版社，1997 年，第 121 页。

### 一、自然神崇拜中的“太阳鸟”神话

自然崇拜是原始时期人类生活中的普遍信仰。华夏民族崇拜太阳神最早见于远古岩画。殷墟卜辞记载了殷商人朝迎日出、暮送日入的礼拜仪式。《礼记·郊特牲》云：“郊之祭也，迎长日之至也，大报天而主日也。”郑玄注：“天之神，日为尊。”孔颖达疏：“天之诸神唯日为尊，故此祭者，日为诸神之主，故云主日也。”“天之诸神，莫大于日。祭诸神之时，日

居诸神之首。”上古时代，中国大地曾广为流行对太阳神的崇拜，中华民族的主要图腾标志“龙”和“凤”，皆是太阳神的隐喻象征。[1]

（一）十日神话与日中有乌

相传古代天上有十个太阳，它们的名字分别叫：甲、乙、丙、丁、戊、己、庚、辛、壬、癸。“十日”居住在汤谷扶桑，每天有一个太阳照临人间，十天一轮值，即一旬。《山海经·大荒东经》：“大荒之中，有山名曰孽摇頵羝，上有扶木，柱三百里，其叶如芥。有谷曰温源谷。汤谷上有扶木。一日方至，一日方出，皆载于乌。”乌，郭璞注“（日）中有三足乌”，《淮南子·精神篇》云“日中有踆乌”。[2]

在神话思维的拟人化类比作用下，太阳总是被想象成一个生命存在，因此，太阳的东升总是同“生”或“复生”相联系，太阳的西落则被视为衰老与死亡。先民认为有十个太阳居住在海中神树扶桑上，它们轮流升空，早上太阳升（生）于海中，晚上入（死）于海中，太阳有生也有死，依靠扶桑——宇宙树、生命树和大海生死循环，生生不已。[3]而太阳之所以能在时空中运行，乃“皆载于乌”。这里的乌，应该是一种与太阳相伴的神鸟，为凤凰的原型之一。《初学记》卷三十引《春秋元命苞》：“日中有三足乌，阳精。”有学者认为“三足乌”实际上是雄鸟双足和生殖器的比喻性说法，日中的鸟、乌、踆、踆乌都是以男根来象征日神之精。[4]而阳之精并不是单一的，《艺文类聚》卷八十引《春秋考异邮》：“火者，阳之精也。”卷九十引《鹖冠子》曰：“凤，鹑火禽，阳之精也。”卷九十九又引《春秋元命苞》曰：“火离为凤。”《易》：“离为火。”可见凤鸟、火均为阳之精，换言之，凤鸟、火可以与太阳相伴，也可以与太阳在某种时空寓意中起到等同或置换的象征意义。

①王泉根：《夏商日名与太阳崇拜——中国人名发展简史之二》，《寻根》2011 年第 3 期。

②袁珂：《山海经校注》，上海古籍出版社，1980 年，第 354 页。

③张碧波：《说甲骨文“昜”与“易”——兼及汤谷扶桑十日神话发生学诸问题》，《古籍整理研究学刊》2005 年第 2 期。

④王晖：《商周文化比较研究》，人民出版社，2000 年，第 28 页。

（二）广泛流传的“太阳鸟传说”

远古先民相信，太阳与鸟相生相息，不可分离。流传在畲族民间的传说《阳兆鸟》，将阳鸟与太阳密不可分的关系，以及太阳对阳鸟的依赖，描绘得淋漓尽致：

> 阳鸟的鸣唱非常悦耳动听，太阳听到阳鸟的鸣唱，就不肯睡觉，于是，世界上就没了黑夜，一年三百六十个黑夜都成了白天，人们又种地又狩猎，非常欢乐。喜欢黑夜的魔鬼恨透了阳鸟，一心要把阳鸟除掉，好让太阳长睡，使世界永远都是黑夜。魔鬼用七件厚棕衣裹住身子，用七顶笠帽挡住阳光，趁阳鸟正在欢乐地对着太阳鸣唱时，悄悄挨上去把阳鸟逮住啦！太阳听不到阳鸟的鸣唱，神志迷糊地合眼睡去了，于是，天地就一团漆黑。
>
> 世界上一年三百六十天都成了黑夜，魔鬼好快活呀！在漆黑的天地里，魔鬼就可以四处横行，到处胡作非为啦！魔鬼要捏死阳鸟，谁知只要用力一捏，阳鸟身上就冒出电火，电火把魔鬼击得哇哇叫。魔鬼没法，就用十二层铁铸的囚笼把阳鸟关起来，使阳鸟永远出不来，这样，阳鸟就不能鸣唱，没有听到阳鸟的鸣唱，太阳就会沉睡不醒，太阳不醒，黑暗的世界就属于他们魔鬼的啦！
>
> 阳鸟被关进十二层铁铸的笼里，就用尖喙啄着铁笼，啄了一层又一层，喙啄平啦，嘴染血啦，阳鸟忍着疼痛，还是勇敢地啄着啄着，啄一层铁笼，要一个时辰，足足啄了十二个时辰，终于啄破了十二层铁囚笼，展翅飞逃啦！阳鸟飞逃了出来，立即高声鸣唱，太阳听到阳鸟鸣唱，就转醒了，霎时，黑夜退去，人间又有了明亮的白天。于是，青草重绿山花红，彩蝶纷飞丛林翠，大地又恢复了生机。
>
> 魔鬼恼恨呀，连忙又裹上七件棕衣，戴上七顶笠帽，重新把阳鸟逮住。可是，没有法子杀死阳鸟，只得仍把阳

鸟关在十二层铁铸的笼子里，勇敢的阳鸟还是用喙一层又一层啄破了十二层囚笼，冲破铁狱，用带血的伤嘴高声鸣唱，唤醒了太阳，驱除了黑夜，给大地带来了光明。阳鸟就是这么顽强地和魔鬼斗争着，日复日，月复月，年复年，永远不让黑夜笼罩世界，使魔鬼不能为所欲为。每当天将破晓，早起的人们可以听到一声欢悦的鸟鸣，那就是阳鸟刚啄破十二层关它的铁笼，呼唤太阳快点醒来的第一声鸣叫。这阳鸟，我们畲家虽然没有见过它的真正模样，但它的鸣唱是这么洪亮有力，能一声鸣唤就把太阳叫醒，人们猜测，它一定比太阳还伟大，还美丽，所以把阳鸟又称呼为“阳兆鸟”。

为了让阳光普照大地，阳鸟与魔鬼进行了不屈不挠的斗争，终于冲破十二层囚笼铁狱。阳鸟的英勇气概，显然代表着太阳本身的力量。传说里阳鸟与太阳分为二物，精神内涵实为一体，前者为后者的灵魂与象征。畲族民众以对鸟类的崇敬，嬗化为对太阳的崇信，而对太阳的深情，又变成了对太阳式鸟类的爱恋和信奉。[①] 无独有偶，在黑龙江下游生活的赫哲人中还有《三只日鸟》的神话流传。[②]

## 二、中华古帝的日神兼鸟（凤）神形象

### （一）伏羲的日神形象

伏羲和女娲是汉族和某些少数民族共同尊奉的华夏始祖夫妇。[③] 何新认为中国的原始先民曾普遍有过太阳神信仰，伏羲之“伏”即“溥”，也就是“伟大”之意，而“羲”亦即“羲娥”，和太阳神“羲和”是同一名号。伏羲的本名作溥曦，即伟大的“曦”神——太阳神。[④] 在汉画像里，多见伏羲手举日，女娲手举月的神像，可以进一步证明伏羲本是一位太阳神。[⑤]

①陈勤建：《中国鸟信仰》，学苑出版社，2003年，第52—54页。

②赫哲族老渔民吴连贵讲述。转引自黄任远《动植物神话与图腾崇拜》，《民族文学研究》1999年第4期。

③徐亦亭：《伏羲和女娲是传说时代东方华夏的始祖夫妇》，《西北民族大学学报》（哲学社会科学版）2004年第6期。

④何新：《诸神的起源——中国远古太阳神崇拜》，光明日报出版社，1996年。

⑤吴天明：《中国神话研究》，中央编译出版社，2003年，第229页。

（二）太皞与少皞的鸟（凤）神兼日神形象

太皞与少皞是古代东夷族崇拜的天神，都是太阳神。皞通“昊”、“皓”。《尔雅·释诂》：“皓，光也。”《说文》：“暤，皓旰也。”段玉裁注：“皓旰，谓絜白光明之皃。”太阳升上天空，阳光洒满大地，天地间一片光明，所以“皞”正是指明亮的太阳光芒。

《史记·补三皇本纪》言太皞“风姓”，童书业认为，“太皞风姓之‘风’，即‘凤’（甲骨文及古书中均有证）。少皞之立，凤鸟适至，二皞之世必相继”[①]。太皞以“风”为姓，暗示了太皞与凤鸟的密切联系。太皞作为太阳神，其形象正是凤鸟。少皞乃太皞之后裔，《左传·昭公十七年》载“我高祖少皞挚之立也，凤鸟适至”，少皞立国，“凤鸟适至”，正与《尸子》所载“少昊金天氏邑于穷桑，日五色，互照穷桑”相同，太阳神化作五彩的凤鸟降临人间，佑护其在人间的子孙。凤鸟在《山海经》中被称为“五彩鸟”，显然，鸟的五彩与日的五色是一致的，五彩鸟与五色日也是相同的，鸟（凤）正是太阳（神）的化身。从古史传说的角度看，太皞与少皞都是东夷族古代神话传说中的太阳神。从神话传说的角度看，太皞与少皞的太阳神性都是通过鸟的形象展示出来的，五彩的凤鸟是太皞的化身，而“诸鸟”则是少皞的“属臣”。前者是幻想的产物，后者则是现实的部族。由幻想到现实，由五彩的凤鸟到现实的部族，由凤鸟的化身到群鸟的“首领”，既是远古先民传说历史的演变，又是太阳神话中太阳神形象发展、演变的轨迹。[②]

（三）高阳的日神形象

《史记·楚世家》载：“高阳者，黄帝之孙，昌意之子也。”楚人奉高阳为先祖，高阳即太阳神。《离骚》“帝高阳之苗裔”之“高阳”，即高悬云天之太阳也。[③]“颛顼就是高阳氏，也是

①童书业：《春秋左传研究》，上海人民出版社，1980 年，第 3 页。

②李立：《文化整合与先秦自然神话演变》，云南人民出版社，2002 年，第 14—19 页。

③龚维英：《一曲太阳家族的悲歌》，《求索》1985 年第 5 期。

崇拜太阳的部落。”[①] 长沙马王堆三号汉墓出土的帛书《十六经》中黄帝的别名也是高阳，而“所谓黄帝……其本意正是太阳神”，“中国古代神话中的伏羲——太昊——高阳——帝俊（帝喾）——黄帝，都是同一个神即太阳神的别名。”[②]

①田昌五：《古代社会形态研究》，天津人民出版社，1980 年，第 437 页。

②何新：《诸神的起源》，光明日报出版社，1996 年。

（四）帝俊的鸟（凤）神兼日神形象

帝俊（亦即帝喾），“夋”为鸟形。俊字在甲骨文中，头部为鸟头。《山海经》中直接出现帝俊不下 15 处，并有“五采之鸟”——凤鸟相随。“惟帝俊下友”，道出了凤与俊鸟人合一的图腾实景。帝俊正是一位以凤鸟自居的、人化的太阳神鸟图腾的首领。[③]

③陈勤建：《中国鸟信仰》，学苑出版社，2003 年，第 89 页。

（五）祝融的鸟（凤）神兼日神形象

祝融为太阳神。《史记·楚世家》记：“楚之先祖出自帝颛顼高阳。高阳者，黄帝之孙，昌意之子也。高阳生称，称生卷章，卷章生重黎。重黎为帝喾高辛居火正，甚有功，能光融天下，帝喾命曰祝融。共工氏作乱，帝喾使重黎诛之而不尽，帝乃以庚寅日诛重黎，而以其弟吴回为重黎后，复居火正，为祝融。”《国语·郑语》记西周末郑国的史伯说：“夫黎为高辛氏火正，以淳耀敦大，天明帝德，光照四海，故命之曰祝融。其功大矣。祝融亦能昭显天地之光明，以生柔嘉材者也。”《左传·昭公二十九年》杜注：“祝融，明貌也。”这些无疑都是太阳的基本特征。“祝融为火神，亦即日神也。”[④] 楚人奉祝融为始祖，《史记·楚世家》和《国语·郑语》均指出，祝融是帝高辛氏火正，即帝俊与祝融之间传说中的君臣关系，反映了两个分别奉帝俊和祝融为始祖的部落集团之间的主从关系。汉《白虎通·五行篇》说：“祝融”，“其精为鸟，离为鸾”，鸾即凤，显然凤是祝融的化身。作为始祖之神的祝融与作为始祖之灵的凤，二位一体。楚文化的主流，是它的始祖——祝融部属从帝俊那边移植过来的，所以才会有太阳鸟的形象。[⑤]

④童书业：《春秋左传研究》，上海人民出版社，1980 年，第 29 页。

⑤陈勤建：《中国鸟信仰》，学苑出版社，2003 年，第 105 页。

## 三、感（“太阳鸟”）生神话中的鸟祖信仰

感生，即无性生殖，许慎《五经异义》引《春秋公羊传》云：“圣人皆无父，感天而生。”所谓感生神话，多指的是女性不与男子性交，而与动物、植物或无生物等发生接触、吞食或心灵感应而怀孕生子的神话。中国古代感生神话最为著名的是商、周、秦三代始祖的诞生。

（一）生命之源的追溯

中国古代神话传说中流传着各种类型的创生神话，创生神话作为发自人类最底层的文化现象，与图腾信仰有着密切的联系。在图腾信仰中，图腾生育信仰是一个重要内容。图腾生育信仰可分为两种类型，其一为感生信仰，如《竹书纪年》“舜母见大虹，感而生舜”；其二为吞食图腾物，如“玄鸟生商”的神话。此外还有吞食植物果实等。

太阳鸟信仰蕴含着先民对自身生命之源的探寻和皈依，人类都曾产生过一种强烈的愿望和冲动，即想知道我是谁，我从哪里来。太阳鸟信仰正反映了先民追寻自我生命源的玄想和臆断：人的性命是太阳鸟的繁衍与演化的结晶。在部族始祖通过“卵生”的形式而诞生的东夷族诸成员共有的图腾神话中，有浙江绍兴地区流传的一则《盘古开辟天地》说，大鸟蛋孕育了盘古，盘古化出了日月天地万物，人也由此而得到萌生与繁衍。[①] 又如族属上与浙江古越先民同源的壮族创世大神姆洛甲神话：

> 宇宙间旋转着一团大气，渐渐变成了一个圆蛋，蛋中三个蛋黄，突然爆成三片，上片为天，下片为大地，大地长起一朵花，花中长出一个女人——壮族的始祖姆洛甲。

①《浙江省民间文学集成绍兴市故事卷》，中国民间文艺出版社，1989年。

两个神话故事结合起来，呈现在我们面前的是人的命根子是由鸟、卵（蛋）一线牵连的。太阳以鸟的形态出现，或者以鸟为太阳始作俑者，产蛋或卵而化生人类，这是遍及中国南方、东南方乃至渤海湾沿海地区太阳鸟信仰的一个重要内涵。[①]

①陈勤建：《中国鸟信仰》，学苑出版社，2003年，第70—72页。

（二）太阳、鸟卵与商祖契的诞生

《诗经·商颂·玄鸟》载有“天命玄鸟，降而生商”的神话，玄鸟是燕子，也是殷商崇拜的图腾，这一神话在《吕氏春秋·音初》中有更为详细的记载：

> “有娀氏有二佚女，为之九成之台，饮食必以鼓。帝令燕往视之，鸣若谥谥，二女爱而争搏之，覆以玉筐。少选，发而视之，燕遗二卵，北飞，遂不反。”

《拾遗记》卷二也有如下记载：

> “商之始也，有神女简狄，游于桑野，见黑鸟遗卵于地……简狄拾之，贮以玉筐，覆以朱绂。夜梦神女谓之曰：‘尔怀此卵，即生圣子，以继金德。’狄乃怀卵，一年而有娠，经十四月而生契。”

从上述文字中可以看出契的诞生缘于简狄“怀”有鸟卵。“怀”鸟卵意味着以身体温度温暖鸟卵，这正是“卵生”形式的象征。而且“怀”鸟卵这样的情节，与太阳照射鸟卵或太阳（神）以鸟的形式温暖鸟卵等神话情节在本质上也是一致的。显然，玄鸟生商神话在情节以及神话所包含的图腾卵生部族始祖的图腾生人观念等方面，与姜嫄神话后半部分是一致的。[②]《潜夫论·五德志》云：“少皞……始作书契。”童书业将少皞解作殷商神话始祖契：“则少皞即殷祖契。《离骚》：‘望瑶

②李立：《文化整合与先秦自然神话演变》，云南人民出版社，2002年，第27—32页。

台之偃蹇兮，见有娀之佚女。……凤皇既受诒兮，恐高辛之先我。’《天问》：‘简狄在台喾何宜？玄鸟致贻女何喜？’则凤鸟亦即玄鸟。‘少皞挚之立也，凤鸟适至’，即‘天命玄鸟’‘帝立子生商’也。”[①] 玄鸟即是凤鸟，也就是太阳神，如此，契为太阳神的后裔无疑。

（三）太阳、鸟与周人始祖后稷的诞生

《诗经·大雅·生民》记载了周人始祖后稷感太阳图腾而诞生的神话：

> 厥初生民，时维姜嫄。生民如何，克禋克祀，以弗无子。履帝武敏歆，攸介攸止，载震载夙，载生载育，时维后稷。诞弥厥月，先生如达，不坼不副，无菑无害。以赫厥灵，上帝不宁，不康禋祀？居然生子！诞寘之隘巷，牛羊腓字之。诞寘之平林，会伐平林。诞寘之寒冰，鸟覆翼之。鸟乃去矣，后稷呱矣！实覃实訏，厥声载路。……卬盛于豆，于豆于登。其香始升，上帝居歆……

姜嫄“履帝武敏”，应是一种巫术行为，求太阳帝保佑儿子出生、氏族兴旺和百谷生长、庄稼丰收。而后稷的神奇出生与他出生后发展农业、被称为农神，正是因为他母亲“履帝武敏”，得到了太阳帝的图腾认可和保佑，所以诗的结尾写到了后稷以丰硕的农业成果来祭祀太阳帝：“卬盛于豆，于豆于登。其香始升，上帝居歆。”[②] 所谓“帝武敏”，即指太阳圣迹。[③] 古人认为，死后的祖先会时常来看望子孙，回来时会留下足迹，这种足迹一旦被发现，就被认为是“圣足迹”“神足迹”，妇女踩了这种足迹，祖先神便降临到她的身上使她怀孕。[④] 亦有学者认为，从神话的具体情节中可以看到，不论是姜嫄怀孕，还是后稷诞生，都有神异的“力量”在幕后操纵。

①童书业：《春秋左传研究》，上海人民出版社，1980 年，第 4 页。

②江林昌：《楚辞与上古历史文化研究》，齐鲁书社，1998 年，第 295—296 页。

③江林昌：《履迹生子观念源于太阳崇拜考》，《东方丛刊》1994 年第 3、4 辑（总第十辑）。

④萧兵：《中国文化的精英》，上海文艺出版社，1989 年，第 196—197、213—216 页。

前者是神异的力量促使姜嫄无夫而孕，后者是神异的力量给后稷以生命；前者的神异力量来自“大人迹”，而后者的神异力量来自“鸟”。而从神话的深层内涵来说，前者表现为周族所崇拜的图腾，是周人的图腾祖先使姜嫄怀上新的生命；后者表现为太阳神，是太阳神以鸟的形式使姜嫄生下的“肉胎”得以成活（诞生）。①

虽然后稷是帝喾的儿子这一说法存疑，但是认为“周氏族是从帝喾的氏族派生出来，大致可靠”。② 而帝喾（俊）正是日神兼鸟神的形象。

（四）玄鸟卵与秦先祖的诞生

《史记·秦本纪》云：“秦之先，帝颛顼之苗裔孙曰女修。女修织，玄鸟陨卵，女修吞之，生子大业。”按此传说，秦代先祖的由来，与商先祖的出生如出一辙。这不是传说故事的偶合，而是同一鸟信仰部族信仰文化朦胧的记忆。③ 秦本淮夷支族，故亦有东方鸟图腾之神话也。④ 以太阳为图腾，太阳神幻化为“鸟”的形象是其图腾崇拜的特点，反映人的诞生与图腾物（鸟）的繁殖方式相同，即卵生神话。

## 第二节　考古发现中的远古时期鸟（凤）日崇拜

“神话既不是骗子的谎话，也不是无谓的幻想物，不如说它们是人类思维的朴素和自发的形式之一。只有当我们猜中了这些神话对于原始人和他们在许多世纪以来丧失掉的那种意义的时候，我们才能理解人类的童年。”⑤ 今天看上去不可思议的“日鸟”神话，在考古发现中得到了诸多惊人的印证，“鸟（凤）日相伴”的原始图像，在中国古代艺术史上是一个常见的图式，尤其是在长江流域与黄河流域。长江流域如湖南高庙遗址、浙江余姚河姆渡遗址、良渚文化遗址等。黄河流域如属

①李立：《文化整合与先秦自然神话演变》，云南人民出版社，2002 年，第 28 页。

②徐旭生：《中国古史的传说时代》，广西师范大学出版社，2003 年，第 92 页。

③陈勤建：《中国鸟信仰》，学苑出版社，2003 年，第 111—112 页。

④童书业：《春秋左传研究》，上海人民出版社，1980 年，第 5 页。

⑤[法] 拉法格：《宗教和资本》，生活·读书·新知三联书店出版社，1963 年，第 2 页。

于仰韶文化的陕西华县泉护村、山西大禹渡、河南陕县庙底沟等遗址，以及山东莒县、诸城的大汶口文化遗址等。

## 一、考古所见“鸟日相伴”图

### （一）高庙文化：迄今考古发现最早的“凤鸟载日”图

高庙文化属于新石器时代文化，其年代上限大致为距今7800年左右。[1] 高庙遗址位于湖南省洪江市（原黔阳县），遗址中出土的一件H型的夹砂褐红陶罐（图1-1）上，有颈饰篦点组成的“凤鸟载日”图像，两侧双翼各载一个光芒四射的太阳。

①贺刚、陈利文：《高庙文化及其对外传播与影响》，《南方文物》2007年第2期。

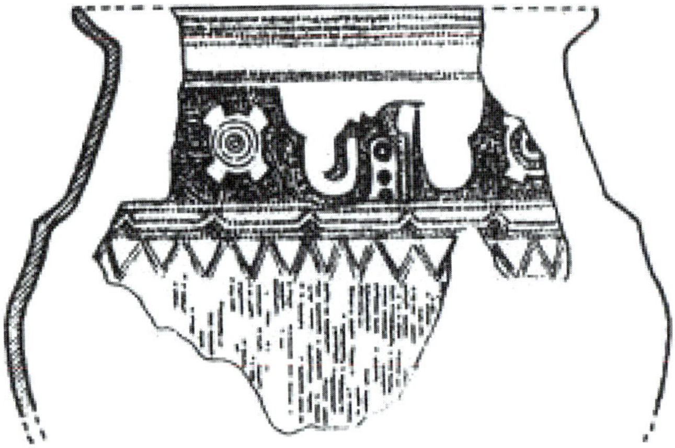

图1-1　“凤鸟载日”陶罐

### （二）河姆渡文化：精美的“双凤负日”与“双凤朝阳”图

东南沿海地区是中国古代鸟崇拜的地理文化重心，早在河姆渡文化时期，鸟形象就成为该地区原始艺术创作的一个核心题材。河姆渡文化为上限距今7000年左右的新石器时代文化。河姆渡一期遗址出土一件骨匕（图1-2），上有两组相近的图案：两鸟相背而立，鸟身相连，嘴喙曲而尖长，鸟眼均以未钻透的圆窝代替，头上有冠羽；鸟身中间也有相同的圆窝，外侧有同心单圈纹，单圈纹上中部刻有“介”字形纹样。

图 1-2 河姆渡文化“双凤负日”纹骨匕[①]

①浙江省文物管理委员会、浙江省博物馆：《河姆渡遗址第一期发掘报告》，《考古学报》1978年第1期。

②河姆渡遗址考古队：《浙江河姆渡遗址第二期发掘的主要收获》，《文物》1980年第5期。

河姆渡遗址第二期发掘出土一件象牙雕刻（图 1-3），其正面部位用阴线雕刻出一组图案：中心为一组大小不等的同心圆，外圆边雕刻有似烈焰光芒，两侧雕有昂首相望的双鸟，形态逼真，同时还钻有六个小圆孔。这是一组“双鸟朝阳”形象。[②]

图 1-3 河姆渡文化“双凤（鸟）朝阳”象牙雕刻

（三）庙底沟文化：“鸟（凤）在日中”“凤鸟载日”与“飞凤逐日”图

考古界通常将庙底沟（类型）归属于仰韶文化中的一个类型，从文化学的角度，又有庙底沟文化的说法。庙底沟文化以河南陕县庙底沟一期为代表，绝对年代在公元前 4000—前 3500 年（下限或许更晚）。[①] 庙底沟文化彩陶是一种象征艺术，而不仅仅只是器具的装饰艺术。[②] 阳文鸟纹在庙底沟类型中流行了很长时间，反映了鸟与人们的生产、生活活动有了更加密切的关系。[③]

在河南陕县庙底沟遗址出土的一大批彩陶中，其中一片彩陶（图 1-4）的图案，是在黑彩围成的一个椭圆形空白的中部，绘一展开双翅飞翔的阳文鸟纹。不完整的椭圆形空白应该是太阳，三足的踆乌飞翔在太阳之中。

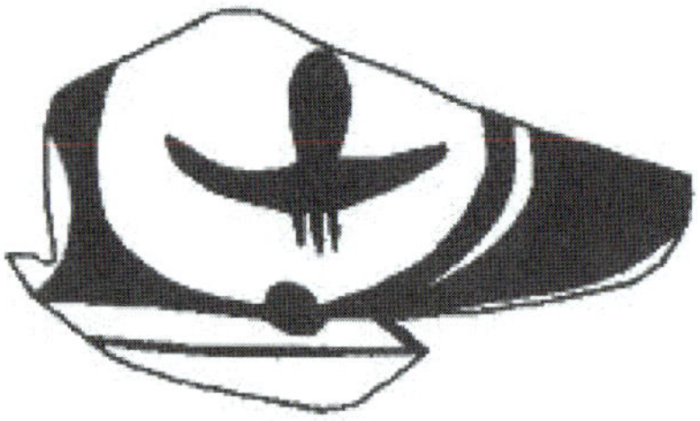

图 1-4 庙底沟饰“鸟在日中”彩陶片[④]

陕西华县泉护村遗址发现了 8 例各种彩陶盆、彩陶钵上的阳文鸟纹。其中泉护村一期 I 段的 H165：402 彩陶盆残片（图 1-5）上的侧视飞翔鸟纹，鸟嘴微启，眼睛张开，形象生动；鸟背上部绘有大圆点，似有鸟在太阳之下高空飞翔的意境。

图 1-5 华县泉护村一期饰“凤鸟载日”陶盆残片[⑤]

①韩建业：《庙底沟时代与“早期中国”》，《考古》2012 年第 3 期。

②王仁湘：《中国史前的艺术浪潮——庙底沟文化彩陶艺术的解读》，《文物》2010 年第 3 期。

③朱乃诚：《仰韶文化庙底沟类型彩陶鸟纹研究》，《南方文物》2016 年第 4 期。

④中国科学院考古研究所：《庙底沟与三里桥》，科学出版社，1959 年。

⑤北京大学考古学系：《华县泉护村》，科学出版社，2003 年，第 35 页。

泉护村一期III段的H22：04彩陶盆残片（图1-6）上绘一侧视鸟纹，鸟前方有一椭圆形黑点，应该是太阳，这一图像可以视为“飞凤（鸟）逐日”图。泉护村一期还发现了其他各种没有与太阳伴生的鸟纹，包括侧视飞翔鸟纹、侧视站姿（行走状）鸟纹、侧视一足站立另一足微抬啄食状鸟纹、侧视站姿抖动双翅鸟纹等。[①]

图1-6 华县泉护村一期饰“飞凤（鸟）逐日”陶盆残片

（四）大汶口文化：日、鸟（凤）、山组合图

大汶口文化约开始于公元前4500年或稍晚，公元前2500年前后过渡到龙山文化，主要分布在以汶、泗流域为中心的山东半岛地区，北到辽东半岛南端，东至胶东半岛，西达河南中部，南抵江苏和安徽北部。20世纪50年代在山东莒县陵阳河遗址、诸城前寨遗址发现了大汶口陶符，为“日”“鸟”复合和“日”“鸟”“山”复合及残存“山”的徽识，是大汶口文化晚期的重要文化遗产，为古代少昊部落集团的文化遗存。

在山东莒县陵阳河遗址出土的两件灰陶尊上有、（图1-7）符号，在山东诸城前寨遗址出土的

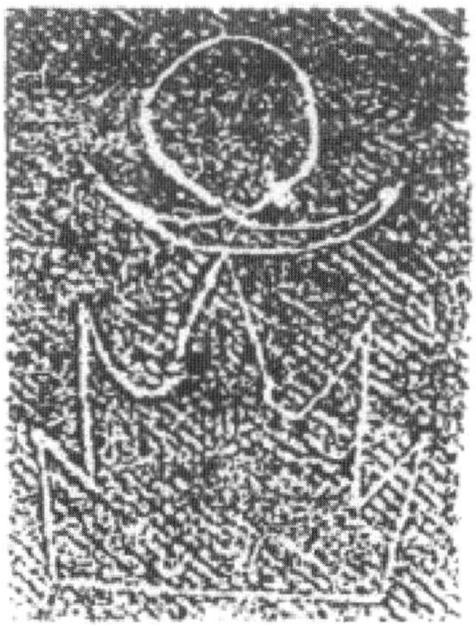

图1-7 陵阳河出土陶器上的“日、鸟、山”陶符[②]

①北京大学考古学系：《华县泉护村》，科学出版社，2003年；黄河水库考古队华县队：《陕西华县柳子镇考古发掘简报》，《考古》1959年第2期；黄河水库考古队华县队：《陕西华县柳子镇第二次发掘的主要收获》，《考古》1959年第11期。

②山东省文物管理处、济南市博物馆：《大汶口》，文物出版社，1974年，第118页。

陶尊残片上有不完整的符号，而最完整典型符号还是符号。[①]

对于大汶口陶符的内涵，陈勤建认为，这是初民心中对太阳鸟意象的形象展现。大汶口文化年代较河姆渡文化稍晚，二者同属滨海鸟信仰风俗圈，此陶符应是先民对日鸟同出自然物候景观的形象记录，可以说是最早的文字，但不是单一的字，而是一个复合词，如可视为“太阳鸟”的写照，可读作“太阳鸟在山顶升起”或“太阳鸟在海上升起”。[②]

①山东省文物管理处、济南市博物馆：《大汶口》，文物出版社，1974年，第112页。

②陈勤建：《中国鸟信仰》，学苑出版社，2003年，第62—63页。

## 二、良渚文化中鸟神兼日神幻化的鸟祖形象

良渚文化是已经进入国家形态的古代文明，在时间维度上，良渚文化始于距今5300年，终于距今4300年，存续时间约为千年。[③] 中华民族远古不同的部落有不同的图腾，在部落融合的过程中，其图腾也实现融合。中华民族主要图腾龙和凤均是融合了诸多动物元素的产物，良渚人对鸟的崇拜应看成是中华民族凤崇拜的先声。[④]

③苏秉琦：《中国文明起源新探》，商务印书馆，1997年，第129页。

④陈望衡：《礼玉精神的代表——良渚文化的审美解读》，《绍兴文理学院学报》2013年第2期。

### （一）良渚“神徽”

浙江余杭反山遗址12号墓出土了一件玉琮（M12 ： 98），其造型为矮方柱体，其射径达17.1—17.6厘米，孔径仅4.9厘米，高8.8厘米，重达6.5千克。这件玉琮为目前已知良渚玉琮之最，堪称“琮王”。这件玉琮上雕刻了极为精美的纹饰，除了以前常见的兽面纹及鸟纹外，在四个正面的直槽内上下还各有一个神人与兽面的复合像，共8个。神人脸面作倒梯形，重圈为眼，两侧有短线象征眼角；宽鼻，以弧线勾画鼻翼；阔嘴，内以横长线再加直短线分割，表示牙齿；头戴高耸宽大的羽冠。其上肢形态为耸肩、平臂、弯肘、五指平张叉向腰部；下肢作蹲距状，脚为三爪的鸟足。在神人的胸腹部以浅浮雕突出威严的兽面纹：重圈为眼，外圈如蛋形，表示眼眶和眼睑。

宽鼻阔嘴，嘴中间以小三角表示牙齿，两侧外伸两对獠牙。整个纹饰高约3厘米、宽约4厘米，线条极其精巧纤细。这种神人兽面复合像应是良渚人崇拜的“神徽”。[①] 不仅良渚文化玉琮上几乎都刻有这种“神徽”，而且这种图像还见于良渚文化的钺、冠状器、三叉形器、半圆饰、璜等其他玉器上，有繁有简，只是“琮王”堪称其中最繁复完备者。

不少学者认为该“神徽”包含了鸟的复合形象。如周南泉认为所谓玉琮上的人兽复合纹实质都应为鸟纹，只不过在表现时，它们是正视而不是侧视的，对其形象尽量夸大其凶猛奇特，以树其威。是以称“人兽复合纹”者，皆宜称“人鸟复合纹”。[②] 蒋乐平也认为良渚“神人”的完整形式是一具戴冠的人面鸟身复合神形象。[③] 赵国华认为该神像是对“鸟”的神化，表现了良渚人对鸟的崇拜之情。[④]

尽管聚讼纷纭，“鸟祖”说即鸟神和日神结合而成的鸟祖形象是主流观点。如黄厚明认为“神徽”是一种人格化的鸟神和日神结合而成的鸟祖形象：首先，神像表现的是一个完整的鸟祖形象，鸟的属性既体现在鸟祖的头部、上肢，也体现在鸟祖的躯体和下肢。其次，神像又是可以分解的，其上部的纹样表现的是一个人格化的鸟神形象，意义指向等同于鸟祖；下部的纹样表现的是自然鸟神和日（月）神的复合形象，其造型已渗入人的因素。这两种层次在内涵上既是统一的，同时又是彼此独立的。两者的统一性反映在“鸟”和“人”两个方面，这是两种层次内在逻辑关系的具体体现，也是两种不同图式能够结合在一起的根本原因；两者的独立性则是由良渚人原始宗教形态的多维性决定的。[⑤]

（二）“阳鸟祭坛图”

“阳鸟祭坛图”是一种复杂的图像，保存在良渚“重器”玉琮、玉璧等玉器上。完整图像一般为：坛体边框线内有“阳

①浙江省文物考古研究所反山考古队：《浙江余杭反山良渚墓地发掘简报》，《文物》1988年第1期。

②周南泉：《“玉琮王”探释》，《中国文物报》1990年8月23日。

③蒋乐平：《浙江史前鸟像图符的寓义及流变》，《浙江省文物考古研究所学刊》，长征出版社，1997年，第224页。

④赵国华：《生殖崇拜文化论》，中国社会科学出版社，1990年，第309页。

⑤黄厚明：《良渚文化鸟人纹像的内涵和功能》（下），《民族艺术》2005年第2期。

鸟负日”或“太阳神徽”图像，“阳鸟负日”图即一只神鸟展翅飞翔，背上驮负一轮太阳；“太阳神徽”图包括由一个圆圈与月牙状火焰纹构成的完整徽像和简化成类似古文“日”字的图形。坛体上部有三层对称台阶，坛顶中央树立一柱，柱下部由3—5个圆圈组成，柱上部呈杵状，柱顶伫立一鸟。除了完整图像以外，“阳鸟祭坛图”还被拆分为多种零碎符号刻在有关玉器上。总体来说“阳鸟祭坛图”实际上就是一幅良渚人在祭坛上举行祭祀的场景图画，除了祭坛本身以外，与祭祀有关的是坛顶上的神鸟、坛体上的“太阳神徽”或“阳鸟负日图”。[①]

①杜金鹏：《良渚神祇与祭坛》，《考古》1997年第2期。

## 第三节　凤凰崇拜的观念之源

追溯凤凰崇拜观念的起源，从神话传说、考古发现兼及文献记载、民俗传承等角度考察，均指向原始宗教中的自然崇拜、生殖崇拜、鸟祖信仰、权力与社会秩序的构建等。

### 一、万物有灵时的“太阳鸟”崇拜

“太阳鸟”与早期人类的生存需求息息相关，万物生长与人们的生产生活离不开“太阳鸟”。太阳是一个永恒的知识主体，[②]中国上古时代的思想体系，是围绕太阳的运动而结构起来的。[③]考古发现的很多岩画都反映了太阳崇拜的内容，如内蒙古阴山和广西宁明花山岩画的拜日图中，礼拜者高举双手或双膝跪地双手合十高举头顶向太阳作祈祷状。[④]此外，江苏连云港、云南沧源、四川珙县等地都有形象生动的太阳崇拜岩画，说明太阳崇拜在大江南北是一个普遍存在的现象。人类万物由生到死，再由死复生的过程恰好与太阳每天的东升西落相契合：日出带来的光明和温暖给世间万物以无限生机，日落造

②高福进：《太阳崇拜与太阳神话》，上海人民出版社，2002年，第7页。

③王昆吾：《中国早期艺术与宗教》，东方出版中心，1998年，第62页。

④陈兆复：《古代少数民族的岩画》，《民族学研究》（第三辑），民族出版社，1982年。

成的黑暗和阴冷则是死亡的象征。而且由于人和有血动物的血液都是红色的，所以红色被认为是生命的颜色，[1] 通常太阳给人的视觉呈现是红彤彤的，由此对太阳的崇拜亦是对生命的崇拜。

①吴天明：《中国神话研究》，中央编译出版社，2003 年，第 201 页。

中华古老的东夷族团和殷商先民均有鸟图腾崇拜，所谓“日中有三足乌”“日之精”，均指鸟类（凤鸟）是太阳的化身。太阳是宇宙世界、人间社会生命的中心与源泉，人们对赖以燃烧、赖以呼吸、赖以产生食物的生命源泉的探索，应该是从人类一产生就开始了。鸟与稻作农业密切相关，鸟类与时序的变化至为敏感，古人以为凤是知历的，因而有“凤历”之号。[2]《左传 · 昭公十七年》记郯子曰：“我高祖少皞挚之立也，凤鸟适至，故纪于鸟，为鸟师而鸟名。凤鸟氏，历正也。”还有“鸟耕禹田”的传说，王充《论衡》：“禹葬会稽，鸟为之田。”所谓“鸟田”，即是觅食的鸟类，特别是候鸟季节性地在田中捉虫、啄草根，起到灭虫害、疏松土壤的效果，从而为稻谷的播种打下了基础。在考古发现中，长江流域的高庙遗址、河姆渡遗址、良渚遗址均有稻作农业的文化遗存，也反映了鸟（凤）、日、稻作农业间的密切联系。

②张正明、王劲：《凤及其与龙的沉浮》，《长江文化论集》，湖北教育出版社，1995 年。

那么，鸟（凤）日相伴这个恒定而悠久的艺术题材反映了人类怎样一种观念意识呢？何星亮认为它是人类“图腾崇拜和自然崇拜的相互整合”[3]。人们现在所习称的原始艺术，实际上应当分别为两种不同的艺术，一种是原始自然艺术，即原始社会的先民们在生产和生活实践中运用其天赋能力与实践技艺自发地、即兴地创作的艺术；另一种是象征形式的艺术，是被吸收到原始礼仪体系中，从属于巫术制度，既负载着社会价值观念和信仰又具备着规范的因袭。[4] 鸟（凤）日相伴图像应该是自然艺术与象征艺术的融合。

③何星亮：《中国自然神与自然崇拜》，生活 · 读书 · 新知三联书店，1992 年，第 169 页。

④吴予敏：《中国原始礼仪艺术的符号化》，《文史哲》1998 年第 1 期。

## 二、“天人同构”时的生殖崇拜与鸟（凤）祖信仰

神话之所以会形成“天人同构”“物我同一”的观念，是因为“神话是情感的产物，它的情感背景使它的所有产品都染上了它自己所特有的色彩。原始人绝不缺乏把握事物的经验区别能力，但是在他关于自然与生命的概念中，所有这些区别都被一种更强烈的情感湮没了：他深深地相信，有一种基本的不可磨灭的生命一体化沟通了多种多样、形形色色的个别生命形式。所有生命形式都有亲族关系似乎是神话思维的一个普遍预设”①。

①［德］卡西尔：《国家的神话》，华夏出版社，1999 年，第 105 页。

（一）创世与氏族起源

远古神话是一个民族童年生活的写照，是人类原始生活和原始心理的影像。从华夏古帝的日神兼鸟神形象以及商、周、秦先祖的感生神话中，我们可以窥见原始信仰中，太阳、鸟（卵）与世界的创生、氏族的起源之间的密切联系。感日卵生之太阳神崇拜与团蛋——宇宙卵，表现出中华古族之初，太阳神作为生殖之神、生命之神，主宰着中华古族的生命意识，体现了中华古族对生命起源、民族起源的认知与探索，从生物卵到宇宙卵，是为宇宙生命之源，中华古族就是在这个巨大的宇宙卵——胎胞中诞生的，团蛋、卵生为氏族创生之根，这也是中华古族的创世观念与创生观念。太阳与太阳神崇拜是一个世界性的文化现象，太阳——凤鸟作为中华大地的开辟神与创生神，揭示出中华文化的一致性与相融性。② 早期人类将自然物和自然力当作具有生命、意志和巨大创造力的对象加以崇拜，并将天地万物的形成和人类的起源当作自然演化或自然孕育的结果，这样便产生了自然或自然之力生成天地万物和人类的神话。包括自然演化、自然生人等。③

②张碧波:《感日卵生——高句丽族源神话——兼及〈东明王篇〉的解析》，《东北史地》2010 年第 4 期。

③向柏松:《中国创世神话形态研究》，武汉大学博士学位论文，2011 年。

（二）生命不息与生殖崇拜

太阳崇拜与生殖崇拜相关联，中国古代神话把太阳与扶桑

联系到一起，认为扶桑是日出之处，扶桑的桑林是女阴的象征，而作为太阳象征的三足乌则是男根的象征，日出扶桑，犹言男出于女也。[1] 所以代表太阳落入黑暗世界的“冥”被认为是太阳和一切事物的生死转捩点，在甲骨文中，“冥”写为子宫和生育的象形。[2]

河姆渡文化中太阳和双鸟连体图像是一种复合形式，这种图式的产生与原始意象思维的分解、组合有着密切的关系。对于河姆渡人而言，太阳和鸟都是其观念系统中相对独立的意象维。根据相似性原则，两者的共生关系体现了图式背后内在意义的逻辑联动。日、鸟图像的组合不是因为双鸟负日或擎日，而是人们对其共性的认识在形象思维上所取得的统一。由于世间万物的生长皆离不开太阳，河姆渡人在抽象思维过程中会把太阳看成是有生命和生殖能力的神秘物体。在两侧配置生殖鸟形象，一方面为了突出太阳的永生性质，另一方面也是强化鸟的生殖能力。[3] 生命延续的渴望产生种族繁衍的使命感，种族繁衍的使命感产生生殖崇拜，生殖崇拜又会产生对最初祖先的确认与英雄祖先崇拜。有了祖先崇拜，原始先民就会把生命延续的希望寄托在英雄祖先身上，并经常祈祷英雄祖先保护子孙后代，维持聚落组织的存在，“这是一种群体意义上对生命延续、生生不息的要求”[4]。

上述观点在人文始祖伏羲的崇拜上得到了印证，如李福清认为，伏羲形象产生于华东的黄河下游地区，是以鸟为图腾的东夷族最早的文化英雄，后来在华夏民族统一的神话体系形成过程中，才出现了他与女娲婚配的神话。据史籍所载，伏羲为风姓，是风姓之祖，而女娲亦风姓。风姓的另一含义，即异姓相吸、雌雄相诱，也就是史籍所言的“牝牡相诱”，如《左传》之“风马牛不相及”，孔颖达疏引服虔：“风，放也，牝牡相诱谓之风。”由此看出风姓本身就是伏羲女娲交尾像具有生

①赵国华：《生殖崇拜文化论》，中国社会科学出版社，1990 年，第 265、267 页。

②王昆吾：《中国早期艺术与宗教》，东方出版社，1998 年，第 62 页。

③黄厚明：《河姆渡文化鸟纹及相关图像辨正》，《南方文物》2005 年第 4 期。

④倪润安：《秦汉之际仙人思想的整合与定位》，《中原文物》2003 年第 6 期。

殖含义的例证。[1]

（三）鸟（凤）祖信仰与祖先崇拜

祖先崇拜是一种以崇祀死去祖先亡灵而祈求庇护为核心内容，由图腾崇拜、生殖崇拜、灵魂崇拜复合而成的原始宗教，是远古时代统协原始先民群体意志，有效地进行物质资料的生产和人类自身的生产不可缺少的重要精神力量，在人类文明发展史上产生了极为广泛而深远的影响。祖灵意识是贯穿中国上古文化的一条思想主线，产生于原始社会，是原始人图腾观念个人化的结果，即某一先妣或先祖与图腾之间的结合所演化出的最初的人格祖先观念。[2]

早先的鸟神、日神都应该是女神，到了原始父系社会，鸟神才变成了男神。在陕西泉护村仰韶文化彩陶残片上的“飞鸟负日图”中，那只负着日神在天空中由东向西飞行的“金乌”，是一只“二足金乌”；而河南庙底沟仰韶文化彩陶残片上的“金乌”则是“三足金乌”，汉人石刻画像太阳中的“金乌”也是“三足金乌”。为什么同样是鸟神兼日神，“金乌”却有二足、三足之别呢？较合理的解释或许是，“二足金乌”是女鸟神、女太阳神，用《尔雅·释鸟》的说法，就是“雌皇”；“三足金乌”才是仰韶先民的男根、男性、男神。两种“金乌”图同时并存的情况表明，仰韶文化时期，是生活在这里的古老氏族由母权制向父权制过渡的时期。在原始母系社会早期，日神和鸟神都是女神、先妣神的象征，随着男子的地位逐步提高，日神和鸟神又逐步成为男神、先祖神的代称，即以“鸟”为男子、男神、先祖神、帝王神的象征。[3] 但女鸟神、女太阳神在传统民俗中依然有所体现，如汤果村女子太阳节举行的时间为每年农历二月初一，祭祀对象是“乜汤婉”（太阳神鸟），从祭祀的实际目的看，这个对象既可以视为女性太阳，也可以看作是太阳母鸟或女性太阳神。祭祀的核心地点为该村东部一棵以太阳

①中华伏羲文化研究会：《伏羲文化论丛2003》，甘肃人民出版社，2004年，第34、193页。

②张刚、吴光章：《从祖灵意识谈儒道起源及其同流》，《思想战线》2003年第6期。

③吴天明：《中国神话研究》，中央编译出版社，2003年，第218—219、224、235页。

神树为标志的太阳栖息地以及村西太阳山山顶的太阳升天祭坛。参与者主体是该村成年女性，一般是十六岁以上的成年女子。[①]

在考古发现中，良渚“神徽”被认为是良渚人的始祖形象。“神徽”最显著的特征是神人头戴大羽冠，这种大羽冠即是古代的“皇”。据郭沫若研究，“皇”字的本义原为插有五彩羽的王冠[②]；李学勤也认为原始的“皇”或许就是一种用羽毛装饰的冠[③]。所谓“皇”，既指象征权力地位的大羽冠，又可引申为拥有大羽冠者的称号——皇王。[④]良渚文化的神人徽像应是良渚人始祖的神像，也即当时戴着大羽冠的皇王。而那神兽，大约是与始祖起源有关系的神灵动物（图腾神），譬如商、秦始祖起源传说中的玄鸟。[⑤]

图腾神话与祖先神话都是生殖崇拜的产物，从图腾神话里分化出祖先神话，二者曾一度交合，但其发展线索还是独立的。图腾神话体现出民族精神，祖先神话表露出王朝意志，而最终它们都倒进了政治神话的怀抱。[⑥]作为祖先崇拜、民族起源的感生神话，正是来源于对女、男祖先生殖力崇拜的生殖崇拜。总之，感生神话、图腾崇拜、祖先崇拜都源于生殖崇拜。[⑦]

## 三、作为原始宗教信仰中天人沟通纽带的凤凰崇拜

中国哲学里天人关系的形成和发展经历了物我一体的自然化、人敬畏天的宗教化及人反思天的哲学化三个阶段。与其相适应，天人关系也分别表现为天人相通、天尊人卑及天人合一、天人相分。这一文化嬗变在实质上乃是人类理性的进步和现实社会制度变迁的折射。时至今日，仍具有很重要的文化意义。[⑧]

按照某些学者的看法，原始信仰与崇拜主要可分为自然崇

①王宪昭：《论太阳祭祀活动中的神话传统——以云南汤果村女子太阳节为个案》，《社会科学家》2017年第1期。

②郭沫若：《长安县张家坡铜器铭文汇释》，《考古学报》1962年第1期。

③李学勤：《论新出大汶口文化陶器符号》，《文物》1987年第12期。

④杜金鹏：《说皇》，《文物》1994年第7期。

⑤杜金鹏：《良渚神祇与祭坛》，《考古》1997年第2期。

⑥田兆元：《图腾神话与祖先神话的传承流变》，《上海社会科学院学术季刊》1995年第3期。

⑦王凤春、王浩：《试论感生神话源于生殖崇拜》，《松辽学刊》（人文社会科学版）1994年第4期。

⑧秦红增：《天人关系：从神话到哲学的文化嬗变》，《广西民族学院学报》（哲学社会科学版）2000年第2期。

拜、灵魂崇拜、生殖崇拜、图腾崇拜与祖先崇拜等。自然崇拜、灵魂崇拜与祖先崇拜则越来越占据主导地位而成为远古先民的主要崇拜内容①。这些崇拜影响着人们生活的方方面面，迄今犹存。

河姆渡文化的双头鸟纹除了与河姆渡先民的生殖巫术和太阳崇拜有关以外，还蕴含着深层次的文化含义。双头鸟被河姆渡先民视为人与天、地、神灵的沟通者，在河姆渡先民的祭祀行为中发挥着特殊的作用。②从河姆渡象牙蝶形器正面纹饰的主题及“双鸟朝阳”纹等纹饰所反映的鸟与太阳亲密关系分析，当时用象牙蝶形器交通的可能是太阳神。③良渚文化阳鸟祭坛的功用之一，是用来祭祀太阳神，“阳鸟祭坛图”实际上就是一幅良渚人在祭坛上举行祭祀的场景图画，除了祭坛本身以外，与祭祀有关的是坛顶上的神鸟、坛体上的太阳神徽或“阳鸟负日图”。良渚人所崇拜的神鸟，主要是指驮负太阳飞行、被当作太阳神化身的“阳鸟”，所以坛顶上的神鸟极可能也是阳鸟，它站在一根细高杆子的顶端，寓示着下可通人，上可通天，能够沟通天、人信息。天、人沟通的使者，就是那美丽的神灵之鸟。④大汶口陶器上的“日、鸟、山”符号大都刻在大口尊上，这些陶尊数量不多，形体硕大，出现在随葬品丰富的大墓之中，出土陶尊的墓葬多随葬有猪头或獐牙钩形器、龟甲等，说明陶尊并非日常生活用具，可能与死者生前地位有关，更可能与祭祀、葬仪有关，是一种礼器。礼器上的刻文与农事、天象有关，有的特意涂上朱色，可能是用来祭日出、求丰收的。⑤

①马新、贾艳红、李浩：《中国古代民间信仰：远古—隋唐五代》，上海人民出版社，2010 年，第 8 页。

②刘政：《河姆渡文化中的双头鸟纹探析》，《湖南科技学院学报》2015 年第 8 期。

③黄渭金：《河姆渡文化蝶形器再研究》，《南方文物》1998 年第 2 期。

④杜金鹏：《良渚神祇与祭坛》，《考古》1997 年第 2 期。

⑤邵望平：《远古文明的火花——陶尊上的文字》，《文物》1978 年第 9 期。

## 四、成为社会构建中权力与秩序象征的凤凰崇拜

权力，从它出现的那一天起，就成为与社会密不可分的一个组成要素，在其存在的每个时代都受到人们的高度关注。在

传统农业社会时期，由于个体力量的微小，无论在自然状态中，还是在社会状态下，为了保证生存，人们都必须以各种各样的方式联结起来。在人们结成社会之后，还需要有一个公共力量来进行公共资源的合理分配，这个公共力量就是权力，这就是权力产生的最初原因。[①] 中国的原始聚落形态可以划分为三个阶段：第一阶段是聚落形态的稳定阶段，时间为距今七八千年；第二阶段是聚落形态的成熟阶段，为距今五六千年；第三阶段是聚落的分化与消亡阶段，为距今四五千年。在第三阶段，公共权力已逐渐从属于新兴的国家权力。公共权力是社会组织关系的起点，也是其他各种权力以及国家权力的来源。原始聚落是进入农业社会之后的基本社会组织形态，也是公共权力的萌发之地。[②] 王权伴随着各个民族迈进文明时代的门槛而形成。

①焦石文：《中国权力结构转型的哲学研究》，中共中央党校博士学位论文，2009 年。

②马新：《原始聚落与公共权力的生成》，《山东大学学报》2008 年第 3 期。

马克思主义的宗教观告诉我们，看似“宗教离开物质生活最远，而且好象是同物质生活最不相干”，事实并非如此，“人们的物质生活条件，归根到底决定着这一思想（宗教）过程的进行”[③]。一切宗教都不过是支配着人们日常生活的外部力量在人们头脑中的幻想的反映，在这种反映中，人间的力量采取了超人间的力量的形式。在历史的初期，首先是自然力量获得了这样的反映，而在进一步的发展中，在不同的民族那里又经历了极为不同和极为复杂的人格化。根据比较神话学，这一最初的过程……得到详尽的证明。最初仅仅反映自然界的神秘力量的幻象，后来又获得了社会的属性，成为历史力量的代表者。在更进一步的发展阶段上，许多神的全部自然属性和社会属性都转移到一个万能的神身上，而这个神本身又只是抽象的人的反映。[④] 也就是说，人类的原始宗教，首先是对自然力量的信仰——自然崇拜，把人世间的事物归结于自然神力的作用，它属于母系氏族社会时代所产生的原始宗教的思想观念，

③④《马克思恩格斯选集》，人民出版社，1995 年。

而“万物有灵”则是这种原始宗教的基本表现形式。其次是对一种无法解释的抽象的社会力量的信仰——祖灵崇拜，所谓“自然界的神秘力量……又获得了社会的属性”，即物神、人神的二元神合一（或并存），它属于父系氏族社会时代的原始宗教的思想观念，而“祖先崇拜”则是这种宗教观念的集中表现形式。再次是对新的社会政治形态下的更权威的至上神——上帝天神崇拜，即所谓“许多神的全部自然属性和社会属性都转移到一个万能的神身上”，原始宗教也就过渡到了政治宗教观的时代，而以祖先神攀附于上帝天神则是这种政治宗教观的本质特征。[①]

①曹书杰：《后稷传说与稷祀文化研究》，东北师范大学博士学位论文，2003年。

神话传说中的三皇五帝、前文列举的日神兼鸟神的中华古帝，在文献记载中均是文化英雄、道德楷模、神性与德性兼备。“在国家机器不太发达的古代，一个氏族是否能在部落联盟中起主导作用，除了它在技术生产领域处于领先水平外（从黄帝到大禹都有大量技术发明），这个氏族及其领导人的品德也是重要的原因。中华文化中没有西方神话中好勇重力的英雄，人们共同崇拜的先王（炎帝、黄帝、帝喾、尧、舜、禹等等）身上，最突出的特点并非体力强大，而是具有超群的品德，圣人之所以能够协和万邦主要依靠以德服人。”[②]感生、异相都可说是受命的前奏，都是为了说明受命。在儒学经典中，受命往往只是对帝王权力来源及其正当性的陈述和解释，如《中庸》说“大德者必受命”，是说至德之人必定受命于天而王天下，受命只是一种总体性的概括。[③]

②姜广辉主编：《中国经学思想史》第一卷，中国社会科学出版社，2003年，第73页。

③曾德雄：《谶纬中的帝王世系及受命》，《文史哲》2006年第1期。

人类社会是一个群体，有群体就需要秩序的约束，而制定约束秩序的必然是权力。权力与秩序伴同人类社会的成长，时代的发展造成不同的权力系统，不同的权力系统均配置相应的秩序约束。在万物有灵、天尊人卑的原始时期，各路天神、神意、天意“决定”着人类社会的生产生活，天人沟通是一项重要的宗教政治活动。在天人沟通中，自然神、祖先神、至上神等神灵系统纷繁复杂，这些神灵均有自己的超自然力，掌管着人间的各种“事务”，凤凰与各路神灵交织在一起，成为他们权力的执行者或是权力的化身。

凤凰与至上神结缘是其成为原始社会权力与秩序的象征的根本原因。所谓至上神，是指在原始宗教信仰体系中存在一种至高、至尊的神灵，它被视为世界、宇宙、万物和人类的创造者和主宰者。①19 世纪末 20 世纪初西方人类学与宗教学界在探讨宗教起源及进化的争论中提出“原始至上神”一词。就我国的民族学材料看，原始至上神崇拜是原始部族比较普遍的现象，它和一般神崇拜相互共生，两者在功能上并不相互排斥。至上神崇拜的形成，糅合了自然崇拜、图腾崇拜、祖先崇拜三种物象因素，并将世间人与人之间的等级观念经过人格化以后投射到新物象上的结果。在人际关系复杂化以及由此形成的社会结构复杂化过程中，至上神崇拜对于协调人与自然和人与人的关系、整合社会发挥着特殊的政治功效。它同时处理着共时性结构下、历时性结构下人与自然、人与人、人与社会的关系。②

在原始的自然神崇拜中，日神无疑是最重要的神，而神话传说、文献、考古资料均证明了凤鸟与太阳合二为一的相伴关系。在自然神、祖先神、生殖神等原始信仰融为一体而诞生半人半兽、亦人亦神的华夏古帝时，凤凰（鸟）成为诸多华夏古帝的形象或化身。以知名的古帝帝俊（帝喾）为例，帝俊不仅自身属于自然神、祖先神、生殖神的综合体，其妻还是“日、月之母”。有学者认为“生十日”和“生月十有二”，可视为生十个以日为图腾的子族群，生十二个以月为图腾的子族群。③总而言之，帝俊的子孙族群之多确实惊人，据《山海经》记载，帝俊族群庞大，势力范围达南北西东四方。

①蔡家麒：《论“原始至上神”》，《世界宗教研究》1995 年第 2 期。

②黄厚明：《论原始宗教形态的逻辑发生》，《广西民族研究》2003 年第 3 期。

③徐杰舜：《汉民族五帝时代的族群态势》，《重庆文理学院学报》（社会科学版）2014 年第 1 期。

如南方，《大荒南经》云：

大荒之中，有不庭之山，荣水穷焉，有人三身，帝俊妻娥皇，生此三身之国，姚姓，黍食，使四鸟……有襄山，又有重阴之山。有人食兽，曰季釐，帝俊生季釐，故曰季釐之国。有缗渊。少昊生倍伐，倍伐降处缗渊，有水四方，名曰俊坛……东南海之外，甘水之间，有羲和之国，有女子名曰羲和，方日浴于甘渊。羲和者，帝俊之妻，生十日。

如北方，《大荒北经》云：

丘方圆三百里，丘南帝俊竹林在焉，大可为舟。

如西方，《大荒西经》云：

有西周之国，姬姓，食谷。有人方耕，名曰叔均。帝俊生后稷，稷降以百谷。稷之弟曰台玺，生叔均。叔均是代其父及稷播百谷，始作耕……帝俊妻常羲，生月十有二。

如东方，《大荒东经》云：

有中容之国，帝俊生中容，中容人食兽、木实，使四鸟：豹、虎、熊、罴……有司幽之国，帝俊生晏龙，晏龙生司幽，司幽生思士，不妻，思女，不夫。食黍，食兽，是使四鸟……有白民之国，帝俊生帝鸿，帝鸿生白民，白民销姓，黍食，使四鸟：虎、豹、熊、罴……有黑齿之国，帝俊生黑齿，姜姓，黍食，使四鸟。

又《海内经》云：

> 帝俊生禺号，禺号生淫梁，淫梁生番禺，是始为舟。番禺生奚仲，奚仲生吉光。吉光是始以木为车。少皞生般，般是始为弓矢。帝俊赐羿彤弓素矰，以扶下国，羿是始去恤下地之百艰。帝俊生晏龙，晏龙是为琴瑟。帝俊有子八人，是始为歌舞。帝俊生三身，三身生义均。义均是始为巧倕，是始作下民百巧。

东西南北及海内，帝俊无所不到。“使四鸟”之四鸟，显然是一种标识，或是氏族的图腾，或是帝俊氏族所征服的四氏族的图腾。①

五帝时代天下由众多的族群构成众多的“族邦”，形成“族邦”林立的时代。“族邦”内部产生了文明的诸多要素，并开始了向早期国家的过渡，部落内部和部落之间分层的出现和分层逐步复杂化。② 学者们研究良渚文化，认为其时巫权、神权、军权合一，在良渚文化权力象征的重要礼器——玉琮、玉钺、玉冠、玉璧上，（凤）鸟形多见，且誉为良渚“神徽”的图像被解读为良渚人的鸟祖形象。无论是文献记载的帝俊（凤）鸟形，还是考古发现的良渚人的鸟祖图案，俨然神话。神话是历史的一面镜子，它既可能是历史真实过程的一个缩影，也可能是历史留在人类原始记忆中的一个印迹，还可能是象征人类精神运演过程的一个文化符号。③

商代青铜器上的神话图像进入中国政治权力的叙事层面，铸造在青铜礼器上的神话图像不仅仅是一种装饰性的符号，还有着非常重要的实际功能，那就是沟通天地。商周艺术中的动物是巫觋沟通天地的主要媒介，对带有动物纹（凤鸟纹为主要纹饰之一）样的青铜礼器的占有就意味着对沟通天地手段的占

①陈勤建：《中国鸟信仰》，学苑出版社，2003年，第94页。

②徐杰舜：《汉民族五帝时代的族群态势》，《重庆文理学院学报》（社会科学版）2014年第1期。

③张和平：《神话的文化解读——从涿鹿之战看中国文化的内在矛盾》，《民俗研究》2016年第2期。

有，也就意味着对知识和权力的控制。[①]“殷商时期之所以会产生上帝崇拜，其根本原因在于殷商奴隶制王国的建立，要求宗教上出现一个比原有诸神更强大有力的大神来维护其统治的权威。也就是说，地上号令上的统一，相应地需要一个对天上诸现象和社会上主要问题具有无限权威的神来维护它。”[②]包含了神话的原始宗教信仰在商周有延续，商代的至上神为帝，甲骨卜辞记载凤凰为“帝史”；周朝以天为至上神，文献记载凤凰为“天使”鸣于岐山。凤凰与神灵、祖灵相伴或共生，与权力结缘，应该是从原始社会到商周一脉相承。

神话是民族的记忆，汇集着一个民族留存下来的关于远古的一切；神话不仅构筑了各民族文化赖以生长的巨大的原始形象和观念的地壳，还在地壳下面潜存着由最为炙热的情感体验构成的巨幅地幔，因此神话是民族情感的载体。通过神话，我们能够从一个独特的角度更深入地了解一个民族和人类的历史。[③]不论是人的个体生活，还是社会的整体存在都需要社会秩序，先秦儒家秩序建构思想的终极依据可以归结为天：秩序本身及其规则来源于天；秩序建构主体的智慧和权力来源于天；秩序建构的核心价值及其崇高性来源于天。[④]神灵、祖灵亦在天，凤凰沟通天人，发挥的作用与影响使其成为天人之间以及人间社会中权力、秩序构建的象征符号。

爬梳纷繁的史料，不难发现凤凰崇拜观念起源的多元性和兼容性。从神话传说中的“太阳鸟”崇拜到考古发现中的远古时期鸟（凤）日崇拜；从太阳神、中华古帝，到商周时期抽象意义的帝、天与祖先神，凤凰始终与至上神结缘，凤凰崇拜观念的源头由此也可以归结为诸方面的融合：自然崇拜、图腾崇拜、祖先崇拜与生殖崇拜的融合；原始宗教与政治宗教的融合；神性、德性与权力、秩序的融合。以上融合促成了凤凰崇拜观念的产生，同时也包含了丰富的早期文明的信息。

①张光直：《美术、神话与祭祀》，生活·读书·新知三联书店，2013年，第73页。

②朱天顺：《中国古代宗教初探》，上海人民出版社，1982年，第254页。

③王锺陵：《神话思维的历史上限、坐标及走向》，《中国社会科学》1991年第1期。

④成云雷：《先秦儒家秩序构建思想中的天》，《东岳论丛》2010年第8期。

# 第二章

# 巫术宗教孕育出的政治符号

宗教是一种极为普遍的文化现象，但是在不同的国家与民族中，以及同一国家的不同时期，宗教在政治生活中扮演着不同的角色。“在几乎所有的农业社会中，宗教几乎都是为国家的权力阶层所关心的。这种关心的性质相差很大，有的统治者利用臣民的宗教信仰，有的统治者则真诚地努力以民众的信仰为依据行事，无论是哪种情况，这种关心努力都使宗教力量为国家服务。”[①] 商周时期凤凰成为青铜器上的主要纹饰之一，便是宗教信仰所致，在商周的礼制中发挥作用，为国家政治服务。

①[美]格尔哈斯·伦斯基：《权力与特权：社会分层的理论》，浙江人民出版社，1988年，第234页。

## 第一节　凤凰飞上青铜

### 一、青铜掠影

青铜器是中国文明的重要组成部分，也是古代艺术中熠熠生辉的一部分。青铜器类型繁多，工艺精湛，造型庄重华丽，纹饰精美繁复，铭文丰富，用途广泛。作为礼制的工具，用于祭祀礼仪，社会上层之间的婚媾、宴飨、朝聘、会盟、馈赠，以及陪葬等，是权力的象征，是君王、贵族身份等级的标志。

张光直曾经赞誉青铜文明，认为中国青铜时代即古代中国文明。一个“中国”文明可以根据器物的种类和风格来阐明它的特征，而这个文明可以适用于北自长城以外，南到江南这样大的一片地域之上，而这片地域一方面表现环境上的分歧性，一方面又包括了从考古学上或从三代的文献史料上所知的所有的政治上的国家。中国青铜时代这个概念与古代中国文明这个概念之间相合到几乎可以互换的程度。青铜器本身当然便是古代中国文明的突出的特征，而造成它们的特殊地位的因素，同时也正是导致那文明产生的同样的因素。[①] 宗白华认为：“中国艺术有三个方向和境界：第一个是礼教的、伦理的方向。三代钟鼎和玉器都联系于礼教，而它的图案画发展为具有教育及道德意义的汉代壁画。第二是山水花鸟画。第三是石窟壁画类宗教艺术。”[②] 青铜礼器既具有礼教伦理的一面，亦充满宗教神圣性、神秘性。《史记·封禅书》中曾记载有关于夏代铸九鼎的传说：“禹收九牧之金，铸九鼎。皆尝亨鬺上帝鬼神。”由于礼制的盛行，青铜器也被称为“礼器”，并在夏代形成了一套比较完整的青铜礼器组合。随着实用功能的逐渐消退，青铜器在人们日常的祭祖拜神等宗教礼制活动中开始扮演核心角色，并成为传达宗教旨意和礼制精神的物质载体，这一点在商代表现得最为突出。

①张光直：《青铜挥麈》，上海文艺出版社，2000年，第15页。

②宗白华：《美学散步》，上海人民出版社，1981年，第128页。

礼器一般分为食器、酒器、水器、乐器，礼器中除了“鼎”这样的重器在三代青铜器中均占有重要的地位外，其他的礼器在不同的时代有不同的侧重，形成不同的组合。郭宝钧把它分为三个时期：殷商至西周为“重酒的组合”，青铜器以酒具为主（如尊、爵、角、觥、方彝等）；西周中期至东周初为“重食的组合”，食器增多（如簋、鬲、敦、豆等）；春秋战国为“钟鸣鼎食的组合”，钟鼎等与宴饮相关的礼乐器唱主角（如钟、钲、鼓、铃、铙等）。[1]

①郭宝钧：《商周铜器群综合研究》，文物出版社，1981年，第91页。

有研究者根据文化的圈层性，将青铜文化符号的演化分为三个层面，即器物层面、制度（社会）层面和精神（观念）层面。

器物层面即物质层面，主要指器物本身的造型、色彩、材质、肌理等物理属性，以及由此反映的实用功能、审美功能。对于器物符号，能指的层面是它本身具有的客观形态，也就是呈现出的外在形式，其内容所指的层面便是人赋予的功能意义与审美意义。没有了客观存在的器物，那么它的功用和审美也就无从谈起。从青铜器的器型上来看，它的品类主要有鼎、鬲、甗、簋、觚、爵、斝、角、尊、卣、壶、罍、盘等，以及各种兵器和生产工具。不同的器型有不同的用途，而且在不同历史时期器型也在不断变化，并伴有新器型的出现。

进入商代，青铜器已很少用于人们的日常生产、生活，它进入社会制度层面，演变为一种礼制符号。青铜礼器在一定程度上代表着统治阶级的政治权力，具有重要的象征意义。各国君主、诸侯都有象征自己名分、权力的重器，以便在祖祭或其他场合中表明身份：器物数量越多、尺寸越大，地位越高；方形的器物更能体现出显贵身份。九鼎是天子之器，是国家最高权力的象征。传说“禹收九牧之金，铸九鼎，象九州”，后成汤迁九鼎于商邑，周武王迁之于洛邑。这意味着重器在，则名分在；地位在，权力就在。

青铜文化符号在精神层面主要反映了民族精神文化最具代表性的特征，是民族文化之核心。商代青铜器的狰狞、神秘、威严、慑服的意象形成了商代特有的“狞厉之美”（艺术符号）；同时，它也呈现出“神人以和”的审美风尚。“神人以和”的实质是媚神与自娱的统一，即人在媚神的同时也获得了心理上的平衡和情感上的愉悦，从而使得青铜器与整个宗教文化氛围相和谐，既满足了人们对宗教目的的追求，也适应了审美的需要。这些对称、均衡、统一的艺术造型，既注重图式的规范与和谐，也注重形式的内在运动与变化，这些其实都是商代人追求“神人以和”境界的体现。

商代青铜文化符号首先从器物符号（物质层）的创造开始，然后作为物质媒介与社会礼仪制度联系在一起，并演变为礼制符号（制度层）；为了满足社会礼制的需要，礼制反过来又对青铜器纹饰及造型产生影响，并在此基础上逐步产生了相应的文化符号、艺术符号、科学符号等（精神层）。这三个层面层层演化，并不断循环往复，形成连续不断的符号演变和历史沉淀。[①]

①黄骁：《从文化的圈层性析商代青铜文化符号之演变》，《郑州轻工业学院学报（社会科学版）》2007年第4期。

## 二、商周青铜器上的凤凰纹样

商代晚期以后青铜器上的凤鸟纹，比较醒目的特征是圆眼、勾喙。到殷墟中期以后，青铜器上开始出现了完整的鸟纹形象，不仅具备了禽类的身躯，还有了足趾和羽毛，凤鸟纹的冠饰也有了很大的改进，出现多种多样的形式，如长冠、花冠、多齿冠等。至此，青铜器上典型的凤鸟纹才有了较大的发展，逐渐成为青铜器上的主要装饰题材之一。虽然其形象与商代中期青铜器上的鸟纹相比已有较大的改观，但它无疑仍是商代中期青铜器上鸟纹的延续。商末周初及西周中期昭、穆之时，青铜器纹饰中凤鸟纹大量出现，西周早期到穆王、共王，有人称之为凤鸟纹时代。[②]带有动物纹样的商周青铜礼器具有象征政治家族财富的价值，商周艺术中的动物是巫觋沟通天地的主要媒介，对带有动物纹样的青铜礼器的占有，就意味着对天地沟通手段的占有，也就意味着对知识和权力的控制。商周时代以动物为助手或使者的巫师，的确干着“飞”往祖先或神灵世界的勾当。[③]凤凰飞上青铜，绝不是作为普通的纹饰而存

②马承源主编：《中国青铜器》，上海古籍出版社，2003年，第323页。

③张光直：《美术、神话与祭祀》，生活·读书·新知三联书店，2013年，第72—73页。

在。下面，依次从青铜上凤鸟的花冠、眼睛、喙、尾巴等方面逐一分析。

（一）花冠

鸟有冠很常见，但鸟头上长着植物花冠，就神奇了。商代与西周青铜器上有一类凤鸟头上长着花冠，但囿于史料，我们可以从时代晚一些的花冠楚凤来解读凤鸟花冠的神奇。楚国丝绸上有一类楚凤头上就“长着”形态各异的花冠，或华美，或简约，显示着那个时代特有的思想与信仰。从楚凤的花冠，我们可以解读出先秦时期花的灵性，凤鸟花冠的文化属性，以及花冠的源流等文化信息。

1. 古代花草的灵性

其一，祛除污秽，祓除不祥，建立神圣性。

古人祭祀神灵前要洁身，以示对神灵的虔诚，以香草洁身是比较流行的祭前仪式。《楚辞·九歌·云中君》云：“浴兰汤兮沐芳，华采衣兮若英。”王逸注：“言己将修飨祭以事云神，乃使灵巫先浴兰汤，沐香芷，衣五采华衣，饰以杜若之英，以自洁清也。”“兰汤”是古人对斋戒沐浴用水的专称，明杨慎《丹铅杂录》云：“刘义庆曰：‘古制，庙方四丈，不墉壁，道广四尺，夹树兰香，斋者煮以沐浴，然后亲祭，所谓兰汤。’”就是说巫者于祭祀前用浸过香草的水进行清洁，是一种净化或祓除仪式。《说文·示部》云：“祓，除恶祭也。”

女巫于祭祀之前所行的清洁仪式，主要是为了祓除身上的不祥和凡俗之气，使自己变得神圣化。沐浴兰汤正是通过清洗的方式祓除不祥，从而使自己神圣化的仪式。这样才能同神圣世界建立起亲密的联系，起到通神的作用。香草具有祛凶除病的作用，所以人们相信以香草沐浴可以祛除身上的晦气罪恶。《周礼·女巫》之“女巫掌岁时祓除衅浴”一句，郑玄注“衅浴，谓以香熏草药沐浴”，正是古人以香草泡汤为沐浴之用。

其二，香气通神、娱神。

在古代万物有灵的观念下，植物、动物各有其灵性、神性。花草的灵性与神性，在《楚辞》中有浓墨重彩的描写，其首要特性便是香气。香花美草不仅有美丽的形态，更有浓郁的香气，香气飘飘，可以通神。《离骚》中反复渲染花草的芳香："佩缤纷其繁饰兮，芳菲菲其弥章。""惟兹佩之可贵兮，委厥美而历兹。芳菲菲而难亏兮，芬至今犹未沫。"一再突出佩饰的芳香飘溢，而且经久不衰。在早期的巫术思维里，香花美草也是灵物，有着降神、娱神的作用。芳草香馨诱神引魂的巫术相当古老，就其方法而言，大体有三种。一是饮用或食用。许慎《说文解字》解释祭祀中用的琼酒时说："以秬酿郁草，芬芳攸服，以降神也。"巫人喝了用香草（秬）酿制的酒，便神志恍惚，通体沁芳，神灵才会不嫌其亵而降其身。二是燃烧。《诗经·王风·采葛》提到过"采萧"，萧即蒿，亦称萧蒿。采萧是为了祭祀中的"合馨香"，把有奇异香味的萧蒿和黍稷捆在一起，蘸上油脂，祭礼时点燃，散发香气，以礼神奠魂。如《礼记·郊特牲》讲"既奠，然后焫萧合膻芗"。三是佩服与铺设。如郑国古俗，每年三月上巳，在溱洧水边礼祀祓除，参加的人手中"执兰"，"作招魂续魄"，也即《诗经·郑风·溱洧》所描绘的"士与女，方秉蕳（兰）兮"。[1]"周人尚臭"，他们在祭祀时，通过泼洒香酒，焚烧香蒿和动物油脂，使香气弥漫，通达于神灵。如《诗经·生民》："其香始升，上帝居歆。"楚人亦以香草的香气作为娱神的手段。《礼魂》"春兰兮秋菊"、《少司命》"秋兰兮蘼芜"、《湘君》"薜荔柏兮蕙绸，荪桡兮兰旌"等。在庄严的祭堂之上，处处洋溢着香草的芳香，吸引了天上的神灵，无怪乎它要降临了。

①王政：《由楚帛书、楚辞看楚巫文化与美学发生学》，《中国楚辞学》2009年第1期。

2. 凤鸟花冠的文化属性

香草花木的色彩和芬芳，构成了丰富的草木意象。香草富有灵性，前文已述，将有灵性的香草长在原本神异的凤鸟头上，又是巫术信仰所致。

其一，巫文化属性。

首先，原始巫人以及他们的动物助手，在接引祖灵、招魂降神时，常常头顶“花冠”或以花果形“头饰”作为神灵降下的凭依之物。如出土于三星堆二号祭祀坑中的青铜立人，被称为“群巫之长”，即头戴花状高冠。这种花果（或花冠）头冠的形象，属于中国原始巫教迎神遣灵活动中的一个典型特征。不仅如此，通过花果、花树招神接灵，也是世界上许多民族巫术惯用的。这其中似乎潜藏着一种花果与灵魂、花树与神灵的神秘联系。凤鸟原本就是引魂之仙禽，神灵之使者，具有接引神灵、引魂升举的性能，仙草香卉和凤鸟搭配组合，是从“嗅觉审美诱引”的角度对引神导魂起着辅佐的作用。[1]

①王政：《战国前考古学文化谱系与类型的艺术美学研究》，安徽大学出版社，2006年，第151、158页。

其次，在巫术信仰下，动物与植物可以融为一体，动物与动物可以分解了再造。当然，这种组合有主有次，在这里凤鸟是主体，花草既是其装饰物，又是其身体的一部分。动物与植物混搭、人与兽混搭的奇异生物，在人类发展的早期阶段，是一种世界共通的文明现象。也是人类早期独特思维的体现，即混沌思维，植物与动物的分界、人与兽的分界并没有很清晰，是属于那个时代的认知模式。造成这种“混搭”的方式，是因为原始人认为动物植物的神性可以互通，神性互通属于列维·布留尔所说的原始思维中的互渗律，是人类主观意志支配下的幻想与想象，先民是真实地相信，因而进行了现实而具体的塑造或创造。商周时代尽管早已不是原始时期，但原始思维的互渗律依然有遗留。正如人们希望借助巫术来拥有或驾驭某种超自然的神力，花冠凤的神异造型也是为了张大其自身的力量与神性。

再次，香草可以象征性爱、娱神求子。花卉纹等植物纹样，

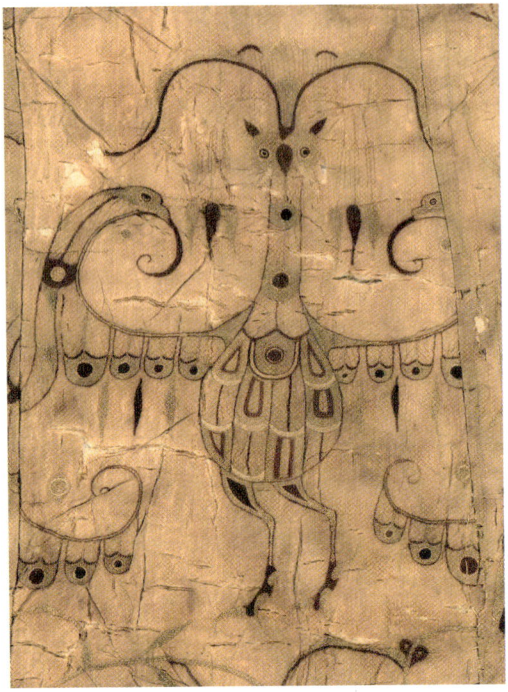

图 2-1 江陵马山楚墓出土丝绸上的“三头凤”

是中国母系氏族社会文化遗存的重要纹样。在远古时期，植物花草与女性生殖机能和巫术意识联系在一起，先民们之所以虔诚崇拜植物花草，是因为它们年年开花结果，具有无限的繁殖力，体现了远古人类祈求生殖繁盛的愿望。随着时代的发展，花草由女阴的象征物，逐渐发展为包括神祇在内的女性、男女婚配和爱情的象征。[①] 有学者从中医学角度研究了《楚辞》中的花草，发现这些花草大多具有滋阴壮阳、有益生殖的特殊效能，如薜荔“壮阳道尤胜”，能“固精”“下乳”等，“巫觋娱神时使用这花草，其原初目的当是借其特殊药性，来增强神与神、神与人交媾时的受孕与生育能力，以祈子孙繁衍、氏族兴旺”。[②] 如今考古所见最华美的花冠楚凤“三头凤”（图 2-1），其腹大饱满，就有着孕育生命的视觉直观感受。

①柯伦：《论屈赋香草的象征体系与巫术意识》，《湖北师范大学学报》（哲学社会科学版）1996 年第 2 期 。

②转引自陈桐生：《南楚巫娼习俗与中国美文传统》，《文艺研究》2004 年第 4 期。

其二，道德属性。楚地盛产香草，普通人家多有种植。黄伯思在《校定楚辞序》中言："兰、芷、荃、药、蕙、若、蘋、蘅者，楚物也。"《九歌》中出现的草木非常丰富，包括蕙、兰、桂、椒、薜荔、荪、芙蓉、杜若、白蘋、芷、荷、辛夷、女萝、蘼芜、杜衡、菊等。王逸《楚辞章句》："《离骚》一文，依《诗》取兴，引类譬谕。故善鸟香草，以配忠贞……虬龙鸾凤，以托君子。"香草美好的自然属性，以及人们对香草的崇拜，衍生出香草的社会属性，即道德比附。以凤比德在先秦也已经成为一种文化现象，在屈原的诗歌中，诗人热衷配饰香花美草，热衷以己比凤，其中便包含着内美外美兼修，喻示自己高洁的人品，并欲感染与影响周围世界。

3. 花冠凤鸟的源流

在现代凤凰的造型里，我们已经难觅戴花冠的凤鸟，倘若真有，除了视觉审美上的独特外，倒显得不符合我们科学认知的思维逻辑。事实上，从汉代开始，戴着华美、隆重花冠的凤鸟就罕见了，少见戴着简约花冠的凤鸟。唐代出现了不少凤鸟花卉组合的图像，有凤穿花、凤嘴衔花。

花冠凤鸟的源头可以追溯到商代、西周时期中原地区的青铜器上，楚人继承并拓展了这一巫术思维，簪花配草成为楚凤的显著特征之一。

为什么花冠凤鸟经历了商周时期的耀眼独特，从汉代开始淡化乃至消失，笔者以为主要的原因有三点：首先，诞生花冠凤鸟的巫文化背景发生了变化。商代祀神信鬼，巫风浓厚。西周时期，质疑鬼神的民本思想虽然开始兴起，但巫术信仰、鬼神信仰仍占据着重要的地位。而战国时期的楚国依然巫风笼罩。进入汉代，神仙信仰的发展将凤鸟纳入道教文化系统，凤鸟开始与巫风疏离，凤鸟沟通天人的信使身份也发生了转变。其次，汉代以后，随着凤鸟与巫风的疏离，凤鸟的冠饰已经不再凸显，其躯干、翅膀、尾巴则成为刻画的重点，这个时候，修仙的人们需要乘凤升天，凤鸟的身躯不强干不行。或者死后的人们欲借助凤凰的引导升入天界，健壮有力的整体凤鸟形象是人们所希望的。再次，汉代出现了凤凰爵的女性头饰，此后一发不可收拾，凤钗、凤翘、凤冠纷纷成为唐宋明清女性头上的重要冠饰。新的时代审美与文化需求，使凤鸟作为冠饰美饰人类成为一个演绎了很长历史的繁复过程，而凤鸟自身头上的花冠就真的不再需要重点表现了。

（二）凤鸟的眼睛

眼睛作为“心灵之窗”，具有灵性与生命力。对于人类而言，眼睛的意义是十分重大的，它是人类观看世界、观看人生的不可或缺的器官。人们常用“暗送秋波”“眉目传情”“目光如炬”“眼笑眉舒”一类的词汇来表达自身对于眼睛的感激与赞美。商周青铜器上凤鸟的眼睛，多为圆形或圆鼓突出状。如果从凤凰眼睛造型的历时性来比较，商周青铜器上凤鸟眼睛有两个显著特点：①眼睛在整个身形呈现的视觉效果中比较突出，如有的凤鸟头部在身形中的比例较大，眼部构造甚至有略显夸张的成分，体现出那个时代对眼睛刻画的重视；仿佛眼睛与头部冠饰是凤鸟身形的核心与灵魂。春秋战国以后，凤鸟的头部在身形中的比例已经明显有变小，眼睛也随之变小，很少再有夸张的成分。②从眼型来看，商周时期凤鸟眼睛“瞪视”“双目炯炯”的视觉效果比较强烈，有狞厉之气。春秋战国以后凤鸟的眼睛尽管还是“圆睁”的比较多，但此时眼睛似乎已经不是刻画的重点，身形、尾巴的丰美占据了人们的视觉中心，眼睛看起来也柔和了不少。尤其是唐宋及其以后，凤凰的眼睛以细长居多，显得柔美，也由此诞生了“丹凤眼”一说。

图像的背后，总是关联着特定的政治文化因素。商代与西周早期，鬼神、巫术是社会政治生活的主题。而眼睛，应该是权力、政治、巫术、鬼神等文化因素中的一个重要载体，来呈现特别的意志或力量；或是沟通世界的媒介与工具。朱大可对上古时期的眼睛做了综合性的研究，他认为眼睛是施行政治巫术的核心器官。在中国文化体系中，眼睛是一个重要的政治器官。金文如此描述位于社会最低等级的“民”的形象——这是左眼睛被一柄锋利的针（锥）形物所刺瞎的场景。它意味着“民”就是左眼被刺瞎的奴隶，需要来自伟大领袖的引领。但这场景的更耐人寻味之处，在于“民”并非天生的盲者，而是被蓄意刺瞎的。权力制造了“民”的盲目性，并且判决后者永远与黑暗为伍。而国王或祭司却完全不同，他们拥有大而明亮的眼睛，并借此洞察尘世的所有细节。眼睛即权力，大眼睛更是强大权力的象征。汉字中的“蜀”和“夏”，便是用眼睛来描述或形容帝王之伟大性。对眼睛的突出颂扬，是古蜀国（广汉文明）或夏酋邦的独特属性。

假如从更大的全球范围观察，眼睛从来就是一种极其重要的宗教器官，它代表了伟大的日神，它是日神的标志物。此外，眼睛并非只是日神的标志物，作为一种洞察和照耀一切的器官，它还要从日神那里分离出来，成为近乎独立的巫术器官，那就是“眼睛偶像”。

眼睛表现的是一种“瞪视”的巫术。在与神的对视中，众巫的眼睛也变得大而明亮起来，世俗的眼睛，就此从神祇那里获取了类似的权力。“瞪视”即一种夸大的凝视，也就是要展示权能移交的过程。眼睛巫术似乎是一种静穆式的巫术，它无须声音的辅助，而跟人们此前所熟知的聒噪式巫术——祈祷、念咒、诵诗和歌舞，有着显著的差别。这种瞪视的独特仪式推动了神力的传递，将太阳神的宏大力量，转移到祭司、国王乃至贵族身上。他们是被神挑选的群体。正是这眼睛巫术的出现，构成了一项重要的政治或者宗教事务，它成为缅怀祖先神、从中获取征服力量的源泉。眼睛巫术的浪潮，此后出现了两种不同的发展路线。其一向上行走，以眼睛神学的名义，眼睛巫术成为支撑一种政治或者宗教权力架构的基石。从“神的眼睛”里获取了永恒的力量及其宗教合法性。在中国世俗政治体系里，夏与蜀都是典型的眼睛民族，并拥有一个共同的人类学祖型。眼睛巫术的第二路线就是向下行走，构成迷人的眼睛美学，在时尚的层面上，传递关于辟邪、趋吉和寻求神祇庇佑的信息。[1]

①朱大可：《华夏上古神系（下卷）》，东方出版社，2014 年， 第 382—389 页。

由此，我们自然理解了凤鸟的眼睛由早期的凸显、圆睁、狞厉到后期的平和、细长、柔美的演变。

综观商代与西周青铜器上的凤鸟形象，与静穆式巫术的氛围是统一的。凤嘴通常是闭合的，有的曲卷如钩，有夸张的成分，凸显了嘴的锐利。躯干比较抽象，双翅并不突出，有的有双翅，但双翅并不伸展开来，而与身躯融为一体。有的则干脆省略了双翅的刻绘，仅有细长或曲卷的身躯，写实与写意交织。尾巴是凤鸟形象中比较凸显的部分，造型变化多端，分尾、卷尾、花草状尾等，美感中蕴含奇异。多数鸟足堪称健壮，富有力量，呈稳重的立地状。

总体看商代与西周青铜器上的凤鸟造型，嘴、冠、眼睛、尾巴、足这几个部位的刻画比较突出，翅膀刻画不鲜明，没有飞翔之态，亦无歌舞之状，静穆，威严，神秘，力量感十足。

## 第二节　属神的身份认同与天人沟通

《礼记·表记》说：“殷人尊神，率民以事神，先鬼而后礼。……周人尊礼尚施，事鬼敬神而远之。”殷商是一个以神为本的神权统治时代，商王对每天发生以及要去处理的大小事件都要征询上帝和祖先神的意见、看法，上至祭祀、征伐、婚丧大事，下至生育、疾病、田猎、出行、天气等等都要进行占卜，询问上帝先公先王以及旧臣和自然神祇的意志，然后决定何去何从。[1] 早在20世纪30年代，郭沫若就讨论过“上帝”崇拜和“天”神崇拜在殷周之际的嬗变关系。[2] 王国维提出：“中国政治与文化之变革，莫剧于殷周之际……故夏、殷间政治与文物之变革，不似殷、周间之剧烈矣。殷、周间之大变革，自其表言之，不过一姓一家之兴亡与都邑之移转；自其里言之，则旧制度废而新制度兴。”[3] 徐复观认为，从甲骨文中，可以看出殷人的精神生活还未脱离原始状态；他们的宗教，还是原始性的宗教。当时他们的行为，似乎是通过卜辞而完全决定于外在的神——祖宗神、自然神及上帝。周人的贡献，便是在传统的宗教生活中，注入了自觉的精神；把文化在器物方面的成就，提升为观念方面的展开，以启发中国道德人文精神的建立。[4] 可见周人在宗教方面，虽然是属于殷的系统，但有了新的重要的发展。

①王晖：《殷商为神本时代说》，《殷都学刊》2000年第2期。

②郭沫若：《先秦天道观之进展》，《郭沫若全集·历史编》第一卷，人民出版社，1982年，第317—376页。

③王国维：《观堂集林》，河北教育出版社，2010年，第287—288页。

④徐复观：《中国人性论史》，华东师范大学出版社，2005年，第10页。

犹如殷、周文化有因袭有变革，凤凰在商周时期统治者属神的身份认同与天人沟通中均发挥重要作用，但表现形式有同有异。

## 一、从“生人”母题看凤凰在商周身份认同中的作用

“生人”母题的产生，往往基于人类自识或族体认同的需要。人进行自我定位的一个非常重要的途径就是对“祖先”或“族源”的认知，在族体凝聚力的形成和民族关系的处理方面，“祖先”形象具有其他神灵或形象不可取代的地位。“生人”母题具有图腾标示功能。图腾作为一个复杂的文化心理现象，不仅是一个族体的重要标志，有时还带有祖先性质，认为族体与其具有血缘关系。“图腾崇拜物”的产生在民族文化建构中有重要作用。神话中的原始时代氏族或部落认为自己的始祖不是人，而是某种动物、植物、无生物或自然现象，所有的

成员都由它生育繁衍而来，并在生产生活习俗中以极为尊崇的态度，对待这些作为始祖的“物”。这些所选择的“物”虽然源于自然界中的动物、植物和无生命物，但其本质并不是某一种具体的动物、植物和无生命物的个体，而是某种动物或植物的整体意象，或称之为抽象的“物”，或者说只是借用了这个“物”的名称。“生人”母题还具备信仰建构功能。“生人”母题的塑造，又体现出一个族体的群体性信仰的确立与建构，如“生人”的主体会自然赋予“祖先”的身份，“对共同始祖的信仰，使群体成员之间产生了一种基于共同血缘关系上的亲和力，以及对所属群体的自豪感、归属感和认同感，从而造成群体内部的凝聚力。这一信仰观念及行为的周期性巩固、强化，又使凝聚力不断得以维系、加强，从而有利于群体的完整与和谐统一”。①

①杨利慧：《女娲的神话与信仰》，中国社会科学出版社，1997年，第178页。

商代始祖契的诞生，主要见载于：

> 天命玄鸟，降而生商，宅殷土芒芒。（《诗经·商颂·玄鸟》）
>
> 有娀方将，帝立子生商。（《诗经·商颂·长发》）
>
> 简狄在台，喾何宜？玄鸟致贻，女何喜？（《楚辞·天问》）
>
> 望瑶台之偃蹇兮，见有娀之佚女。……凤皇既受诒兮，恐高辛之先我。（《楚辞·离骚》）
>
> 殷契，母曰简狄，有娀氏之女，为帝喾次妃。三人行浴，见玄鸟堕其卵，简狄取吞之，因孕生契。（《史记·殷本纪》）
>
> 玄鸟翔水，遗卵于流，娀简拾吞，生契封商。（《太平御览》卷八三引《尚书中候》）

依据以上所载，总体而言，在神话传说中，商人始祖契为帝喾次妃有娀氏之女简狄吞玄鸟卵而生。

帝喾为太阳图腾神。王国维据甲骨卜辞研究认为：“则夒必为殷先祖之最显赫者。以声类求之，盖即帝喾也。”[①] 故，帝喾即帝夒。又江林昌据《甲骨文编》中所收录“夒”字的字形研究认为，“几乎所有的‘夒’字均作侧目人首状，有些直接以侧目代表人首。在神话思维里，眼睛与日月光芒是同构的。”“可见，在商周人的心目中，日与目是同构的，也就是说，眼睛可以代表太阳的。”此外，“俊”从夋，所以喾也为俊，据《山海经·大荒经》所载“帝俊使四鸟”的神话，可以推测：“所谓帝俊使四鸟，本意是指太阳神帝俊以鸟为图腾。或者说，对于殷商人而言，太阳的人格化为帝俊，其图腾化则为凤鸟。”[②] 综合以上所说，传世文献中所谓帝喾次妃有娀氏简狄吞玄鸟卵而生契的神话，其实质是对商始祖契感太阳图腾而生的记载。所以对于商人来说，其上帝当为感生帝（图腾）帝喾——太阳。[③]

商族起源充满神话色彩，契的诞生显然属于典型的卵生神话，而《商颂》的作者和司马迁所生活的时代已经见不到这种人类“诞生”的方式。古本《竹书纪年》《史记》、甲骨卜辞中的殷代世系表，还有在历代学者借助两周金文考证出的周王世系中，也找不到类似的记载。司马迁仍将现在认为是神话的创生事迹当作正史来记载，一方面出于神化祖先的心理倾向，另一方面也说明当时的人们对自我的认知存在这样的情况：现实中，人已经完全脱离了与其他动植物之间幻想性的亲缘关系，按照现实中的血缘关系来识别自己的生命传承，认识上却还没彻底摆脱将动物、植物或其他物体视为自己祖先的图腾观念。[④]

图腾一词来源于印第安语，意为“他的亲族”。人们相信，

①王国维：《殷卜辞中所见先公先王考》，载《观堂集林（外二种）上》，河北教育出版社，2001年，第261页。

②江林昌：《商族先公称名的文化学探索》，《殷都学刊》2009年第2期。

③刘涛：《〈周礼〉中所见天神祭祀考论》，吉林大学博士学位论文，2014年。

④张常勇：《商周青铜艺术身份认同功能研究》，复旦大学博士论文，2008年。

他们的氏族与某种动物、植物或无生物有着亲属或其他特殊关系，并以之作为氏族的标志，予以保护和崇拜，这种崇拜就是图腾崇拜。图腾崇拜自母系氏族公社初期产生，殷周时期由于部族组织继续存在，故图腾崇拜犹存。殷人以鸟为图腾还可以从甲骨文、金文中找到证据。据胡厚宣研究，涉及鸟图腾的甲骨八片，卜辞十条……亥上的鸟字从又，又即手，为《山海经·大荒东经》“有人曰王亥，两手操鸟”传说之所自出。……卜辞又称王亥为高祖，高祖的意思就是遥远的祖先。所以才把鸟图腾的符号，特加在王亥的亥字上边。商晚期铜器“玄鸟妇壶”，壶名即为玄鸟妇三字之合文，它的含义，是作壶者系以玄鸟为图腾的妇人。再就壶的形制环玮和纹饰精美考之，可以判断此妇即为简狄的后裔，又属商代的贵族。①

在中国上古的萨满式宗教观念中，祖先与人王向动物的转形，被视为能获得更加强大的巫术—宇宙力量。②《诗经·商颂》中“天命玄鸟，降而生商”的神话，以及商先公“王亥”的名字在甲骨文中就是一只鸟的形象，诸如此类的材料，几乎已成为常识。通过研究，在商王族的宗教观念中，上帝就是太阳神、是祖先神，太阳祖先神也是鸟，鸟是王室的远祖，也是先公的形象。③凤鸟是人与神、上帝与下帝沟通的桥梁、媒介，故卜辞称“帝史（使）”，不是一种简单的神鸟崇拜，而是其部族的图腾崇拜。发展到一定阶段，图腾已经不仅是外在区分“我”与“他”的制度，也不只是思维结构的外现，它已经内化为心理内容的一部分。在一定程度上，对拥有图腾信仰的人来说，他自己就是所信仰图腾的延续，拥有了该图腾的部分特性。从反映图腾观念的上古神话传说来看，我国上古图腾信仰的确存在如下特点，即人和图腾之间存在着亲缘关系，相信人起源于动物或植物图腾。在这一点上，图腾崇拜和祖先崇拜具有明显的一致性，亲缘或祖缘关系成为先民和所信奉的神

①胡厚宣：《甲骨文所见商族鸟图腾的新证据》，《文物》1977年第2期。

②[美]米尔恰·伊利亚德：《萨满教·古老的入迷术》，段满福译，社会科学文献出版社，2018年，第32页。

③王晖：《商周文化比较研究》，人民出版社，2000年，第24—35页。

灵、崇拜对象之间的联系纽带。商代早期，图腾崇拜已经不再是信仰体系的核心，人们对自身的来源和世系有了更清醒的认识，商周两代王室都留下了世系表，历代祖先主要是父系成为祭祀的对象，自己也就是历代祖先生命的延续。由于图腾崇拜和祖先崇拜在观念生成方面具有一致性，图腾信仰的部分内容被转移到祖先崇拜中，非凡的力量就是其中之一。[①]

①张常勇：《商周青铜艺术身份认同功能研究》，复旦大学博士论文，2008年。

《周礼》中的上帝当为祈谷帝和感生帝，其来源于太阳崇拜。在周部族的创始神话中，弃（后稷）的母亲名姜嫄。据《诗经·大雅·生民》和《史记·周本纪》：这位母亲有一天在旷野中看见一个巨人的足印，因好奇踏了上去，就“身动如孕”“居期而生子”。弃出生后，她认为不祥，要扔掉，结果“弃之隘巷，马牛过者皆不践；徙置之林中，适会山林多人，迁之；而弃渠中冰上，飞鸟以其翼覆荐之”。如果把这段记载和殷商部族的创世神话作一比较，可以看出周人姜嫄神话的发展与演变。首先，相异文化的交流或融合，促使周人原始宗教形式和自然崇拜观念发生变化，周人接受了东夷族的太阳（神）崇拜，接受了东夷族的太阳（神）所具有的神的力量和神的权威，也接受了太阳（神）幻化为鸟的世俗形象，并通过神话形式表述了周人新的宗教思想和自然崇拜观念：太阳（神）是新生命的催生者、新的生命只有在太阳（神）的帮助下才能诞生。其次，缘于这种宗教信仰的变化，周人更以这种新的宗教思想和自然观来重新认识和思考部族的起源问题以及赖以生存的稷谷的起源问题，于是，周人将部族（祖先）和稷谷的起源，即生命的诞生过程划分为两个阶段：第一个阶段是生命的获得；第二个阶段是生命的诞生。前者所依靠的是自己部族的原始的图腾神，后者所依赖的则是带有异族色彩的太阳神（鸟）。前者赋予了生命，后者则使这种生命形式得以完成。前者意味着部族的“根”，是部族血缘的基础和纽带；后者则表现为外在的力量，是这种生命之根得以成长的条件。不可否认，以此为构架，周人创造了“姜嫄履大人迹”的神话；以此为思想主旨，周人在姜嫄神话中通过新的神话代码，创造了新的神话情节，表达了新的宗教观念和宗教情感。[①]

①李立：《文化整合与先秦自然神话演变》，云南人民出版社，2002年，第33—34页。

身份是一个社会性概念，它表明个体或具有某种相似性的群体在特定社会结构中所处的地位及作用。神属身份指在神权统治下的商周社会中，贵族成员在拟想的神人关系中，因归属于神灵而获得的社会身份。在先民眼中，另一个世界又是天帝的居所，逝去的祖先在那里也变成了神灵，和帝、天、四方等各色神灵居住在一起，并可以对他们施加影响，从而降福于自己。这样，先民成为神灵的子孙，受到神灵的庇护。但是，并非所有的人都会受到神灵的护佑，阶级分化以后，宗教也随之分化，一个部落、部族共同信仰的图腾被个别强势家族的祖先替代，只有处于社会上层的贵族集团的成员才有资格将自己的祖先追认为神灵，也只有他们才配称为神的子孙，他们也因之拥有了神属的身份。[②]

②张常勇：《商周青铜艺术身份认同功能研究》，复旦大学博士论文，2008年。

商人通过“天命玄鸟，降而生商”建立起族群与上帝的亲缘关系，周人亦通过履“巨人迹”“弃渠中冰上，飞鸟以其翼覆荐之”（《史记·周本纪》），建立起周族与上帝（太阳神）、神鸟间的亲缘关系、神性继承关系。商周两代自然观和祖先观存在多方面的一致性，帝（天）崇拜、祖先崇拜是商周两代的共同信仰。上（天）帝、在天的祖灵是商周统治者获取属神身份的来源，凤凰在其间扮演着祖灵化身的重要角色。

## 二、天人沟通与政治维护

### （一）天人沟通中的祭祀与仪式

在巫术、宗教发挥重要政治作用的商周时期，天人沟通是重要而神圣的事情。天人沟通的主要方式之一为祭祀。《左传·成公十三年》曰："国之大事，在祀与戎。"祭祀在我国源远流长，它与巫术、战争三者在古代的社会生活中占有重要的地位。祭祀是民众通过一定的仪式制度向神灵和祖先表达自己内心虔诚的顺服、感恩和敬畏的态度，以求得到庇佑和指引，趋吉避凶。费尔巴哈曾说："宗教的整个本质表现并集中在献祭之中。献祭的根源便是依赖感——恐惧、怀疑，对后果的无把握、未来的不可知，对于所犯罪行的良心上的咎责；而献祭的结果、目的则是自我感——自信、满意，对后果的有把握、自由和幸福。去献祭时，是自然的奴仆，但是献祭归来时，是自然的主人。"①

①[德]费尔巴哈:《宗教的本质》，王太庆译，人民出版社，1999年，第31页。

祭祀行为由一系列的仪式来完成。从仪式的过程性的角度来看，"仪式就是通过一定的时间、地点、对象、形式再现社会习俗（生活）的一个过程；通过岁岁重复、交替的程式化、制度化的仪式行为，实现某一时刻仪式所意味着的一切"。②也有学者从仪式的本质特性和社会功能的角度出发，认为"仪式，通常是指具有象征性、表演性特征的由文化传统所规定的一整套行为方式。它可以是神圣的，也可以是凡俗的活动。这类活动经常被功能性地解释为在特定群体或文化中沟通（人与神之间、人与人之间）、过渡（社会类别的、地域的、生命周期的）、强化秩序及整合社会的方式"③。仪式是神圣化的保证，沟通仪式是指人与神灵的沟通、交流。通过沟通仪式人们可以强化对宗教的信仰，以及对神灵存在的肯定。在沟通仪式举行过程中，信徒们聚集在一起通过加强情感和沟通，表达对神灵的忠诚。

②纪兰慰:《论民俗舞蹈的仪式》《民族艺术研究》，1999年第3期，第62—68页。

③郭于华:《仪式与社会变迁》，社会科学文献出版社，2000年，第21页。

祭祀及仪式来源于巫术宗教思想。关于商代的巫术，张光直认为商代巫术的特性有下面几点：①商人的世界分为上下两层，即生人的世界与神鬼的世界。这两者之间可以互通。②在商人的观念中神鬼是有先知的；他们知道生人计划中要作的行为会有什么样的后果。生人对神鬼的这种智慧是力求获得的，掌握有这种智慧的人便有政治的权力，因此在商代巫政是密切结合的。③神巫降陟需要若干本领和道具。巫师所用的一些道具和法器，有山、树、鸟、动物、占卜、仪式与法器、酒（与药物）和饮食舞乐等。在考古学上最要紧的是各种艺术品，亦即有关法器的表现。既然巫政是密切结合的，法器的占有便是掌握政权的一个重要手段，也就是说艺术品的掌握便是政治权力占有的象征。④从考古和美术研究的眼光来看，在殷商巫术系统之内，人与动物之间的关系特别值得注意。代表这个关系的有两个观念，一是人与动物可以彼此转形，二是作为巫师的亲昵的伙伴的动物便是巫师作法的助手。[1]

殷代的祭祀对象非常广泛，如武丁时期㞢祭的祭祀对象有传说祖先、先公先王、女性祖先、先贤旧臣、土地山川神；又如燎祭，其祭祀对象有天神、地祇、祖神、神话祖先、先公先王、先妣、旧臣，此外还有身份不明者。殷代的礼制，可分为新旧两派，旧派的祭祀对象所体现出的原始宗教色彩更为浓重，而新派的祭祀对象所体现出的重视血缘近亲的宗教观念更为明显。[2] 仪式化是青铜礼器在场情境的重要特征，对青铜礼器的每次使用均可看作一次仪式化的操演。在仪式化的操演过程中，青铜礼器是人神交通的工具。具体而言，它的作用是协助人神的升降，上升至天的是祭祀者、仪式操演者，下降到人世则是祖先神灵，升降的结果是人神在同一世界，实现精神层面的交流。拥有者由此体验到与祖先神的共生，强化了自己属神的身份。[3] 祭祀这种仪式活动通过外在的形式让人们加深一种精神的认同感。因此，祭祀制度是古代统治者统治能力的一种重要体现。祭祀就是处理人与天之间，人与人之间以及人与祖先之间的一个重要活动规范，通过这种仪式化的活动将这种规范在子孙中传承下去。[4]

①张光直：《青铜挥麈》，上海文艺出版社，2000年，第306、307页。

②文术发：《从古文字看商周祭祀制度的演变》，《西南师范大学学报》（人文社会科学版）2000年第3期。

③张常勇：《商周青铜艺术身份认同功能研究》，复旦大学博士论文，2008年。

④张东赞：《古代祭祀活动的仪式性与群体成员的身份认同》，《宁夏社会科学》2017年第1期。

（二）凤凰与商周时期的帝、天

人们通常认为，意识形态的宗教世界是现实世界的投影。人类进入文明时代之后，原来的部落联盟首领转变为权力至上的“王”，于是天界诸神中也出现了权力和地位至尊的“帝”。从现今发展的甲骨刻辞可知，在殷代，人间的“王”与思想中的“帝”是同时存在的。殷人把现实世界的统治者称为“王”，把理想世界的主宰称为“帝”。由于人间的“王”摄取了统辖各方国的极大权力，神界的“帝”也就具有统辖各种自然神灵和社会神灵的神力。殷卜辞中有大量这方面的资料。根据学术界已经取得的研究成果，可知上帝的权能几乎遍及大自然和社会生活的各个方面，帝控制着风云雷雨，控制着作物的成长和年成的丰歉，控制着城邑的建设和存毁，主宰着人间君主的行动甚至命运。①

“帝”是彼岸世界的最高主宰，是神上之神。殷周时期虽然是多神崇拜，但这些神灵之间并不平等。像人间的“王”一样，“帝”高踞于众神之上。“上帝或帝不但施令于人间，并且他自有朝廷，有使、臣之类供奔走者。”② 殷卜辞中有“帝臣”，“帝臣”就是上帝的大臣。殷卜辞记“大甲宾于帝”（《乙编》7434 组）、“下乙宾于帝”（《乙编》7197）等等，“宾于帝”就是在上帝周围。由卜辞可知，上帝是商王朝的至上神与王的保护神，其统管一切自然现象、主宰一切人世间及阴间世界的事务；王的行动要向上帝请示以问吉凶。然不论占卜结果如何，“上帝总是站在殷王一边去残酷地奴役臣民和众人”。③

殷卜辞中有“帝史凤”（《通纂》398），商人视凤鸟为帝使，其实这也是带有世界性的一种原始观念。在希腊文里，“鸟”这个词兼有“预言”与“天之信使”的意思。在伊斯兰教里，鸟是天使的象征。《古兰经》里说，鸡冠鸟是所罗门和示巴女王之间的信使，说“鸟语”是“天使的语言”。④ 商代

①陈梦家：《殷虚卜辞综述》，科学出版社，1956 年；胡厚宣：《殷卜辞中的上帝和王帝》（上、下），《历史研究》1959 年第 9—10 期。

②陈梦家：《殷虚卜辞综述》，科学出版社，1956 年。

③胡厚宣、胡振宇：《殷商史》，上海人民出版社，2003 年，第 69 页。

④〔法〕让·谢瓦利埃等：《世界文化象征辞典·鸟》，湖南文艺出版社，1994 年，第 1147 页。

凤既是“帝史”，亦是祖灵（神）。商代的宇宙被理解和表现为一个十字形的形状（或称“亚字形”），包含着东西南北中五个方位。根据《合集》14295 片卜辞的记载，这五个方位都对应着神圣的祖神“凤”，并被按祖先神的规格致以“禘”的祭礼。在这个神圣的十字形宇宙中，商王室所在的祭祀中心也正是宇宙“中”方位的所在。[①]

殷人“帝”的信仰在本质上是作为祖先神和自然神在不同语境之中的集合。作为四方空间的诸神被称为“方”，也对应着凤鸟，而凤鸟也是作为祖先神之“帝”的一种呈现。[②] 殷人对四方的方位之神多举行“禘”这种对祖先规格的祭祀。[③]

①［英］艾兰：《龟之谜：商代神话、祭祀、艺术和宇宙观研究》，汪涛译，四川人民出版社，1992年，第98页。

②王晖：《商周文化比较研究》，人民出版社，2001年，第438—440页。

③杨树达：《卜辞求义》，上海古籍出版社，2006年，第88页。

> 禘于北方曰伏，凤曰役
>
> 禘于南方曰微，凤曰夷
>
> 禘于东方曰析，凤曰劦
>
> 禘于西方曰彝，凤曰韦（合集释文 14295）

通过卜辞可以了解到，殷人宇宙观中的神圣十字模型乃是由“中商”之外延伸出的四个方位，共同形成五个方位，而每个方位都对应着作为祖神的凤鸟。这样，就一共有了五个凤鸟，这五个祖神位格的凤鸟被称为“帝史凤”或“帝五臣”。

胡厚宣认为：“是殷人者，又以风（凤）神亦属于帝，故以帝礼祭之也。”[④] 甲骨文还有表现凤鸟头顶着十字模型的文字，这些现象都说明祖先神凤鸟与五方宇宙范式之间紧密的对应。[⑤] 商人始祖帝喾，也就是卜辞中的夒，在商人的神灵谱系中居于至高无上的地位。有学者根据殷人祭祀日神的习惯，指出这位帝喾就是日神帝俊，也就是卜辞中的夒。[⑥]

从商代开始，青铜礼器成为最主要的通神法器。通神者也不再局限于巫师，以王室为核心的整个贵族集团都可以通过仪

④胡厚宣：《甲骨学商史论丛初集》（上册），河北教育出版社，2002年，第235页。

⑤李竞恒：《汉儒〈五行〉说与神话宇宙》，叶舒宪、唐启翠编：《神话历史丛书：儒家神话》，南方日报出版社，2011年，第412—413页。

⑥李忠林：《皇天与上帝之间：从殷周之际的天命观说文王受命》，《史学月刊》2018年第2期。

式化的活动接通神灵，阻隔其他人借以沟通天地获得神秘的力量。为了达成这一目的，商人利用纹饰符号来标明青铜礼器的归属，这些纹饰符号主要指神秘的动物纹样，艺术和政治、宗教合而为一。

在整个西周时期，天命观念、上帝信仰和祖先信仰始终是政治思想的主流。周人讲“文王陟降，在帝左右”（《诗经·文王》），“三后（太王、王季、文王）在天”（《诗经·下武》），“思文后稷，克配彼天”（《诗经·思文》），也是说祖先神在神界听从上帝的遣使。综合殷周的有关资料，可知殷周是一元多神的信仰体系。这一信仰体系既是宗教的，也是政治的。[①]周人在这天命转移方面作出了建设性努力，其一便是至上神观念的突破，即把殷人奉为祖先神的上帝改造为具有普遍意义的非一族一姓的至上神“天”，同时赋予“上帝”以“天”的品格。[②]天命靡常思想在周公那里被上升到了政治意识形态的高度，并较为理性地认为，“天命不是固定在哪一个朝代哪一个人身上的，而是根据王者的‘德行’而转移的”。[③]《尚书·多士》云：“自成汤至于帝乙，罔不明德恤祀。亦惟天丕建保乂有殷，殷王亦罔敢失帝，罔不配天其泽。在今后嗣王，诞罔显于天，矧曰其有听念于先王勤家？诞淫厥泆，罔顾于天显民祇，惟时上帝不保，降若兹大丧。”意思可大致理解为：从成汤到帝乙，殷的先王很重视施行德政，纣王却很是不明白上天的旨意，就更别提先王辛勤治国的教诲了。由于其不顾天命和民众疾苦，所以上天不保佑他，降下这亡国灭身的灾祸。周人恰恰能够“听命于天”并实行德政，所以，天降政权于周人。这就意味着天命是随着统治集团的德行以及对民众的态度而流转的。在意识到这一点的基础上，周公具有创造性地提出了“惟命不于常”（《尚书·康诰》）思想。《史记·殷本纪》记祖伊进谏纣王即将亡国之际，纣仍旧说：“我生不有命在天乎！”

①张荣明：《殷周政治与宗教关系研究》，南开大学博士论文，1995 年。

②巴新生：《西周的“德”与孔子的“仁”——中国传统文化的泛血缘特征初探》，《史学集刊》2008 年第 2 期。

③游唤民：《周公大传》，湖南人民出版社，2008 年，第 29 页。

殷纣王信奉“天命”，却不明白配天应具备德行与民本思想。

《国语·周语》：“周之兴也，鸑鷟鸣于岐山。”鸑鷟为凤鸟之属，鸑鷟何以鸣于岐山？显然是受了天命。天命依何而为？“德”。凤凰即秉“德”，为人间有德之王而显身。史料有“赤鸟（凤）衔珪”开启政治祥瑞的神话。“赤鸟之瑞”说最早见于《墨子·非攻》。《墨子·非攻》：“赤鸟衔珪，降周之岐社，曰：天命周文王伐殷有国。”《吕氏春秋·应同》云：“及文王之时，天先见火，赤乌衔丹书集于周社。”这种说法带有明显的神秘色彩，为后来的纬书所称道。如《易纬·是类谋》云：“文王比隆兴始霸，伐崇，作灵台，受赤雀丹书，称王制命，示王意。”《艺文类聚》卷十引《尚书中候》云：“季秋，赤雀衔丹书入酆，止于昌户，昌拜稽首，受最曰：姬昌，苍帝子。”《艺文类聚》卷九十九引《春秋元命苞》云：“火离为凤皇，衔书游文王之都，故武王受凤书之纪。”

执政者属神的身份认同与天人沟通，是相互并存的两个问题。凤凰以其符号象征意义及“现实性”的功能作用，在帝、天、祖神（灵）组成的复杂神灵系统与人间的商周统治者间架起桥梁。

# 第三章

# 帝制时代的神圣性与等级性

## 第一节　秦汉一统奠定“龙主凤从”的政治文化格局

汉民族是中华民族的主体，就其族源论，一般认为，汉民族早期血脉来自三大族群。华夏族群的发祥地在今陕西省黄土高原，东夷族群的地域范围在今河南东部和山东、安徽一带，苗蛮族群地域以今湖北、湖南为中心。徐旭生说：“把我国较古的传说总括起来看，华夏、夷、蛮三族实为秦汉间所称的中国人的三个主要来源……此三集团对于古代的文化全有像样的贡献。他们中间的交通相当频繁，始而相争，继而相亲，参互错综，归结于同化。”[①] 这三大族群互相斗争，后又和平共处，到秦汉之际，归于完全同化，形成汉族的主体血脉。东夷部族（其后裔是殷商）的神祇和始祖是太昊（史籍或记为“太皞”），苗蛮部族（后与楚族融合）的神祇和始祖是伏羲（史籍或记为“庖牺”等），二者在秦汉时期融为一体，被视为一人，史称“太昊伏羲氏”，太昊伏羲成为其共同尊奉的始祖。

①徐旭生：《中国古史的传说时代》（增订本），文物出版社，1985 年，第 39 页。

与多位华夏古帝属于日神兼鸟神的形象相对应，亦有远古时期神话传说认为三皇五帝中的多位帝王是龙的化身，而在后世人们的观念中就把龙和帝王更紧密地联系在一起，认为帝王的降生或者是龙转世，或者有龙的预兆，于是以龙指称或比喻帝王，并且以龙象征至高无上的皇权。

古《三坟》中《连山易》的残文中说："君物龙，龙善变化，能至云雨，为君物也。"[1] 这是最早把国君比喻为龙的文字记述，认为只有一国之君才能像龙那样具有至尊地位和至高权威。秦朝统一中国，秦始皇把皇与帝集为一身，人们就称他为"祖龙"。

①（清）马国翰：《玉函山房辑佚书·经编易类》，上海古籍出版社，1990年。

汉王朝的正统性汉初君臣从刘邦的出身开始运作。《史记·高祖本纪》记载："其先，刘媪尝息大泽之陂，梦与神遇。是时雷电晦冥，太公往视，则见蛟龙于其上。已而有身，遂产高祖。"刘媪梦见与神相遇，太公亲眼看见蛟龙与刘媪相交，加上天气怪异，种种描述说明刘邦是"龙种"，非常人所能及。因为当时民间已经把龙视为皇帝的化身，如秦始皇三十六年有人献璧因言"今年祖龙死"，可见龙已成为皇帝的一种称号。对此既可以从人类学的角度去解释，又应该从维护政权而进行正统化建设的角度来理解。刘邦为龙种的说法首先出自其父母，为了多方说明事情"真实性"，《高祖本纪》又记载：

> （刘邦）好酒及色。常从王媪、武负贳酒，醉卧，武负、王媪见其上常有龙，怪之。高祖每酤留饮，酒雠数倍。及见怪，岁竟，此两家常折券弃责。

除了龙种在日常生活中的异人之处，还应有某些现象预示龙种当为天子，于是以吕后为中心又制造出"天子气"的神话：

> 秦始皇帝常曰"东南有天子气"，于是因东游以厌之。

高祖即自疑，亡匿，隐于芒、砀山泽岩石之间。吕后与人俱求，常得之。高祖怪问之。吕后曰："季所居上常有云气，故从往常得季。"高祖心喜。沛中子弟或闻之，多欲附者矣。

吕后宣称以天子气而找到刘邦所在地，其所言一方面以应秦始皇之"东南有天子气"，另一方面以应刘邦"龙种"之说。

关于刘邦身为"龙种"的体貌特征、龙种的命运也在《高祖本纪》中有描述：

高祖为人，隆准而龙颜，美须髯，左股有七十二黑子。

吕公曰："臣少好相人，相人多矣，无如季相。"

老父相吕后曰："夫人天下贵人。"令相两子，见孝惠，曰："夫人所以贵者，乃此男也。"相鲁元，亦皆贵。……（刘邦）问老父。老父曰："乡者夫人婴儿皆似君，君相贵不可言。"

乃前，拔剑击斩蛇。……有一老妪夜哭……妪曰："吾子，白帝子也，化为蛇，当道，今为赤帝子斩之，故哭。"……后人告高祖，高祖乃心独喜，自负。诸从者日益畏之。

可见刘邦体貌与常人有异，颜貌似龙，以应龙种之说；身有"七十二黑子"，以应赤帝72日之数。紧接着，通过两个占相说明刘邦贵不可言，把人们的思维引向刘邦为帝合乎正统的方向。为了给刘邦一个合适的名分，他们又编造出斩蛇的神话，引出刘邦乃赤帝子的"真实"身份，更为刘邦的正统性增加一个证据。①

后世各代诸如此类的记述不胜枚举，大体都认为皇帝出生时有龙的征兆或出行时有龙的护佑，以显示皇帝的非凡身份。

①赵国华、刘新然：《汉初正统化建设及其特点》，《南都学坛》（人文社会科学学报）2012年第1期。

《汉武帝内传》记载，汉景帝刘启住在宫中的崇芳阁，见“有赤龙如雾，来蔽户牖”，占卜者曰“此阁必生命世之人”，于是刘启就让王美人住在此阁，不久王美人生下了汉武帝刘彻。《南史·齐武帝本纪》记齐武帝萧赜云：“（帝）将产之夕，孝皇后、昭皇后并梦龙踞屋，故小字上为龙儿。”《旧唐书》和《新唐书》中的《太宗纪》都记载唐太宗李世民出生时，产房附近出现大片祥云，室外有二龙游戏，冲天而去。

三国时，吴国孙权黄武八年（229）夏，有黄龙现身于举口，孙权因此祥瑞而改元为黄龙元年。“又作黄龙大牙（旗），常在中军，诸军进退，视其所向”①，并命胡综作赋记其事。曹魏太和七年（233）春，有龙现身于摩陂，行至许昌，于是此年魏明帝曹叡改元为青龙元年，刘劭为之作《龙瑞赋》，中云：“有蜿之龙，来游郊甸，应节合义，象德效仁。”十六国时期，前秦将领吕光某次领兵作战时有人见营外有一黑物，“摇动有头角，目光若电”②，认为是黑龙出现，于是吕光割据凉州，建立后凉，并于麟嘉八年（396）改元为龙飞元年。唐高宗显庆六年（661），益州、绵州等地报称有龙现，高宗于是下诏将此年改为龙朔元年。唐昭宗文德二年，朝臣报称宫中昭德殿出现紫气，昭宗派人查问，发现“金龙子”一枚，于是改年号为龙纪元年。唐中宗景龙二年（708）秋九月五日，人们看见有龙现身于上党伏牛山之南冈，潘炎为之作《黄龙见赋》，小序中说龙的出现是“彰圣人之德也”。景龙三年（709）六月十五日，人们又见龙现身于牛山，潘炎又作《黄龙再见赋》，谓“天意汲汲于圣人”。③诸如此类的各种事例，都是历代对于龙文化的祥瑞意义的利用，和龙文化的皇权文化结合在一起，成为封建统治者制造舆论巩固统治地位的手段。④

龙崇拜与帝王崇拜相结合的阶段是随着秦汉中央政权的高度集中而形成的。秦之前，各国诸侯割据一方，各自为政。

①（晋）陈寿撰，（宋）裴松之注：《三国志》，中华书局，1964年，第1414页。

②（唐）房玄龄等撰：《晋书》，中华书局，1974年，第3055页。

③（唐）潘炎：《黄龙见赋》《黄龙再见赋》，（清）董浩等：《全唐文》，上海古籍出版社，1990年。

④王永宽：《中国龙文化的宏观考察》，《洛阳师范学院学报》2013年第1期。

秦荡平六国，统一全国。为巩固政权，在行政上实行郡县制，以分化、削弱诸侯旧有势力。在文化上统一文字，在经济上统一度量衡。汉继秦制，并吸收秦亡的经验教训，采取各种方式维护政权和保障国家统一。国家的统一，疆域的扩大，使各地、各民族不同的龙文化有了更多的相互交流、相互借鉴的空间，同时也有了整合、升华的基础。帝王统治地域如此广大的国家，除了采取各种政治、经济和军事措施之外，还必须通过各种方式神化帝王，树立帝王的绝对权威。树立权威主要有三种方式：一是把自己说成是神的化身或神之子，或把自己说成是受神灵保护的人；二是所谓君权神授，即把自己获得王权说成是上帝的旨意，神的安排；三是两种方式兼而有之，既宣扬自己的王权是神授的，又说自己是神的化身或神之子。关于这些，在中外民族中可找到大量的例证。

在中国历史上，龙在树立权威、夺取王权和巩固王权方面曾起过重要作用。其原因是龙在各民族的心目中占有极其重要的地位。在新石器时代，龙便象征主宰雨水的神，受到各地的普遍崇拜。人们相信雨水、旱涝均由龙神主宰，而中国自古以农立国，雨水是农业生产的命脉，或风调雨顺，或旱或涝，决定着农业生产的丰歉，直接影响着中国古代人们的生活和安全，因而龙受到普遍的崇拜。古代许多帝王为了夺取王权或巩固王权，充分利用人们崇敬龙神的心理，通过各种方式神化自己，其中最主要的方式是借助龙以树立权威，获得人们普遍的信任和支持。秦汉以来，历代帝王借助龙树立权威的主要方式之一是把自己的诞生神秘化，声称与龙有密切的关系，说自己是龙种、龙子。秦始皇被称为“祖龙”，虽然“祖龙”究竟指的是什么，史家说法不一，但说明秦始皇与龙神拉上关系是无疑的。自秦汉龙神崇拜与帝王崇拜结合在一起后，龙也因此获得了更为显赫的地位，对中国龙文化的发展起着十分重要的作用。一方面，龙神崇拜得到进一步的传播，使原来不崇拜龙的地区和民族崇拜龙。另一方面，有利于各地区、各民族本来不同的龙文化得到整合，使之逐渐趋同，使各地区、各民族不同的龙形象逐步趋于统一。从各地出土的秦汉以后的龙形象均大同小异来看，说明帝王崇拜与龙神崇拜相结合对各地龙文化的整合具有十分重要的作用。因此，可以说，秦汉之后，龙神崇拜与帝王崇拜相结合，使中国龙文化得到极大的发展，进入一个新的发展阶段。①

①何星亮：《中国龙文化的发展阶段》，《云南社会科学》1999 年第 6 期。

例如存世的明代皇家的龙凤石刻，就彰显着“龙主凤从”的政治文化象征意义。

凤阳是明太祖朱元璋的家乡，是明代文化的发源地，明中都便位于安徽凤阳。明中都是“朱元璋集奴隶主贵族两千多年来我国都城建筑之大成，悉心营建的一座最为豪华奢侈的都城”。② 明中都保存下来极为珍贵的明代石刻，堪称明代文化的精华，1982 年被国务院列为全国重点文物保护单位。明中都建于洪武二年至洪武八年（1369 年至 1375 年），《明太祖实录》载：“洪武二年九月癸卯，诏以临濠（即现在的凤阳）为中都。”代表皇家特色的龙凤石刻在明中都大量出现，体现了明初皇家的豪华奢侈。之后的南京都城、北京都城与之相比则显得朴素得多，这主要是因为朱元璋罢建中都之后改变了对之前的认识，并重新要求“朕今所作，但求安固，不事华丽，凡雕饰奇巧，一切不用，惟朴素坚壮可传永久”，并规定“吾后世子孙，守以为法”。③

②孙祥宽：《凤阳名胜大观》，黄山书社，2005 年，第 86 页。

③曹春平：《明初三都午门之比较》，《古建园林技术》1997 年第 4 期第 49 页。

明中都现存石刻以龙凤石刻最为精美细致。石刻浮雕用料皆为白玉石，呈长方形，保存较好的十余块龙凤石刻长度在 90 厘米到 137 厘米，高度统一为 33 厘米，雕刻深度为 3 厘米至 5 厘米，其主题有飞龙、翔凤、龙凤组合等，还配有祥云等烘托。

各种造型不同的凤凰石刻，凤凰昂首挺胸却又姿态各异，有的展翅翱翔、有的翘首顾盼、有的振翅欲飞，形态各异，栩栩如生。

相比之下，龙石刻更显突出。龙石刻尺寸大于凤石刻尺寸，从长度来看龙石刻往往有凤石刻二到三倍的长度，这使龙石刻从表面规格上就具有了明显优势，凸显了地位的不可超越。具体来看其状多为龙腾式，普遍特征多以单个的龙作浮雕主体，且配有祥云，营造出一幅龙跃九天、踏云而来的形象，显得雄浑而气宇非凡。龙角、龙鳞以及龙爪刻画得尤为精细。如刻画非常细致的龙鳞，虽然岁月的洗礼弱化了龙鳞的雕刻印记，亦或其已被灰尘和泥土遮掩，但从少数保存较好的龙石刻仍可看出每一片龙鳞饱满的弧形形态；不论龙身是怎样的一种动作姿势，在非常明显的地方都有龙爪的刻画，并且一只或者两只龙爪掩于祥云之间，这样就符合了龙“腾云驾雾”的这一神话传说的形象特征，体现了古代龙在人们心中至高无上的地位。

龙凤石刻不仅有龙或者凤单体雕刻的形式，还有龙凤组合式。其中龙的形态同样是多种多样，大抵可分为与凤相望的形态和独自缠绕的形态。由多数组合石刻可以看出，虽然龙凤同时存在，但比较而言还是以龙作为主体，龙的形态在整个版图中占主体地位，并且搭配之物如祥云等更加丰富；而凤凰多呈现出一种追随的状态，间或有两只凤凰环绕龙的前后的造型出现，这样的布局使一块长方形白玉石上的雕刻显得丰富而饱满，仿佛是在阐述故事，雕刻细节上也没有任何疏忽，龙鳞和羽毛以及祥云等每一处都雕刻得精美细致。龙凤的动态造型也非常符合大多数人的审美观：龙身修长，龙首后仰使身躯掩映在祥云之中；凤首昂扬，凤翅舒展追随其后，使雕刻画面无论是整体或局部来看都给人以和谐自然的感觉。

宋代开始“龙凤”形象为皇家专用之物。“龙”尊称万兽之首，是中国封建帝王的象征，帝王常称为“真龙天子”，帝王之物常以“龙”称，如“龙体”“龙床”“龙椅”等；“凤”是凤凰的简称，是传说中的百鸟之王，如我们所说的“百鸟朝凤”意指凤之威望令众鸟臣服，寓意是凤凰君临天下、威仪天下。它在中华文化中的地位仅次于龙，是人们心目中的瑞鸟、天下太平的象征。龙与凤一起构成了中国特有的龙凤文化，如同龙是封建帝王的象征一样，凤也成为后、妃的符瑞。因此，普通建筑是难以看到、也不允许出现龙凤形象，而中都作为明初国家都城，建筑群规模庞大，聚集了明太祖朱元璋龙兴之地的所有祥瑞，“龙凤”形象的特殊寓意也满足了统治者一统天下、长治久安的主观意愿，故“龙凤”形象作为石刻装饰主体大量呈现于中都建筑也就成为必然之事。①

①郑艺鸿、徐姗姗：《明中都龙凤石刻考察及其保护》，《通化师范学院学报》2017 年第 1 期。

司马迁《史记·晋世家》记载：介子推从者怜之，乃悬书宫门曰“龙欲上天，五蛇为辅。龙已升云，四蛇各入其宇，一蛇独怨，终不见处所”。以龙来比喻君王。秦朝一统六国，建立了中国历史上第一个统一的封建王朝政权，中国历史正式进入封建社会，皇权和中央集权亟待巩固，因此，秦始皇被尊称为“祖龙”，此后，皇帝专用的玉质玺印为螭（龙）虎钮，其他任何人都不得擅用。到汉朝，为了进一步巩固和加强皇权与中央集权，汉高祖刘邦出于巩固政治统治、彰显尊贵身份的需要，令史官杜撰了他为真龙天子的说法，声称自己的母亲刘媪与龙交配后产下他。在唐代武则天、清朝的慈禧执掌朝政期间，曾自比为凤凰，一度将凤凰置于高于龙的至高文化地位，如武则天在明堂上置宝凤。但在漫长的帝王时代，这属于历史长河中的一段小插曲，主流则是“龙主凤从”的政治文化格局。

## 第二节 （龙）凤冠成为皇后象征之历史考察

“在西方，社会地位最细微的上升都要反映在服装上。”[①] 而中国古代的“身份制”社会里，服饰标识地位的功能则比西方有过之而无不及。[②] 在中国古代一段很长的历史时期里，皇后（后妃）戴（龙）凤冠是皇室的一项重要礼制，而（龙）凤冠作为皇后（后妃）的象征，也成为人们传统意识里的一种政治文化现象。

①［法］布罗代尔：《15至18世纪的物质文明、经济和资本主义》第1册，顾良、施康强译，生活·读书·新知三联书店，2002年，第367页。

②阎步克：《服周之冕——〈周礼〉六冕礼制的兴衰变异》，中华书局，2009年，第5页。吕博：《头饰背后的政治史：从“武家诸王样”到“山子军容头”》，《历史研究》2016年第4期。

从词源意义来看，皇、后与王、王冠有密切的关系；古代神话里，皇与女神及鸟神有深厚渊源。凤、皇（凰）结合以后，凤冠的正式形成有一个漫长的过程，与时代的发展赋予凤凰的政治文化内涵有关。凤凰承载的鸟祖信仰、生殖崇拜、神性与德性等原始宗教思想奠定了凤凰的政治文化地位；秦汉一统以后，龙的政治文化地位跃升，以及凤凰与龙“相配”的阴阳观念与文化象征，凤凰作为女性头饰的演绎过程，凤凰人格喻意上的逐步女性化等一系列渊源已久的政治需求与文化因素导致了凤冠的诞生。宋代开始将（龙）凤冠纳入皇家礼服制度，这一标志性的开端，使（龙）凤冠俨然成为皇后（后妃）的象征，除元朝后妃遵照本民族的传统戴顾姑冠外，明清后妃均戴（龙）凤冠，但清代皇后的凤冠上不再饰龙。那么，凤凰与冠饰的渊源，奠定凤凰政治文化地位的历史因素，凤凰与女性的密切关系，龙、凤分别象征帝、后的历史轨迹与政治意义，以及皇后（后妃）戴（龙）凤冠的丰富象征意义等问题均需要厘清。

### 一、皇、后与王、王冠的密切关系

#### （一）皇与礼冠之源

凤皇有时简称为“凤”，“皇”后世又写作“凰”，《尔雅·释鸟》："凤，其雌皇。"也就是说凤为雄鸟，雌凤为皇。凤与凰的使用形式不拘，有时分指雌、雄，有时合称凤凰，不分雌雄。在"凤皇"连用的时候，"皇"字失去了其原有的意义，使它成为"凤鸟"的同义词。关于皇的来源，有学者指出，在古代典籍中，凤皇这个词，最初是与舜同时出现的（后起的传说如《韩诗外传》言黄帝时"未见凤皇，唯思其象"之类不计）。总体推论，"凤"是黄河下游东夷族（少皞氏）心目中的神鸟，"皇"是长江下游东夷族（有虞氏）首领祭祀时所戴插有羽毛的王冠。"凤皇"连结为一个词，是长江下游东夷族（有虞氏）与黄河下游东夷族融合的结果。①

先秦时期的皇与冠饰、王者有着重要的关联。

所谓皇，为上古先民祭祀时所戴的礼冠，相传冠上饰有画羽。《礼记·王制》载"有虞氏皇而祭"，汉郑玄注云：皇，冕属也，画羽饰焉。按马端临《文献通考·王礼考六》称"有虞氏皇而祭，其制无文，盖爵弁之类。"可见皇的作用与后世冕冠相类。郭沫若认为："我意画羽饰之冕亦是后起之事，古人当即插羽于头上而谓之皇。原始民族之酋长头饰亦多如此，故于此可得皇字之初义，即是有羽饰的王冠……皇字的本义原为插有五彩羽的王冠。"②《尚书·益稷》："《箫韶》九成，凤皇来仪。"意思是《箫韶》奏到第九遍，有虞氏的首领戴着皇冠，披着翠羽，装扮成神鸟凤翩然而至，进行祝贺。不但插羽的王冠称为皇，舞者蒙羽而舞也称为皇舞。《周礼·地官·舞师》曰："教皇舞。"郑玄注："郑司农云'皇舞，蒙羽舞'……玄谓：皇，析五采羽为之。"

青铜器铭文中"皇"字、小篆"皇"字与出土羽冠，成为文字学家和考古学家考察"皇冠"变迁的线索。金文"皇"之本义，虽然说者各殊，但"以象日出土上及王著冠冕二说，较为近理。惟皇字金文习见，其上所从，象'日'者少……而说皇

①王维堤：《龙凤文化》，上海古籍出版社，2000年，第87—88页。

②郭沫若：《长安县张家坡铜器群铭文汇释》，《考古学报》1962年第1期。

下所从为‘王’字，最为通达”。[1]“王”戴冠故而成“皇”，在金文里，发光的帽子就是王冠，代表最高统帅。“皇”至少有以下意思：“顶天立地”，浩大、肇始、火焰、辉煌、冠冕形状。“帝—王—皇”的语义总是交错在一起，在历史典籍中，“帝—王—皇”时有互称，三者存在着自然的历时性逻辑。首次统一中国的秦王政，改“王”为“皇”，自称“始皇”。此后两千余年，中国一直用“皇帝”指代国王。[2]浙江余杭出土的良渚文化玉器上有雕刻的神灵徽像，神人头戴大羽冠，这个羽冠由十余组单线和双线组合的放射状羽毛组成。[3]神灵徽像与古文“皇”字的上半部相比较，形象上完全吻合，不过由于符号化的象形字较之实物有简化的趋势，“皇”字的羽毛数大大减少了。

①李孝定：《金文诂林读后记》卷1，载《古文字诂林》第1册，上海教育出版社，1999年，第233页。

②彭兆荣：《“以德配天”：复论我国传统文化遗续的崇高性》，《思想战线》2015年第1期。

③王明达：《浙江余杭反山良渚墓地发掘简报》，《文物》1988年第1期。

（二）上古“皇”与女神及鸟神

中国神话中有所谓“三皇五帝”的说法，在近几千年，“皇”“帝”一直是男性帝王的称号。但上古时期“皇”与女神及鸟神有着密切联系。据郭沫若考证，“帝”本指花之全形，在原始时代作为女阴、女性的象征，先妣神的象征，所以上古多有所谓“禘祭”[4]。“皇”字金文，象形，上面是光芒四射的太阳，下面是生长万物的土地，这就是说，“皇”字有太阳神之意，在原始母系社会的早期和中期，自然只有女神、先妣神足以当之，在原始母系社会的末期和原始父系社会的早期，既可能出现女太阳神，也有可能出现男太阳神。

④郭沫若：《释祖妣》，载《郭沫若全集·考古编》第一卷，科学出版社，1982年。

“皇”“帝”“皇帝”与“王”有时均指社会的最高统治者，故而相互关联。《说文》“王”字条引董仲舒说：“古之造文者，三画而连其中谓之王。三者，天、地、人也；而参通之者，王也。”并引孔子语曰：“一贯三为王。”所谓“天、地、人”，就是我们在探讨创世神话时讲的“天皇、地皇、人皇”，古人用一条竖线将“三皇”连起来，表示“王”是“三皇”的总根。

能将“天皇、地皇、人皇”一以贯之的“王”，只有先妣神才足以当之。中国神话中说尧将“娥皇、女英”二女下嫁给舜，“娥皇”也得以“皇”为名。“娥皇、女英”二位女神都是太阳神和鸟神。清人张澍稡集补注本《世本·帝系篇》：“尧取散宜氏之子，谓之女皇，女皇生丹朱。”尧妻以“女皇”为名，应与当时以女性为太阳，以先妣神为太阳神的风俗有关。“女英”，有的本子作“女匽”，也就是“女鷃”，“鷃”即“玄鸟”燕子，说明“女英”以女鸟神为名。夏人先妣神“女娲”，按照清张澍稡集补注本《世本·氏姓篇》：“女氏，天皇封弟娲于汝水之阳，后为天子，因称女皇。”女娲是可以将“天皇、地皇、人皇”一以贯之的“王”，是始祖神兼创世神。后来创世神一分为三，“天皇”这才单独分出来。后人认为君权神授，才说女娲为“天皇”所封，才称人间帝王为“天子”。但是古人仍称女娲神为“女皇”，说明古风犹存，女子亦得称“皇”。[①]

（三）“后”的演变及皇后之尊

从词源上看，“后”最初和“王”“帝”等一样，都是对上古君王、天子的一种说法。[②] 华夏族系“天下共主”的第一个正式尊称是“后”。据说，夏启夺取最高权位不久，即正式称“后”。在古代文献中，夏启又称“夏后启”“夏后伯启”“夏后帝启”，称夏王室为“夏后氏”。商周时期，“后”亦是君主称谓之一。[③]《尚书·汤誓》载“我后不恤我众”，这里的“后”就是指商王。大约从周代起，“后”开始指君主的正妻。《后汉书·皇后纪》引《周礼》：“王者立后，三夫人，九嫔，二十七世妇，八十一女御，以备内职焉。”《礼记·昏义》载：“古者天子后立六宫、三夫人、九嫔、二十七世妇、八十一御妻，以听天下之内治，以明章妇顺，故天下内和而家理。”郑玄所注《礼记》：“后之言后”，《左传·隐公元年》孔颖达疏：“盖执治内事，在夫之后也。”是说其所处地位在丈夫之后，因而称

①吴天明：《中国神话研究》，中央编译出版社，2003年，第214—218页。

②张星久：《母权与帝制中国的后妃政治》，《武汉大学学报》（社会科学版）2003年第1期。

③刘泽华：《王权思想论》，天津人民出版社，2006年，第228—229页。

作后。“妃”本义是匹配的意思，现存商代甲骨文中，已出现妃、嫔、妾等字，说明商时国君侍妾为数不少，而且有明确称谓区分其身份地位。秦汉以后，“后”主要用于称谓“母仪天下”的君主配偶。

虽然随着时间的推移，“后”逐渐演变为皇帝正室配偶的专称，但是还存留着“君”的一层含义。《白虎通·嫁娶》解释说：“天子妃谓之后何？后者，君也。天子妃至尊，顾谓后也。明配至尊，为海内小君，天下尊之，故系王言之，曰王后也。”东汉邓太后在临朝听政时也说自己“德薄不足以充小君之选”（《后汉书·皇后纪》），印证了皇后为“小君”的说法。据《后汉书·皇后纪》：“后，正位宫闱，同体天王。”可见，由于皇后是君主的配偶，与君主“同体”，必然会分享皇帝的尊严与地位，故皇后在制度安排上仍属于“君”这一层次，和君主同属于“天下之尊”。只不过皇后是“小君”，其位置仅次于君主。从“名分”上说，后妃和臣民之间的关系也是君臣关系。这种“名分”本身就意味着，后妃的“母权”实际上已经具有某种潜在合法性，意味着君权有可能衍生为后妃之权。[①]

①张星久：《母权与帝制中国的后妃政治》，《武汉大学学报》（社会科学版）2003年第1期。

从上古时期的女“皇”到帝王时代的“后”“皇后”，中间有很长的历史间隔，但历史的渊源就是很神奇，也说明了女性在中国历史上的重要地位与作用，而一顶凤冠，更是串联起悠久的女性政治史，从女性先妣神，到帝王配偶，女性的殊荣、权力与责任，也浓缩在一顶华贵的凤冠上。

## 二、奠定凤凰政治文化地位的历史因素

### （一）凤凰与鸟祖信仰、始祖（鸟神）崇拜

鸟祖信仰是上古时期一种比较普遍而重要的信仰，而鸟祖信仰、始祖（鸟神）崇拜也是导致凤凰诞生的重要诱因之一。

考古发现中，良渚文化出土玉器上的重要符号——“神徽”，多有学者认为是包含了鸟的复合形象，更有学者认为是良渚人的始祖——“鸟祖”形象，如邓淑苹指出神像中的“‘人’应指死去的祖先，而非活着的生民，所以该花纹应正名为‘神祖动物面复合像’”。[①] 黄厚明认为“神徽”是一种人格化的鸟神和日神结合而成的鸟祖形象。[②] 文献记载许多华夏民族的最早首领为日神兼鸟神的形象。如东夷部落首领太皞、少皞都是太阳神，“皞”即指明亮的太阳光芒；同时他们也是鸟神，《左传·昭公十七年》载“我高祖少皞挚之立也，凤鸟适至”。帝俊也是一位以凤鸟自居的、人化的太阳神鸟图腾的首领。《山海经·大荒东经》载：“有五采之鸟……惟帝俊下友。帝下两坛，采鸟是司。”道出了凤与帝俊、鸟人合一的图腾实景。[③] 此外，楚人奉为始祖的祝融，既是“光融天下”的日神，[④] 也是凤的化身，《白虎通·五行篇》载：“祝融，……其精为鸟，离为鸾。”鸾即凤。

①邓淑苹：《考古出土新石器时代玉石琮研究》，《故宫学术季刊》1988 年第 6 卷第 1 期。

②黄厚明：《良渚文化鸟人纹像的内涵和功能（下）》，《民族艺术》2005 年第 2 期。

③陈勤建：《中国鸟信仰》，学苑出版社，2003 年，第 89 页。

④童书业：《春秋左传研究》，上海人民出版社，1980 年，第 29 页。

（二）凤凰与生殖崇拜

古代鸟祖信仰还与生殖崇拜融合在一起，典型的史料如《诗经·商颂·玄鸟》中“天命玄鸟，降而生商”的神话，玄鸟为凤鸟之属。玄鸟遗卵，导致了商族的诞生，显示商族与玄鸟之间有血缘关系，属于原始鸟祖信仰的孑遗。而且，卵生神话也反映出古代的生殖崇拜，这种生殖崇拜，不是普通的人间繁衍，而是有神意、天命等超自然力的参与，带有神话色彩。神话是一个民族的记忆，它与信仰往往有着密切的联系。[⑤]

⑤杨利慧：《女娲的神话与信仰》，中国社会科学出版社，1998 年，第 121 页。

（三）凤凰蕴含的权力因子

其一，自然崇拜中的“太阳神鸟”。在万物有灵的原始自然崇拜时期，太阳为神话世界里的主神，而鸟类因为具有飞翔能力的自然属性，与天空、太阳建立了密切的关系。《山海经·大荒东经》：“大荒之中，……一日方至，一日方出，皆载于乌。”“皆载于乌”表明“乌”是一种与太阳相伴的神鸟，为凤凰的原型之一。“鸟（凤）日相伴”的原始图像，在中国古代艺术中是一个常见的图式，如长江流域的湖南高庙遗址、河姆渡遗址；黄河流域的河南陕县庙底沟遗址、大汶口文化遗址等，均出土有太阳与鸟的组合图像。凤鸟与太阳相伴，也可以与太阳在某种时空喻意中起到等同或置换的象征意义。原始自然崇拜中的“太阳神鸟”身份，奠定了凤凰早期的神性，为其后来与至上神结缘，成为权力的使者打下了基础。

其二，凤凰与至上神结缘，成为天帝的使者。商周时期巫术宗教盛行，政治思想与信仰的变化使天的形象更加复杂，重要的是出现至上神的观念，商代的至上神为上帝，周代的至上神为天，有时被笼统地称为天帝。[1] 历史的因缘，此时与太阳神逐渐疏离的凤鸟，转而与至上神密切结缘。商代甲骨卜辞记载：“于帝史风（凤），二犬。”[2] 凤凰成为上帝的使者，享受祭祀。再看《国语·周语上》：“周之兴也，鸑鷟鸣于岐山。”（鸑鷟为凤凰之属）凤凰受了天命的指使，降临鸣叫，喻示周族的兴起。

其三，凤凰成为政治祥瑞并为儒家思想代言。《山海经·南山经》“凤皇……见则天下安宁”，同书《西山经》“鸾鸟……见则天下安宁”。（鸾鸟为凤凰之属）凤凰扛起了象征“天下安宁”的政治大旗，成为儒家标榜的理想社会的象征符号。《白虎通》载：“凤凰者，禽之长也，上有明王太平，乃来居广都之野。”可见凤凰是代表性的国家祥瑞的征兆。儒家思想丰富了凤凰的文化内涵，而凤凰也为儒家思想代言，成为文人志士寄托经世致用之理想的化身。如“致君尧舜上，再使风俗淳”（《奉赠韦左丞丈二十二韵》）一直是唐代著名诗人杜甫的政治理想，也是他第一次酣畅淋漓地将凤凰与儒家的仁爱思想、济世精神紧密结合起来，抒发胸臆。杜甫分别创作了《凤凰

①邹昌林：《中国古代至上神——天帝的起源》，《世界宗教研究》2004年第4期。

②胡厚宣主编：《甲骨文合集释文》第14225片，中国社会科学出版社，1999年。

台》《朱凤行》两首以凤自喻的诗歌，在诗人笔下，凤凰是仁爱的化身，是诗人济世理想的体现。

## 三、凤冠的形成过程及龙凤的“阴阳相配”

凤冠的形成有一个漫长的过程，与时代的发展赋予凤凰的政治、文化内涵有关。而且，真正纳入皇家礼制的（龙）凤冠是一种由诸多饰物组合的冠饰，命名凤冠是因为诸多饰物中以（龙）凤为主，凤作为核心彰显出来。

（一）凤凰成为女性冠饰的萌芽与发展

凤钗、凤凰爵等凤形首服当是凤冠的前身，当然，凤冠正式形成后，凤钗、凤凰爵等凤形头饰依然存在，只不过前者是隆重的组合冠饰，后者是单一的头饰。据载，宫中嫔妃插凤钗，此俗起于秦始皇。《中华古今注》：“始皇以金银作凤头，以玳瑁为脚，号曰凤钗。”到汉代，太皇太后、皇太后谒庙的礼服中已经开始用凤凰作为头部的装饰了。《后汉书·舆服志》：“太皇太后，皇太后入庙服……簪以玳瑁为擿，长一尺，端为华胜，上为凤凰爵，以翡翠为毛羽，下有白珠，垂黄金镊。”魏晋南北朝时期的步摇、钗也往往会采用口衔珠滴的凤鸟形象，随着佩戴者莲步轻移，凤鸟步摇在云髻上摇曳生姿。

东晋王嘉的《拾遗记》中第一次出现了“凤冠”一词，“（石季伦）使翔凤调玉以付工人，为倒龙之佩；萦金，为凤冠之钗，……铸金钗像凤皇之冠。”在这里，凤冠上需要金钗进行装饰，已经是一种组合起来的头饰。但此时“凤冠”的形制、名称并未纳入皇家礼制而成为后妃的专属冠饰。如唐代即有宫女戴“凤冠”。《乐书》卷一百八十“唐明皇造光圣乐舞，舞者八十人，凤冠五采画衣”，“天授乐舞，唐武后天授年所制也，舞四人、画衣五采，凤冠”。在考古发现中，亦有宫女戴“凤冠”的画像，如唐代懿德太子李重润墓的石椁上，有两位宫女头戴高冠，冠上插凤头金簪，凤嘴衔长缨，长缨之下有步摇。[①]不过，在唐人礼仪观念中女性本不应戴冠冕。《唐六典》卷四《尚书礼部》叙及皇后之服、外命妇之服，皆是“钿钗礼衣”之制，没有冠冕。李商隐《宜都内人传》云：“改去钗钏，袭服冠冕……真天子也。”一方面说明当时女性服饰的常态应是不“袭服冠冕”，另一方面说明女性已有戴冠趋势。

①樊英峰：《李重润墓石椁线刻宫女图》，《文博》1998 年第 6 期。

宋代女子戴冠之风很盛，有白角冠、团冠、等肩冠等。[②]宋代服制中的凤冠即在团冠的基础上发展而来[③]，可备一说。但宋代冠服制度中的凤冠，形成原因并不如此简单，由唐代到宋代世风的几大转变以及凤凰作为冠饰自身的演进均是促成因素。其一，宋代女子戴冠之风盛行，说明后妃戴冠已是必然。其二，《后汉书》载凤凰爵作为汉代太皇太后、皇太后入庙服的头饰，实际已经拉开了凤凰头饰凸显女性“尊显”的历史序幕。其三，凤凰的人格化喻指有一个演变的过程，经历了唐代武则天在明堂上施宝凤、自比为凤的政治举措，凤凰“女性化”在宋代已趋于定型[④]，这也是推动凤冠进入皇室礼制的一大因素。其四，儒家政治礼制发展的需求。

②徐文跃：《明代的凤冠到底什么样？》，《紫禁城》2013 年第 2 期。

③杨泓、孙机：《〈寻常的精致〉之〈宋元皇后盛饰〉》，辽宁教育出版社，1996 年。

④吴艳荣：《论凤凰的“性”变》，《江汉论坛》2005 年第 5 期。

（二）宋代（龙）凤冠开始进入后妃舆服志

由于冠礼的特殊意义，使它成为代表服饰最高等级——冕服制中不可缺少的组成部分。中国古代女子用于行礼的冠饰，向以凤冠为重。[⑤]但正式将凤冠定为礼服，纳入冠服制度，是从宋代开始的。《宋史·舆服志》记载，北宋后妃在受册或朝贺景灵宫等隆重场合，都要按规定戴上凤冠。其形制为“首饰花九株，小花同，并两博鬓，冠饰以九翚（翚是一种有五彩羽毛的锦鸡）四凤”。宋室南迁以后，贵妇所戴的凤冠又增添了龙的形象，称为龙凤花钗冠。《宋史·舆服三》：“中兴，仍旧制。其龙凤花钗冠，大小花二十四株，应乘舆冠梁之数。博鬓，冠饰同皇太后，皇后服之，绍兴九年所定也。”元代贵妇

⑤周汛、高春明：《中国古代服饰大观》，重庆出版社，1994 年，第 11 页。

礼见朝会，不戴凤冠而戴“顾姑”，此为蒙古族贵妇所特有的一种礼冠。

明代初年，基于重建秩序、消解元代文化对中原礼乐文化的冲击与改造的目的，也是为了赢得中原社会精英阶层——儒士大夫们的文化认同、政治认同，朱元璋以“恢复中华”为己任，积极认同以儒学为核心的中华礼乐文化，竭力推行以礼治国的基本国策，恢复儒家礼乐等级制度，保证政治秩序的有序化；坚决消除蒙元文化旧俗，采用“用夏变夷”的政策，禁胡俗，倡汉制，重新确立了汉族政治制度；程朱理学在明代成为国家意识形态与民众思想观念的核心。[①] 明代皇后祭祀朝会承袭宋制，也戴凤冠。明初，参照宋代皇后的龙凤花钗冠来设计后妃的凤冠，其形制与宋代的凤冠多有相似之处但又有所发展。据《明史·舆服志》记载：“（皇后）受册、谒庙、朝会，服礼服。其冠，圆匡冒以翡翠，上饰九龙四凤，大花十二树，小花数如之。两博鬓，十二钿。”到明朝永乐三年定制的皇后礼服中，九龙四凤冠的形制又有所增饰，为“其冠饰翠龙九、金凤四，正中一龙衔大珠一，上有翠盖，下垂珠结，余皆口衔珠滴，珠翠云四十片，大珠花、小珠花数如旧。三博鬓，饰以金龙、翠云，皆垂珠滴。翠口圈一副，上饰珠宝钿花十二，翠钿如其数。托里金口圈一副。珠翠面花五事。珠排环一对”。1957 年北京明定陵出土 4 顶凤冠，其中“三龙二凤冠”“十二龙九凤冠”是孝靖皇后的，“九龙九凤冠”“六龙三凤冠”是孝端皇后的。[②]

清朝后妃的凤冠与前朝相比，有了较大变化。首要的是凤冠上不再饰龙。在乾隆朝的《钦定大清会典·礼部·冠服》中，记载皇后“冠施凤，顶高四重，上用大东珠一，下三重贯东珠三，刻金为三凤，凤各饰东珠三，冠前左右缀金凤七，各饰东珠九猫睛石一，后缀翟鸟饰猫睛石一，承以朵云垂珠为

①姜海军：《明初的重礼、崇儒及程朱理学的国家化》，《南都学坛》2016 年第 1 期。

②王秀玲：《明定陵出土帝后服饰（三）》，《收藏家》2009 年第 11 期。

步摇”。

（三）龙、凤分别象征帝、后的历史轨迹与政治意义

对龙的崇拜，从濮阳的“黄河第一龙”和黄梅的“长江第一龙”算起，已历时约六千年。对凤凰的崇拜，从湖南高庙遗址陶器上的“飞凤载日”和河姆渡遗址出土的“双凤朝阳”牙雕、“双凤负日”骨雕[①]算起，亦有七八千年的历史了。上古时期的灵物与瑞兽很多，但历史上各氏族的征战与融合，最终使龙、凤成为灵物与瑞兽中的佼佼者，并跃居为最高统治者的象征。秦汉一统是龙、凤正式开始与帝、后相比附的历史时期。

①浙江省文物管理委员会、浙江省博物馆：《河姆渡遗址第一期发掘报告》，《考古学报》1978年第1期；河姆渡遗址考古队：《浙江河姆渡遗址第二期发掘的主要收获》，《文物》1980年第5期。

比较而言，先秦时期凤凰的政治文化地位要高于龙。如凤凰与商族的创生之间有亲缘关系、凤凰与周族的兴起息息相关。又《史记·秦本纪》云：“秦之先，帝颛顼之苗裔孙曰女修。女修织，玄鸟陨卵，女修吞之，生子大业。”与商族诞生类似，凤凰与秦族的远古祖先有着亲缘关系，应该也是原始鸟祖信仰的孑遗。先秦时期龙的政治、文化地位要逊于凤。《礼记·礼运》称“麟、凤、龟、龙，谓之四灵”，龙仅居四灵之末位，位于凤凰之后。另外，从商周时期出土文物看，龙并不居于主要地位，而普遍居于从属和陪衬的地位。凤纹则不然，以商周青铜器为例，商代早期与中期已有变形的鸟纹，凤鸟纹盛行于商末周初及至西周中期昭、穆之时，甚至西周早期到穆王、恭王，被称为凤纹时代。[②]

②马承源主编：《中国青铜器》，上海古籍出版社，2003年，第323页。

从汉代开始，历史的风向标变了，龙的政治文化地位跃居凤凰之上。《史记·高祖本纪》：“高祖……父曰太公，母曰刘媪。其先，刘媪尝息大泽之陂，梦与神遇。是时雷电晦冥，太公往视，则见蛟龙于其上。已而有身，遂产高祖。高祖为人，隆准而龙颜。”显然，这是以龙比附帝王，高祖为龙之子，亦是“龙”。既然开国皇帝为龙、龙子，汉代以后的每个皇帝便可自然而然地自命为真龙天子。此后，“龙”俨然是至高政治

威权的形象代言。

那么凤凰呢？龙凤依然是一对，凤凰成为“龙”的附属，为“龙”服务。闻一多在《龙凤》一文说到，图腾式的民族社会早已变成了国家，而封建王国又早已变成了大一统的帝国，这时一个图腾生物已经不是全体族员的共同祖先，而只是最高统治者的祖先，所以我们记忆中的龙凤，只是帝王与后妃的符瑞，和他们宫室舆服的装饰“母题”，一言以蔽之，龙凤只是“帝德”与“天威”的标记。[1]

①闻一多：《闻一多全集（一）》，生活·读书·新知三联书店，1982 年，第 70 页。

## 四、以皇后为代表的后妃戴（龙）凤冠的象征意义

一般来说，象征是一种表达方式，是人类有意识地用某种事物或行为表示某种特定的意义。英国象征人类学家维克多·特纳认为，首先，象征的本质特征是它的两极性，其一极，是具有一种自然和生理特点的象征代表物，它们与一般的属于感情方面的人类体验有关；其另一极，是一类与社会组织的原则、与社会结构固有的道德规范和价值观念有关。也就是说，一为自然的、感觉的、欲望的，一为社会规范的、思想的、道德的，二者统一于象征。[2] 中华衣冠文明从一开始就与道德、法权和政治联系在一起，社会各阶层从上到下必须在礼制与法权的严格规定下选择服饰。从某种意义上说，服从等级森严的服饰制度，就是服从了专制统治秩序和法权。尽管冠服制度历朝都有所更新，但其维护专制统治，稳固宗法礼制的宗旨却是一致的。因此，“垂衣而治”作为传统社会历代统治者治理天下的重要手段，也是中国古代政治文化中的一大特色。[3]

②夏建中：《文化人类学理论学派：文化研究的历史》，中国人民大学出版社，1997 年，第 310 页。

③马福贞：《论中国古代“垂衣而治”的政治文化内涵》，《河南大学学报》（社会科学版）2006 年第 2 期。

在我国封建时代，后妃是一个比较显贵又特殊的女性阶层。所谓后妃，通常是指皇帝的母亲、妻子、妾，在帝王家庭这个“家国一体”的特殊阶层中，皇后作为正妻，妃嫔为侍

妾。在皇权至高无上的封建社会里，皇后在内宫的地位最为尊贵。《清稗类钞·服饰》云：“凤冠为古时妇人至尊贵之首饰，汉代惟太皇太后、皇太后入庙之首服，饰以凤凰。其后代有沿革，或九龙四凤，或九翚四凤，皆后妃之服。明时，皇妃常服，花钗凤冠。其平民嫁女，亦有假用凤冠者。……至国朝，汉族尚沿用之，无论品官士庶，其子弟结婚时，新妇必用凤冠霞帔，以表示其为妻而非妾也。”可见上行下效，在男子的妻妾不止一个的历史时期，凤冠成为正妻的象征，彰显着传统的儒家礼教。

（一）（龙）凤冠象征皇后母仪天下

1. 女性至尊的地位与等级

根据社会组织原则，一个群体必须建立一种秩序，才能存在下去。后宫这个以女性为主体的单元，从上到下有着一套完整而又严格的等级秩序，每个成员按照自己的地位履行相应的职能，接受相等的待遇。食君之禄，忠君之事，内宫成员与政府官员在这一点上极为相似。[①] 皇后位同至尊，后宫中所有的妃嫔、女官、宫女都得听命于皇后。皇后作为后宫之主，可以统率妃嫔，执行宫中法规，维护宫内的等级秩序。[②]《后汉书·舆服志》：“夫礼服之兴也，所以报功章德，尊仁尚贤。故礼尊尊贵贵，不得相逾，所以为礼也。”在古代，服饰成为礼制规范之一，首先是其政治功能。服饰自古以来就被看作稳定社会秩序，治理天下的策略之一，服饰制度也成为历代王朝的一个重要的典章制度。其次是等级标识，即“望其章而知其势位”[③]，服饰成为礼治文化的外在表现。所谓冠冕堂皇，就是表示在冠冕中可以获取诸如身份、文化、宗教、职业、地位、性别等讯息。[④]

显然，为标示皇后与其他后妃的身份与等级，凤冠的形制是有明显差别的，如依照着戴冠之人身份等级的不同，凤冠上

①赵剑敏：《皇冠与凤冠——中国后妃》，上海古籍出版社，1995年，第9页。

②朱子彦：《略论中国皇后制度》，《上海大学学报》（社会科学版）1997年第4期。

③王洲明、徐超：《贾谊集校注》，人民文学出版社，1996年，第48页。

④唐启翠：《冠饰之美》，《检察风云》2012年第5期。

所饰的饰件依其品级各有等差，即饰件的有无与材质、数目上的差异，凤冠、翟冠的命名之别等。[1] 明代宫服中皇后礼冠以龙凤为饰，历来龙为天生神物，象征天子，凤是百鸟之王，隐喻皇后，冠上龙凤双全，其隐意为：皇后为帝王正妻，在名分上夫妇相匹，故可以饰龙；而贵妃冠上有凤无龙，表示其身份低皇后一等，不能算皇帝的正式配偶，只能等同婢妾；外命妇之冠连凤饰也没有，标示她们仅属“百鸟”之列，而无为“王”的资格。这种做法，在客观上丰富了服饰的文化内涵。在主观上突出了服饰的标识作用，促进了中国古代社会“以衣冠取人”的世俗心理的形成。[2] 宋明两朝，皇后凤冠上饰有龙，而其他地位低于皇后的后妃的凤冠上没有龙，这是对皇后身为皇帝正妻的女性至尊地位的彰显。

①徐文跃：《明代的凤冠到底什么样？》，《紫禁城》2013年第2期。

②王云：《明代官场服饰述论》，《聊城师范学院学报》(哲学社会科学版)1994年第1期。

2.“助宣王化”的职责

《礼记·昏义》云“天子听男教，后听女顺；天子理阳道，后治阴德；天子听外治，后听内职”“故天子之与后，犹日之与月，阴之与阳，相须而后成者也”。皇帝专管前朝政务，统治天下臣民；皇后统摄六宫，掌管内廷事务，以辅助天子。皇帝与皇后的婚姻是政治的联姻，他们治家、治内宫便是治天下的缩影。内治与外治是相辅相成的，《明史·后妃列传》“治天下者，正家为先，正家之道，始于谨夫妇”；《礼记·昏义》“天子之与后，犹父之与母也”，皇帝为天下之父，皇后就是天下之母。“母仪天下”就成了封建君主专制政治的一个重要组成部分。专制君主通过“立纲陈纪，首严内教”，使皇后为天下众多家庭昭示母仪，为天下女性树立楷模，从而“助宣王化”，确立起封建帝王为天下大宗、万民君父的形象。

前文已经讲到，凤凰为政治祥瑞，为王权服务。将凤冠纳入礼制，是以凤凰比拟皇后（后妃），这也是以礼制为纲，将皇后“母仪天下”的身份、“助宣王化”的职责与凤凰相关联，属于政治意义上的比附性象征。

3. 德冠后宫的使命

德是中国社会最高的品行标准。正如君主是全国民众的表率一样，后妃是全国女性的表率，当一个有德之君和一个有德之后并肩出现在殿堂时，不仅会让人产生出龙凤呈祥的感觉，还对整个国家风化的改善有莫大的促进作用。中国的封建社会把后妃奉为遵循妇女礼仪的楷模，母仪天下的皇后更负有“德冠后宫”的使命。德操不仅仅关系到后妃的形象，而且是她们的责任之一，其作用除了引导全体妇女的精神面貌外，还显示着宫廷的圣洁，由此可以加强臣民们对君主系统的向心力。[①]

①赵剑敏：《皇冠与凤冠——中国后妃》，上海古籍出版社，1995年，第8、133页。

自先秦始，以凤比德已是一类重要的社会文化现象，在儒家思想与宗教神学的共同作用下，凤凰身上不同部位的毛羽代表德或各种德目，凤凰成为“德”的化身，被赋予了人类的道德情感。《山海经·南山经》云：“凤皇，首文曰德，翼文曰义，背文曰礼，膺文曰仁，腹文曰信。”同书《海内经》又云：“凤鸟，首文曰德，翼文曰顺，膺文曰仁，背文曰义。”民间传说，凤凰能成为百鸟之王，就是因为有德。传说《百鸟朝凤》记载凤凰将自己积攒的食物分发给百鸟，帮百鸟度过了饥荒。百鸟为了感谢凤凰的救命之恩，每只鸟从自己的身上选了一根最漂亮的羽毛，集在一起，做成一件五光十色、绚丽耀眼的百鸟衣，送给了凤凰。从此，凤凰成了最美丽的鸟，而且百鸟一致推选它当了鸟王。每年凤凰生日，百鸟都飞来向它祝贺，这就是百鸟朝凤。在鸟类世界中是这样，在人类世界中，凤凰也代表着真善美，造福众生。民间流传着很多关于凤凰的神话与传说，凤凰肩负着除暴安良、扶危济困、造福百姓的社会使命。[②]

②庞进:《凤图腾》，中国和平出版社，2006年。

将服饰与礼制所重视的威仪相联系，其实就是要求人们的内心世界、言语行为与其社会等级、礼仪规范互相般配。（龙）

凤冠为皇后首服，凤凰喻皇后，凤凰之德亦为皇后之德，凤凰与皇后两者象征意义的比附中，“德”的互通是重要的内涵之一，它代表着儒家礼制与规范。

4. 政治审美功能

《国语·鲁语下》：“楚公子甚美。”韦昭注：“美谓服饰盛也。”上古时代，初民有以鸟羽装饰仪容的习惯，原始宗教文化中神巫的戴羽、饰羽也常见。这种现象在考古学发现、先秦典籍及其注疏、我国民族学资料以及国外风俗中均有充分反映。中国汉字中“美”字的原始意义，当即此类“饰羽”“戴羽”者形象。[①]“古‘美’字，像头上戴羽毛装饰物（如雉尾之类）的舞人之形，……饰羽有美观意。”[②]在原始巫术宗教信仰里，以鸟羽作为头饰是一种显尊荣、有神圣美感的装饰。古人对凤凰等鸟类的崇拜有时也表现为对羽毛的崇拜，[③]可见凤凰与“美”有密切的关系，何新认为“美”其字形乃是一个头戴羽饰的人形，美的本义来自以羽毛为装饰的舞蹈，古代的翌舞是祭祀太阳神而使用的，舞者头上装饰羽毛帽，手中也持着羽毛，都是为了模仿作为太阳神象征的凤凰。[④]此外，“所谓美，就是上帝的在场”，在美学研究中有关于“神性美学”的阐释。就神性崇拜而言，大凡崇拜，都有审美的因素存在，或在历史与人文的陶冶之中，从崇拜之中陶铸出某种审美性因素。诸多史前艺术，在当时基本都是关乎人之崇拜意识与情感的宣泄（这里当然也有原始意志的存在）。[⑤]

我们看中国国家博物馆馆藏的明代孝端皇后的九龙九凤冠，金凤凤首朝下，口衔珠滴。珠滴可以在走动的时候，像步摇那样随步摇晃。翠凤下有3排以红蓝宝石为中心的珠宝钿，其间点缀着翠兰花叶，冠檐底部有翠口圈，上嵌宝石珠花，后侧下部左右各饰点翠地嵌金龙珠滴三博鬓，博鬓上嵌镂空金龙、珠花璎珞，似金龙奔腾在翠云之上，翠凤展翅翱翔于珠宝

①王政：《原始巫人戴羽、饰羽与“美”之本义》，《文艺研究》2015年第6期。

②康殷：《文字源流浅说》，荣宝斋出版社，1979年，第131页。

③倪祥保：《论中国人原初美意识的起源——兼与陈良运先生商榷》，《文艺研究》2005年第2期。

④何新：《诸神的起源：中国远古太阳神崇拜》附录8《说美》，光明日报出版社，1996年，第406—408页。

⑤王振复：《神性美学：崇拜与审美的人文“对话”》，《美与时代（下）》2013年第6期。

花丛之中，金翠交辉，富丽堂皇。如果说直观的美是凤凰的表象，其“神性美学”则是内在意蕴的投射。

凤凰自古便是神鸟，有着“帝（天）使”的高贵身份，有着国之祥瑞的政治内涵，肩负着天人沟通、国运昌盛的神圣使命，凤凰出现，宛如神灵在场，是天意、天命的呈现。凤冠以凤凰为饰，是借用凤凰的自然之美，也是钟情于凤凰营造的“神性美学”。皇后戴上凤冠，是重要场合的一项仪式，而仪式具有象征性，通过仪式人们在世俗空间里建构了神圣的空间，表达了“即凡而圣”的生活状态。[①] 可见凤冠是古代帝王将礼制与“神化政治”相结合的物化象征，除了呈现令人惊艳的美，还营造出威仪、气场等皇家礼制所想要达到的政治效果。

（二）凤冠有生殖的象征意义

最初作为“君主”或“帝王”之称的“后”字，在甲骨卜辞中与“毓”字相同，作妇人产子之形。《说文》以“毓”为“育”的或体，卜辞却以之为“后”字，“余谓后乃母权时代女性酋长之称谓。母权时代族中最高之主宰为母，而母氏最高之属德为毓，故以毓为王母之称”[②]。陈梦家也指出：“卜辞称先王为‘后’，卜辞后、育、毓一字，象生产之形，所以先王称后，应是母权的孑遗。”[③] 在远古，生育子女的母亲是人类最早的社会权威。先民对女性家长的依赖、崇敬和神化，使“后”成为最高社会权威的象征。在家转化为国的历史时刻，“后”之类渗透着生殖崇拜、祖先崇拜和家长崇拜的宗法性称谓，首先被加诸王冠之上，乃是宗法社会结构及其观念政治化的必然结果。[④]

凤凰喻意生殖在考古发现、文献记载与民俗资料中均有丰富体现。考古发现如湖北荆门包山2号战国楚墓出土的凤鸟双连杯（图3-1），是用于婚姻的合卺礼仪用器，联系商族“天命

①朱国芳：《〈礼记〉的审美文化意涵研究》绪论，山东大学博士论文，2013年。

②郭沫若：《郭沫若全集·考古编》第一卷，科学出版社，1982年，第48页。

③陈梦家：《殷虚卜辞综述》，科学出版社，1956年，第643页。

④刘泽华：《王权思想论》，天津人民出版社，2006年，第229页。

图 3-1 凤鸟双连杯

玄鸟，降而生商”的神话，凤鸟双连杯中凤鸟口衔的“珠”，可以看成是“卵”，而“吞卵”意味着后代的繁衍。以凤鸟衔“卵”喻示生殖、家族的繁衍壮大是合理的。[1] 阴阳和谐观在汉代尤为凸显，在汉代画像石、画像砖上，多见两两相对的凤凰，凤雄凰雌，代表着阴阳和谐；还有画像石上，凤与凰周围有诸多小凤凰，[2] 喻示着生命繁衍、生生不息。

清宫珍藏的流苏，顶端以凤衔滴珠者最为常见。如“龙凤呈祥”“彩凤双飞”“丹凤朝阳”“凤穿牡丹”等。凤凰衔珠的形象，寓意凤鸟筑巢，准备育雏的涵义。封建时代的帝王都希望自己多子多孙，所以后妃的头饰中以凤凰为元素的较多，流苏也是这样。清代慈禧请美国女画家卡尔为她画像，头上就戴着长长的凤穿牡丹的珍珠流苏。[3] 凤为雄，乃鸟中之王；牡丹为雌，为花中皇后，两者相合，雄凤穿梭于牡丹花丛内，暗指阴阳相抱，孕育生命之迹象。加之古来就有把花作为女性生殖器官的说法，所以“凤穿牡丹”纹饰被视为一种生殖崇拜的象

①吴艳荣：《中国凤凰：从神坛到人间》，浙江大学出版社，2014 年，第 236 页。

②李立：《汉墓神画研究——神话与神话艺术精神的考察与分析》，上海古籍出版社，2004 年，第 156、162 页。

③刘宝建：《清代皇后的冬朝冠》，《紫禁城》2001 年第 1 期。

征，亦多运用于婚嫁服饰中。[①]

（三）凤冠有吉祥的象征意义

凤凰代表吉祥主要体现在两个方面，一是直接象征吉兆；二是能够御凶辟邪。凤凰自先秦始便是国家层面的政治吉兆之一，而后贯穿整个帝王时代。《唐六典》将祥瑞分为大瑞、上瑞、中瑞、下瑞，凤为大瑞之一。《唐令拾遗·仪制令第十八》第十二条记载："诸祥瑞应见，若麟、凤、龟、龙之类，依图书合大瑞者，随即表奏。"生活层面，人们在婚姻中借凤凰象征吉祥由来已久。如先秦时期流行婚前占卜，以卜得"凤凰"喻示婚姻吉祥，后来在唐诗中便多见以"卜凤凰""凤凰飞""和鸣双凤凰"祝福婚姻。[②]民间百姓把"凤"这一形象从头到尾都烙上"吉祥符号"：凤冠表示称心如愿，鹦鹉嘴表示动人的音乐，孔雀羽表示吉祥，鹤足代表长寿，鸳鸯寓意为美满的爱，大鹏表示前程万里。[③]应该说，凤凰能御凶辟邪与象征吉祥是辩证的统一。《山海经·海内西经》有凤鸟戴蛇、践蛇的记载，而"蛇的象征是多种多样或多元的，但主要象征一种狂暴而危险的自然力。操蛇、践蛇、衔蛇或饰蛇，表示这种神秘力量的驾驭或控制，从而达成一种神性、灵性或权威"[④]。江陵马山一号楚墓出土的丝绣上即有凤鸟践蛇纹样。楚汉葬俗中多见凤凰，主要功能之一就是起着镇墓驱邪、保护墓主人的作用。

如此，凤凰以凤冠为载体，其丰富的吉祥之意便附着在了凤冠之上。

正如克利福德·格尔兹所说，人是一种悬挂在由他们自己编织的意义之网上的动物，文化就是那些网，因而对文化的分析不是一种探索规律的实验科学，而是寻找意义的一种阐释性科学。[⑤]服饰作为礼制的一部分，被赋予了昭名分、辨等威、分贵贱、别亲疏的社会功能与文化意义，而服饰社会功能的实

①吴聪：《民间服饰中"凤"与"牡丹"纹样叙考》，《装饰》2012年第10期。

②吴艳荣：《凤凰在传统婚姻情爱中的意蕴解读》，《江汉论坛》2009年第11期。

③徐华铛：《中国凤凰》，轻工业出版社，1988年，第19页。

④萧兵：《操蛇或饰蛇：神性与权力的象征》，《民族艺术》2002年第3期。

⑤[美]克利福德·格尔兹：《文化的解释》，上海人民出版社，1999年，第5页。

现，又必须建立在各种服饰分别被赋予了“人化”的意义的基础之上。“所谓文明，始于一种深度模式的建造。也就是说，人们不仅要通过‘对象化’的行为改造这个世界，而且要赋予物质世界以‘人化’的意义。所以，服饰是一种符号，它有着‘能指’和‘所指’的双重意蕴。”[1] 凤冠，作为中华民族庞大的服饰符号系统中的一个亮点与高峰，它不仅在外观上熠熠生辉，令后人叹为观止，还承载着悠久厚重的中华文明。一顶凤冠，惊艳华贵，它的诞生绝不是一时的政治需求的偶然，而是凤文化包孕的丰富的早期文明因素与皇权帝制相结合的结果。早期文明中与凤凰有关的女神崇拜、鸟祖信仰、生殖崇拜，笼罩着神性与德性膜拜的权力因子，以及秦汉天下一统后龙的政治文化地位的崛起、凤凰与龙相配的阴阳观念，凤凰人格喻意上的女性化，以及儒家礼制的发展等诸多政治、文化因素，在顺应时代发展需求的过程中，逐步产生了彰显皇后（后妃）身份的凤冠。

①陈炎、李梅：《中国与西方服饰的古代、现代、后现代特征》，《文艺研究》2005 年第 8 期。

# 第四章

# 贯通儒道释

## 第一节 凤凰对儒家之“德”的秉承、践履及社会意义

凤凰禀赋儒家之德的思想观念完成于先秦，春秋战国时期已流行“以凤比德”，凤凰被赋予了仁、义、礼、信等德目。“凤兮，凤兮！何德之衰？”（《论语·微子》）这句千古一问，揭示了凤凰与德之间的密切联系，它反映了两方面的问题：其一，凤凰有“德”；其二，以“德”为纽带，凤凰与人间有着神奇的感应与互动关系，也就是说凤凰之“德”对于人间政治或社会生活具有一定的作用。那么，凤凰之“德”从何而来？凤凰之“德”在官方与民间分别有怎样的践履方式？凤凰之“德”在人间践履的根本因素是什么？凤凰之“德”有什么样的社会意义？这些都是我们需要探究的问题。

### 一、凤凰之“德”从何而来

（一）“德”的内涵

商代“德”的观念已经出现。晁福林认为甲骨卜辞中的“德”更多的是“得”之意，是指由于神意指点迷津而获

"得"。[1] 李泽厚认为："'德'似乎首先是一套行为，但不是一般意义上的行为，主要是指以氏族部落首领为表率的祭祀、出征等重大政治行为。"[2] 此外，还有观点认为"德"的原始观念来源于人们对"效能"和"能力"的崇拜，是古代君王通过"巡省"方式树立自己的权威和影响力的反映。"德"字之初义就是"政治控驭能力和权威影响力"，这种观念大概产生于部族联合体的尧舜禹时代，所以"德"不是周人的首创，周人只是提出了不同于商人的"明德"观念，以"帝迁明德"为自己的政治合法性依据。[3]"德"开始只是作为天地的品格、自然之性，为人们所效仿；后来逐渐跃升为政治范畴，成为对"王者"的特殊要求；最后才成为后世广泛使用的伦理范畴。[4]

可见，"德"的内涵比较复杂，其形成经历了很长历史时期的积淀、演变过程，早期是关乎神意、政治、权力、权威、最高首领身份等因素的政治范畴，到周代又延伸到伦理范畴。

（二）凤凰与儒家之"德"关系的构建

1. 德源于天

看两则周代青铜器铭文。《史墙盘》："上帝降懿德大甹，匍有上下，迨受万邦。"道出了"德"之本源在天，并强调上帝降德的同时也送给文王能够辅佐他的重臣，因此他才能匍有四方。《班簋》："彝昧天令，故亡，允哉显，惟敬德，亡逌违。"记述了毛公讨伐东域凯旋一事，并认为这场战争取得胜利的原因是敬德，勿违天命。这两篇铭文中非常明确地表明"德"乃天之所降，"敬德"即意味着尊崇天命，可以得到天之护佑；不"敬德"是违抗天命，会遭到灭亡。"德"不仅是周取代商的重要依据，也是周人历代相传的"保命符"，"德"逐渐与君臣融为一体。[5]

2. 天命、德、王权

《尚书·咸有一德》："天难谌，命靡常。常厥德，保厥位，

①晁福林：《先秦时期"德"观念的起源及其发展》，《中国社会科学》2005年第4期。

②李泽厚：《中国古代思想史论》，人民出版社，1986年，第86页。

③孙董霞：《周人之"德"为"明德"论——兼论殷周之"德"的区别》，《长安大学学报》（社会科学版）2015年第2期。

④秦维红：《"德"在儒家学说史上的演变及真实内涵》，《南京政治学院学报》2007年第1期。

⑤王晓玉：《"德"之下移：西周铭文中的"德"》，《太原师范学院学报》2016年第3期。

厥德匪常，九有以亡。”《左传·僖公五年》：“皇天无亲，惟德是辅。”显然，“德”成了人们能否回应“天命”的关键，这是殷商时期人们所普遍抱持的“天命”观中所根本不具有的精神质素。“以德配天”的出现，表达的是伦理政治的终极关怀，重新规范了人与天之间的基本秩序，“德”开始意味着人对“天命”的感悟和回应，人积极而主动的精神追求得以强调。有“德”者，能够深刻感悟并成功地回应“天命”者。“以德配天”在周人的思想中，虽含有个体道德修养的意味，但主要着眼于政治意义，是一种高明的政治策略。[①]

①赵明：《先秦儒家政治哲学引论》，北京大学出版社，2004年，第78页。

3. 以凤比德

先秦时代，大量“鸟兽草木之名”进入时人日常语汇，形成“比兴”之习。自然对象、现象成为社会民众自我言说最便当的语言材料；成为人们描述自我、表达自我、相互理解不可或缺的参照；成为人类经验、知识、情感与智慧的重要源泉。自然界已全面融入人类现实生活各领域，这是极为重要的历史文化信息，它说明时人在天人之际已然建立起普遍、稳定、深刻、细致的精神性联系。[②]儒家“比德”观代表了时人道德德性意识的自觉，其目的是要对个体社会成员的道德品格做出评价，促进良好德性塑造。在此意义上，“比德”当从属于中华早期主体伦理德性的自我塑造，它首先是一种伦理观念、道德建构事业，其次才表现为一种审美现象。[③]

②薛富兴：《先秦中华天人关系的五种形态》，《贵州社会科学》2006年第1期。

③薛富兴：《先秦“比德”观的审美意义》，《陕西师范大学学报》（哲学社会科学版）2009年第4期。

《山海经·南山经》云：“凤皇，首文曰德，翼文曰义，背文曰礼，膺文曰仁，腹文曰信。”《山海经·海内经》又云：“凤鸟，首文曰德，翼文曰顺，膺文曰仁，背文曰义。”表示凤凰身上不同部位的毛羽代表德或各种德目，凤凰俨然成为“德”的化身，被赋予了人类的伦理情感。凤凰秉德是西周时期大的文化背景使然，在“以德配天”神权政治学说与道德政治的文化大背景下，在先秦比德之风的兴盛中，与政权密切联系的神鸟凤凰也被配上了“德”的神性光环。

4. 凤凰串联起天命、德、王权

商代甲骨卜辞记载：“于帝史风（凤），二犬。”[①]《诗经·商颂》：“天命玄鸟，降而生商。”玄鸟为凤凰的原型之一。《史记·殷本纪》：“殷契，母曰简狄，有娀氏之女，为帝喾次妃。三人行浴，见玄鸟堕其卵，简狄取吞之，因孕，生契。”三则史料，传递、延伸出的主要信息有：凤鸟与上帝的关系密切，帮上帝向人间传递信息；凤鸟奉上帝之命，遗卵人间，诞生商族；也意味着商王朝的崛起是上帝所赐，上帝护佑着商王朝。

①胡厚宣主编：《甲骨文合集释文》第14225片，中国社会科学出版社，1999年。

再看《国语·周语上》：“周之兴也，鸑鷟鸣于岐山。”（鸑鷟为凤凰之属）凤凰鸣叫，喻示了周族的兴起。凤凰之鸣，显然是受了天命的指使。再配上“皇天无亲，惟德是辅”，我们可以得出这样的信息：指使凤凰的至上神身份发生了转移，由“帝”转为“天”，凤凰由“帝使”化为“天使”；凤凰传递天命有了辅助条件，那就是君王有“德”。反之，时局动荡、列国纷争，凤凰则隐而不出。《论语·子罕》：“凤鸟不至……吾已矣夫！”这是春秋时期孔子身处乱世的哀叹。

那么，从周代开始，凤凰将德、天命、王权政治贯串起来。周初政治思想的特征与商代政治思想不同的地方，就是周人特别突出了“天命”和“德”在政治中的作用。[②]既然德源于天，那么凤凰的德性也是天赋予的，应承天命，昭示人间民族兴起、帝王有德。“周之兴也，鸑鷟鸣于岐山”，创造了凤凰象征天命王权的政治神话，后世则演绎出凤凰衔诏的史事，颇有比附之意。《论语·微子》记楚狂接舆歌而过孔子，曰：“凤兮，凤兮！何德之衰？往者不可谏，来者犹可追。”这里有两重意思，一方面，因为凤凰是“德”的象征，所以呼唤凤凰来感叹世间“德”之缺失；另一方面，以凤比喻有德的孔子，诘

②刘泽华：《先秦政治思想史》，南开大学出版社，1984年，第37—38页。

问他为何世间执政者“德”之衰败。

## 二、凤凰之“德”在官方与民间的不同践履方式

凤凰之“德”在官方与民间的不同践履方式可以分为三个层面。

（一）凤凰之“德”与帝王之“德”间的感应与互动

在儒家思想里，帝王有德是一种政治需求。德性意识自觉的起点是对天子个人德性之于王朝政治命运的意识，……《诗经》中即出现了关于理想德性、理想人格的概念，曰“令德”“明德”与“懿德”。[①]《大雅·皇矣》：“帝谓文王：予怀明德。”《大雅·假乐》：“假乐君子，显显令德。”《周颂·时迈》：“我求懿德，肆于时夏。允王保之。”

①薛富兴：《先秦“比德”观的审美意义》，《陕西师范大学学报》（哲学社会科学版）2009年第4期。

凤凰与人间帝王之德之间的感应互动，其导因是有德之君即将兴起，或是帝王治世有“德”，凤凰出现表示预兆或嘉奖，其后的政治背景是“天命”。基于先秦已经形成的这一政治“信仰”，先秦以后直接以凤凰出现来证明帝王有“德”。《白虎通·封禅篇》载：“凤凰者，禽之长也，上有明王太平，乃来居广都之野。”以凤凰作为政治祥瑞出现次数特别多的汉代为例，赵翼《廿二史札记》云：“两汉多凤凰，而最多者，西汉则宣帝之世，东汉则章帝之世。”《太平御览》卷九百一十五引《汉书》曰：“昭帝始元三年，凤凰集东海，使祠处……又曰宣帝幸河东之明年春，凤凰集祋祤……又曰凤凰集上林，乃作凤凰殿以答嘉瑞。”为了回应凤瑞，汉代皇帝还会更改年号，如汉昭帝即位时年号“始元”，后因三年中，凤凰比下东海海西乐乡（《大事记续编》卷一），于是改年号为“元凤”。汉宣帝有“五凤”的年号，也是为凤凰集而立。

汉代的诏书《赦诏》（神爵二年）：“乃者正月乙丑，凤皇甘露，降集京师，群鸟从以万数。朕之不德，屡获天福，祗事

不怠。其赦天下。”[1] 这里“朕之不德”自然是客套性的谦辞，“德”与“不德”就是皇帝自己的一句话而已，重点在于凤凰出现了，代表着政权的合法性、天命的支持、上天的褒奖。

①（清）严可均校辑：《全上古三代秦汉三国六朝文·全汉文》卷七，中华书局，1958年。

总之，凤凰与帝王之德的感应与互动包含了几个方面：其一，有德之君兴起，会有凤凰出现呈现瑞兆，以示天命。其二，人间帝王施行德政，上天会派凤凰降临，以示嘉许。其三，凤凰承载天命，在上天与人间帝王之间的互动关系中起着枢纽作用，而且这种互动关系仅限于良性的，也就是当人间帝王秉承了源于天的德，施行“仁政”“德政”的时候，凤凰才会出现。当然，这是一套对政权有利无弊的政治逻辑，因为凤凰出现的“新闻”，是可以人为制造的。

（二）凤凰之“德”与文人之“德”间的“感应与互动”

这里将“感应与互动”加上引号，是因为不用出现“有形”的凤凰，凤凰只是作为精神存在，与文人之间的“感应与互动”属于象征性的喻指，及其对文人形成的精神振拔力量与情感抒发。古代以凤凰喻文人，多有德才兼备的赞誉之意。《楚辞》中，屈原喜好高傲地自比鸾凤（鸾为凤凰之属），而把谗佞干进的小人斥之为鸡鹜燕雀。如《涉江》中写道“鸾鸟、凤凰，日以远兮。燕雀、乌鹊，巢堂坛兮”，《怀沙》中写道“凤凰在笯兮，鸡鹜翔舞”。屈原在《离骚》中自矜“纷吾既有此内美兮，又重之以修能”，表明自己既有内在的美德，又有才能，只可惜如同“凤凰在笯兮”，美德与才能都得不到施展。先秦以凤喻人既是称颂有贤德的人，也是借凤凰表达儒家的人才观、政治观，希望有贤德的人辅佐君王治理国家，以达到一种理想的社会状态。屈原作品中的美政理想充分表明其自身肩负这样的政治使命感，他借凤凰赞美自己的德才能识，表达政治理想抱负，反映出强烈的建功立业、强大楚国的儒家治世思想。

将凤凰之德与儒家的仁爱思想、济世精神紧密结合起来的是杜甫。在杜甫笔下，凤凰是仁爱的化身，是诗人济世理想的体现。大历元年夏初杜甫移居夔州，写下了《壮游》一诗，诗中回顾了自己年轻时的抱负："七龄思即壮，开口咏凤凰。"这是杜甫第一次咏凤凰，表现了诗人强烈的求仕愿望。后来，杜甫分别创作了《凤凰台》《朱凤行》两首以凤自喻的诗歌，想象自己就是一只德才兼备的凤凰，希望能实现"致君尧舜上，再使风俗淳"（《奉赠韦左丞丈二十二韵》）的政治理想。

> 《凤凰台》："亭亭凤凰台，北对西康州。西伯今寂寞，凤声亦悠悠。山峻路绝踪，石林气高浮。安得万丈梯，为君上上头。恐有无母雏，饥寒日啾啾。我能剖心血，饮啄慰孤愁。心以当竹实，炯然忘外求。血以当醴泉，岂徒比清流。所重王者瑞，敢辞微命休。坐看彩翮长，举意八极周。自天衔瑞图，飞下十二楼。图以奉至尊，凤以垂鸿猷。再光中兴业，一洗苍生忧。深衷正为此，群盗何淹留。"
>
> 《朱凤行》："君不见潇湘之山衡山高，山巅朱凤声嗷嗷。侧身长顾求其群，翅垂口噤心甚劳。下愍百鸟在罗网，黄雀最小犹难逃。愿分竹实及蝼蚁，尽使鸱枭相怒号。"

可见，凤凰与文人之间围绕"德"的感应与互动，焦点在于政治理想，在于有济世报国之心。

（三）凤凰之"德"与百姓"德"之需求之间的感应与互动

在西周及其以前的历史上，"德"是不能轻易许人的，因为"德"与"天""天命""天道"等标志至上性和神圣性的概念紧密相连。在当时的政治话语谱系中，"德"与"得"是相通的："得"乃获得政治统治权力，而有"德"就能获得政治统治权力。[1] 那么有意思的是，与君王、文人（君子）能够自身拥有“德”相比较，百姓与“德”之间是分离的，是“德”的需求者，这种需求不在于拥有“德”，而在于客观上能得到“德”之践行所带来的和平安宁。于是，秉德的凤凰飞来了。

①赵明：《先秦儒家政治哲学引论》，北京大学出版社，2004 年，第 82 页。

凤凰之“德”与人间百姓“德”之需求间的感应互动，其导因是百姓生活在水深火热之中，渴盼有“德”相助。此时，凤凰自身之“德”焕发，主动飞入人间救苦救难。凤凰的出现包含了百姓的祈盼，他们把凤凰视为有德的神鸟，拯救人间疾苦是其社会属性使然。百姓从自身的生存境况出发，以儒家的视角看待凤凰或者说接受了儒家思想赋予凤凰之“德”的观念认识。

民间传说《百鸟朝凤》[2] 里，凤凰能成为百鸟之王，是因为将自己积攒的食物分发给众鸟，帮群鸟度过了饥荒：

②庞进:《凤图腾》第十二章，中国和平出版社，2006 年。

> 很早很早以前，百鸟住在一座大森林里。每天，它们吃饱了肚子，有的唱歌、有的跳舞，还有的追逐嬉闹，玩得非常痛快，过着无忧无虑的日子。有一只外形朴素，很不起眼的小鸟，名叫凤凰。它不像别的鸟那样吃饱了就知道玩，而是从早到晚采集果实，总是闲不住。它把别的鸟扔掉的果子，一颗一颗捡起来，收藏在洞里。……一年，遇上了大旱灾，山上的草枯了，树上的叶子焦了。百鸟找不到吃的东西，有的饿得头昏眼花，有的饿得奄奄一息。森林里一片哭泣声、呻吟声。一天，凤凰从很远很远的地方采食归来，看见这光景，急忙打开山洞，把自己积存多年的果干和草籽分给了百鸟，使大伙渡过了难关。
>
> 百鸟为了感谢凤凰的救命之恩，每只鸟从自己的身上选了一根最漂亮的羽毛，集在一起，做成一件五光十色、绚丽耀眼的百鸟衣，送给了凤凰。从此，凤凰成了最美丽的鸟，

而且大家一致推选它当了鸟王。每年凤凰生日那天，百鸟都飞来向它祝贺，这就是百鸟朝凤。民间歌谣《百鸟朝凤》：“十二月里腊梅香，百鸟齐来朝凤凰。白鹤孔雀朝天舞，百鸟朝凤呈吉祥。”

在鸟类世界中是这样，在人类世界中，凤凰也是代表着真善美，造福众生。民间流传着很多关于凤凰的神话与传说，凤凰肩负着除暴安良、扶危济困、造福百姓的社会使命，如西藏《神灯》传说，凤凰的眼珠化为神灯，照亮了黑暗的自然世界：

很久以前，天地混沌，一片黑暗。一只金色的凤凰欲改变此状，它飞到念青唐古拉山一带，将自己的一颗明亮的眼珠抠下来，从空中扔下，正巧被一位神女接住。神女将凤凰的眼珠高高捧起，这眼珠变成了一盏光芒四射的神灯。于是，皑皑高耸的雪峰显了出来，青翠广袤的草原显了出来，人们告别了黑暗，过上了幸福的生活。

此外，福建潮州《凤凰山》传说中，凤凰帮百姓排涝、除旱、治疗瘟疫等。宁夏银川别称凤凰城，传说是凤凰让宁夏变成了“塞上江南”。可以说在百姓心里，凤凰是吉祥鸟，哪里有凤凰，哪里就有幸福和谐。诚如水族民间《凤凰歌》[1]中所唱：

①胡萍：《水族服饰中的吉祥文化》，《黔南民族师范学院学报》2002 年第 5 期。

它落在，哪座山上，
哪一带，幸福吉祥，
凤凰鸟，飞越高山，
山隔山，千里迢迢，

山再高，无法阻挡，
凤凰啊，幸福吉祥，
凤凰鸟，在我心上。

百姓有难时，凤凰主动出现，帮助百姓解决困难；然后百姓对凤凰感恩戴德，以各种各样的方式纪念凤凰，永久地铭记凤凰。

## 三、凤凰的神化与人格化——凤凰之“德”能在人间践履的根本因素

“以儒家思想为代表的传统文化体系其强大之处在于，它能构建出既深不可测的神圣信仰又接地气的操作手册。”① 与儒家思想结合紧密的凤凰也是神圣与世俗兼具，人们既神化凤凰，让它具有超自然的力量，赋予它天帝使者的“神使”身份；随后又将它人格化，让它具有人类的道德情感，从而能感应人类的道德情感，发挥相应的作用。

如果凤凰不具备神性，就无法传达富有神圣性的天命，无法作为政治祥瑞营造政权的神圣性，从而形成凝聚力。而人格化后的凤凰秉承儒家之“德”，才能知晓、感应帝王之德。如汉代贾谊《吊屈原赋》：“凤皇翔于千仞兮，览德辉而下之。”这是说凤凰一旦发现人间帝王有盛德，便会降身人间。

如果说凤凰的神性被帝王阶层充分利用，那么凤凰的人格化则多体现在文人身上，秉承仁、义、礼、信等德目的凤凰与具备仁、义、礼、信的古代文人在自身修养与政治追求上达到了一致的理想高度。从以凤比德到以凤喻人，似乎是一个顺承的过程，凤、德、人三者间以“德”为纽带，形成了可以互喻的关系。如《诗经·大雅·卷阿》：“凤皇鸣矣，于彼高冈；梧桐生矣，于彼朝阳。菶菶萋萋，雍雍喈喈。”诗的主题言贤士君

①邓斌、张伟莉：《中华传统核心价值观的历史变迁与传承》，《重庆大学学报》（社会科学版）2015年第6期。

子来游王所，这里以凤皇喻贤士，是说帝王有德如太阳，并且种下梧桐，吸引贤士纷纷而来。《尔雅·释训》郭璞注曰：“梧桐茂，贤士众，地极化，臣竭忠。……凤凰应德鸣相和，百姓怀附兴颂歌。”既然“凤凰应德鸣相和”，被喻为凤凰的贤士自然也是有“德”的。那么，凤与帝王之间是否可以因“德”而形成互喻关系呢？也是有的，如杜牧《雪中抒怀》：“天子号仁圣，任贤如事师。……如日月恒生，若鸾凤葳蕤。”[1] 总体来说，以凤喻人以文人为多，其主导思想在于凤凰的社会属性，凤凰为王权服务，文人为帝王服务，凤凰与文人之间形成了功能属性上的平衡点。因此，凤凰的人格化将文人与帝王之间服务与被服务的关系象征化、写意化，增添了虚拟的意象，表达起来可以朦胧、含蓄，也可以激昂、慷慨，根据文人自身不同境遇时候的胸臆来决定。

①（清）彭定求等：《全唐诗》，中华书局，1960年。

凤凰之“德”在百姓层面的践履，其神化与人格化都有充分体现，如果没有神性，在自然灾害或黑暗势力面前，凤凰就不可能有帮助人们的资本与力量；如果不具备人格化后的道德情感，面对百姓遭受的苦难与困境，凤凰又怎能闪现扶危济困的人性光辉？凤凰还是百姓的“德”之使者，以自身禀赋的“德”之使命，感应老百姓的“德”之需求，来践德、履德。

## 四、凤凰之“德”的社会意义

凤凰之“德”有何积极的社会意义？总体来说，主要是为社会和谐、天下太平服务。

《山海经·南山经》云：“凤凰……见则天下安宁。”同书《西山经》云：“有鸟焉，其状如翟而五彩文，名曰鸾鸟，见则天下安宁。”（鸾鸟为凤凰之属）道出了凤凰存在的意义——为了“天下安宁”。细析起来，凤凰之“德”的社会意义比较复杂，既有官方与民间的区别，又有时代发展的变化。

周取代商，将凤凰与天命以“德”为枢纽联系起来，宣扬政权更迭的合法性及其政权的神圣性。此后，在权力的角逐中，凤凰成为新上台的政治势力营造舆论声势的工具，象征其获得政权上应天意，下顺民意。如汉代天下一统后，凤瑞大盛，为粉饰太平服务，凤凰成为稳固神权政治的有力工具；魏晋南北朝时期，孙权借用龙凤等符瑞称帝；唐代将凤凰列为大瑞之一，宋代亦视凤凰为首要的祥瑞之一。也就是说，在统治阶层，凤凰是辅助政治权力的工具，无论是新的政治权力的上位，还是政治权力的稳定维护，均借凤凰营造有神的力量与意志参与，以获得政治支持。与此同时，凤凰在皇家礼制、礼仪中逐渐固定下来，成为维护等级、权威的标志符号。如凤冠成为皇后的象征；在宫廷雅乐中，借凤凰美颂盛世和谐。

以凤凰为主题的民间传说，大约兴起的比较晚，相比统治者喜欢以凤凰美饰太平，民间凤凰出场总是在百姓有难的时候，为的是解救众生。

那么我们可以看出，凤凰为社会和平而生，在社会治理中发挥着不同形式的作用。在统治者阶层，凤凰以标志性、符号性的象征意义为主，重在精神意义，形成政治凝聚力、号召力。凤凰在民间发挥其自身的神性力量，帮助百姓做了许许多多的好事，为百姓过上安定祥和的生活而奉献。因此，凤凰深深烙刻在各民族的心灵深处，承载着深厚的民族情感。在文人阶层，将凤凰人格化能带来神奇的精神力量，文人能获得自信，张扬自我的德才，追求为社稷苍生服务的政治理想。

儒家政治文明作为中国传统政治文明，是几千年来儒家对于人类“美好生活”的自我体认、自觉追求与自主创造的结果。[①]《周易·明夷·彖》曰：文王“内文明而外柔顺”。孔颖达疏曰：“内怀文明之德”。《周易·乾·文言》：“见龙在田，天下文明。”孔疏：“天下文明者，阳气在田，始生万物，故天下有

①马云志：《论儒家政治文明》，《兰州大学学报》（社会科学版）2005年第4期。

文章而光明也。”意思是说，通过人文的教化所形成的文明国家，如同生机盎然的、暖意融融的明媚春天一样美好。《山海经·南山经》云：“凤皇……饮食自然，自歌自舞。”同书《海外西经》：“诸夭之野，鸾鸟自歌，凤鸟自舞。凤凰卵，民食之；甘露，民饮之，所欲自从也。”此外，《大荒南经》《大荒西经》和《海内经》中也写道：“鸾鸟自歌，凤鸟自舞。”凤凰自歌自舞的怡然状态，既象征着天下太平，也象征和谐社会里人的自由而全面的发展。

## 五、凤凰之“德”是秉承儒家思想的一个政治范畴

凤凰之“德”的践履体现了社会的等级差异性。我们回顾前文所述凤凰之“德”的践履方式，可以发现凤凰的出场有虚与实的差异。凤凰为“有德”的君王现身，有史料确凿记载时间、地点、当时的情状等，呈现凤凰“真实”降临人间的时空特点。如“周之兴也，鸑鷟（凤凰之属）鸣于岐山”，地点是岐山；时间虽然不是一个精准、固定的具体时候，但是有一个大的时代背景，即周族要勃兴的时候；凤凰的情状是鸣叫。再看上文列举的汉代诏书——《赦诏》（神爵二年）：“乃者正月乙丑，凤皇甘露，降集京师，群鸟从以万数。”时间、地点了然。按现在的话说，不仅表明凤凰出现过，还有凤凰曾经在场的“痕迹”证明。囿于时代局限，这份“痕迹”证明不是照片，是文字记录，正史的文字记录。

再看凤凰与文人，凤凰多在文人的诗歌里出现，凤凰与文人之间是一种神交，其互通的渠道是象征性的比拟、精神性的喻指、理想化的存在，是虚拟的，凤凰在文人的精神世界里存在。文人们的道德文化修养使他们可以尽情地想象，其文化层次与身份也使他们能够成为有“德”的一员，有望成为权力构建中的一份子。

民间传说里，凤凰似乎总在百姓不经意的时候出现，给百姓带来意外惊喜。不同于正史的寥寥几笔，不同于文人诗歌里的含蓄凝练，传说有故事性，情节丰满，娓娓道来，凤凰如何消除天灾人祸，有详尽的描述。百姓与凤凰关系似乎更亲密，能与凤凰亲密接触，并得到凤凰的帮助，对比帝王有“德”时凤凰的昙花一现、文人与凤凰的虚拟沟通，百姓才是凤凰的真正拥有者，但反思一下，似乎不那么简单。

其一，如果说“德”致凤凰，如《艺文类聚》卷九十九引《淮南子》曰：“昔者二皇（伏羲、神农），凤至于庭；三代（尧、舜、禹），凤至于门；周室，凤至于泽。德弥粗，所至弥远；德弥精，所至弥近。”那么百姓与“德”是悬远的，也代表着政治、权力是百姓的身份所不能参与与拥有的。

其二，在天灾人祸面前，百姓是最底层的弱势群体，是需要被关心、被扶助的对象，此时凤凰飞来以自身所秉之“德”来“践德”“履德”，解决百姓的苦难并赢得百姓的尊崇。

其三，如果说，民间许许多多关于凤凰的传说，其创作者是百姓自身，其原因是出于最直接的生存需求，希望有神力与德性的凤凰帮助自己，而凤凰总是直接出场，似乎斩断了与天命、王权等政治背景的联系，其实不然。凤凰为何飞来？追根溯源，因为凤凰秉“德”，秉承了儒家之“德”，而儒家之“德”在于敬天保民。“天”将“命”托付给一个新的王朝之后，从此并不会袖手不问，相反，“天”随时随地都在注视着“民”的动向。如果受“命”王朝努力工作，建立起一个使“民”满意的“礼”治秩序，这便证明它“敬德”，因而可以继续保有“天命”。反之，它将失去“天命”，即所谓“惟不敬厥德，乃早坠厥命”。[①] 那么，凤凰飞到百姓面前，其背后依然充满了政治因素，即天命、王权、儒家之“德”等。百姓的思维逻辑，无疑深受儒家政治思想的影响，顺应的是统治与

①余英时：《论天人之际：中国古代思想起源试探》，中华书局，2014年，第96页。

被统治的关系。

总体来说，凤凰之“德”是儒家“德政”的维护与补充。凤凰原本是为王权、政治服务的一个工具，儒家思想诞生后，对凤凰的文化内涵进行了充实、改造、完善。凤凰秉德，使原本具有神性的凤凰有了神格与人格的双重特点。在统治者的“德政”宣传中，凤凰是很好的代言或形象使者，它有美的形象，有亲和力，有神性，有美德，有才智，容易打破阶层界限，赢得普世性的尊崇与喜爱。在儒家“德政”力所不及的地方，如百姓遭遇天灾人祸时，凤凰以自身的超能力和背负的道德使命，帮助百姓获得安宁。凤凰之“德”从官方传播到民间，形成了稳固的信仰与情感。

## 第二节　凤凰（鸟）与升仙的渊源

楚汉墓葬里，可以比较醒目地看到凤凰辅助人们升仙的画像、器物等。在秦汉时期的文献里，也有凤凰承载人们的生魂、亡魂或肉身升仙的记载。我们显然要追问，凤凰是怎样与升仙产生密切联系的？梳理其间的渊源既有意义也有必要。

### 一、楚汉时期凤凰辅助人们升仙概述

（一）升仙思想产生的时间

中国人的升仙思想有一个从形成到成熟的过程。有学者考证儒家十三经中无“仙”字，《老子》书中也无“仙”字，有关仙的思想不见于春秋以前。神仙思想大致产生于战国时期，其源头一是荆楚文化，二是燕齐文化。《庄子》《楚辞》《战国策·楚策》中皆有关于神仙的描述。《韩非子·外储说左上》《史记·封禅书》中则有燕王、齐王乃至秦始皇遣使入海寻仙觅长生不老药的记载。汉朝神仙思想开始形成社会思潮，各种

神仙传说越来越多，汉武帝也非常热衷于神仙方术。[1]

《史记·封禅书》记载：“自威、宣、燕昭使人入海求蓬莱、方丈、瀛洲。此三神山者，其传在渤海中，去人不远；患且至，则船风引而去。盖尝有至者，诸仙人及不死之药皆在焉。其物禽兽尽白，而黄金银为宫阙。未至，望之如云；及到，三神山反居水下。临之，风辄引去，终莫能至云。”从《史记》的记载看，“仙”的观念也不是从来就有的，而是战国晚期才开始形成。至少在战国晚期对于“仙”的概念已经有了较为明确的认识。汉墓画像中保存着现知最早、最可靠的汉代列仙图谱形态。帝王、贤相、能将及刺客类图像，反映了“自三代以来贤圣及英雄者为仙”的成仙标准。忠臣、孝子及列女类图像则表明，在汉代，生前为忠、孝、节、义之典范者亦得死后成仙。[2]

（二）楚汉时期凤凰成为辅助人们升仙的工具

1. 相关代表性的出土文物

人物龙凤纹帛画（图 4-1）1949 年出土于长沙陈家大山战国中期的楚墓，帛画上部画一龙一凤，凤鸟仰首长鸣、展翅飞翔；帛画下部绘一侧身细腰的女子，双手合掌作祈祷状。该帛画表现了女性墓主人以龙、凤为助手引导灵魂升天的主题。[3]

虎座立凤雕像，为典型的楚文化器物之一，多出土于湖北江陵战国时期的楚墓。其基本形态为展翅的凤鸟立于虎座之上，凤鸟高大，昂首张喙、背插鹿角、气宇轩昂。邵学海先生认为，楚人将凤与虎两种灵物组合，为的是提高灵物的速度，即帮助巫觋快捷地递送鬼神的信息，或是迅速地搭载亡灵上抵天界。[4]

西汉卜千秋墓“三头凤”壁画。卜千秋墓为夫妇合葬壁画墓，墓中绘有一幅三头凤壁画[5]，为女性墓主“乘凤升仙”图。“三头凤”绘在墓顶脊东部，侧立，三首均朝左，背负着

①黄云明：《论仙崇拜及其产生的原因》，《河北大学学报》（哲学社会科学版）2001 年第 4 期。

②姜生：《汉代列仙图考》，《文史哲》2015 年第 2 期。

③湖南省博物馆：《新发现的长沙战国楚墓帛画》，《文物》1973 年第 7 期。

④邵学海：《虎座飞鸟是楚巫蹻与巴巫蹻的重组》，《江汉考古》1997 年第 2 期。

⑤洛阳博物馆：《洛阳西汉卜千秋壁画墓发掘简报》，《文物》1977 年第 6 期。

图 4-1 人物龙凤纹帛画

手捧三足金乌的女性墓主，周围彩云缭绕。

汉代四川画像石棺上的“凤鸟—天门”图式。“凤鸟—天门”图式在西南汉画像石棺上比较多见。凤凰或立于双阙组成的天门顶上，或是处于画像石棺后端与石棺前端的天门画像相对，也有凤鸟在骑马的墓主人前，直接引导墓主人进入天门，如四川长宁县七个洞 7 号崖墓左侧崖棺的画像，棺身外侧为“骑马临门图”，有凤鸟在引导、护送墓主人往天门行进；棺身前端则有凤鸟在把守天门。[①]

①罗二虎：《汉代画像石棺》，巴蜀书社，2002 年，第 191、92、111—112 页。

汉代马王堆一号墓 T 形帛画。有学者认为汉墓画像符号系统隐含着以死后生命转化成仙为核心主题的思想逻辑，并将 T

形帛画的图像符号话语尽可能转换为语言表达，转译整理出其中包含的尸解升天转变成仙过程示意图。在示意图中，凤凰正处于“上九天”的“天门”处。[①]

①姜生：《马王堆帛画与汉初“道者”的信仰》，《中国社会科学》2014年第12期。

2. 相关代表性的文献记载

屈原在《离骚》中塑造了有助于诗人主体“飞天漫游”的各种“神”意象，凤凰是其中重要的一类。如“鸾皇为余先戒兮，雷师告余以未具。吾令凤鸟飞腾兮，继之以日夜”；“凤皇翼其承旂兮，高翱翔之翼翼”。又如《远游》中凤凰承载着诗人的生魂在天空遨游：“凤凰翼其承旂兮，遇蓐收乎西皇”。

汉代史料里记载修道成功后，便能乘鸾骑凤，遨游仙境。《后汉书·逸民列传》记载，乔慎少学黄老，仰慕赤松子、王子乔等仙人，行导引之术。有汝南人吴苍写信给他，曰：“足下审能骑龙弄凤，翔嬉云间者，亦非狐兔燕雀所敢谋也。”

## 二、灵魂不灭观念与鸟的化生、永生功能

《礼记·郊特牲》：“魂气归于天，形魄归于地。”古人普遍存在灵魂不灭观念，认为人的灵魂可以脱离肉体而独立存在。人的肉体会死亡，但灵魂是永恒的，它不会随着肉体的死亡而消失。相反，当肉体死亡后，灵魂会升到天上，追随天上的祖先或是与神仙为伍。恩格斯指出，在远古的时代，人们产生了一种观念：他们的思维和感觉不是他们身体的活动，而是一种独特的寓于这个身体之中而在人死亡时就离开身体的灵魂的活动。如果灵魂在人死时离开肉体而继续活着，这样就产生了“灵魂不死”的概念[②]马林诺夫斯基也指出：“人类对于生命继续的坚确信念，乃是宗教的无上赐予之一……相信生命的继续，相信不死，结果便相信了灵的存在。”[③]

②[德] 恩格斯：《路德维希·费尔巴哈和德国古典哲学的终结》，人民出版社，1997年，第223—224页。

③[英] 马林诺夫斯基：《巫术科学宗教与神话》，中国民间文艺出版社，1986年，第33页。

古人思维里，鸟具有化生、永生或复生的功能。中国神话中，就有死而复生的神鸟。《天问》：“天式纵横，阳离爰死？大

鸟何鸣？夫焉丧厥体？”蕴含着一个鸟在火中复生的神话。[①]

在比类思维的作用下，人类灵魂不灭观念与鸟的化生、永生功能之间产生联系，主要表现为以下几点：

其一，古人有人死后化鸟的观念。《山海经·北次三经》：“炎帝之少女名曰女娃，女娃游于东海，溺而不返，故为精卫。”

其二，古人有死后羽化升仙的观念。马王堆一号汉墓中，装载着轪侯夫人尸体的是最里层（第四层）的锦饰贴羽内棺[②]，该层棺木外髹黑漆，髹漆之外贴一层锦饰，锦上复贴鸟羽。内棺上的羽饰具有羽化升天的功能和象征寓意，表明墓主之魂还将继续飞升。[③]

其三，古人认为人的灵魂能化作飞鸟，离开躯壳而飞翔。崔豹《古今注》载楚怀王死后“化而为鸟，名楚魂”；《十三州志》则言蜀望帝“遂自亡去，化为子规”，左思《蜀都赋》云：“碧出苌弘之血，鸟生杜宇之魂。”因魂可化鸟，故鸟亦可导魂。《三国志·魏书·东夷传》载弁辰人“以大鸟羽送死，其意欲使魂气飞扬”。这种以鸟羽送死引魂的风俗，至今还以“公鸡引路”的形式残留在我国南方各少数民族之中。[④]

其四，人们希望具有鸟兽通过改变生命形式以延长生命的本领。古代人认为不同的生命之间可以自由转化。《国语·晋语九》记赵简子叹曰：“雀入于海为蛤，雉入于淮为蜃；鼋、鼍、鱼、鳖莫不能化，唯人不能，哀夫！”赵简子感叹鸟兽“莫不能化，唯人不能”的用意在感叹人因为“不能化”故而寿命短这样一个“事实”。郭璞《游仙诗》“淮海变微禽，吾生独不化”，也是基于这样的认识而发出的感叹。诗人羡慕鸟兽因时、因地不断改变生命形式以延长生命的本领，言外之意是如果人也能像鸟兽那样因时、因地改变生命存在的形式，不断延长寿命，就可以把死亡推向无限遥远，从而实现长生不老。[⑤]

①萧兵：《〈天问〉的宇宙观念——〈天问新解〉引论之一》，《湖南师范学院学报》（哲学社会科学版）1979年第1期。

②湖南省博物馆、中国科学院考古研究所编：《长沙马王堆一号汉墓（上集）》，文物出版社，1973年，第13页。

③贺西林：《从长沙楚墓帛画到马王堆一号汉墓漆棺画与帛画——早期中国墓葬绘画的图像理路》，《艺术史研究第5辑》，中山大学出版社，2003年。

④程地宇：《魂归太阳：神树、离鸟、灵舟——“巴蜀图语”船形符号试析》，《重庆三峡学院学报》1994年第4期。

⑤赵沛霖：《郭璞的生命悲剧意识与〈游仙诗〉——兼析“非列仙之趣”与“列仙之趣”部分之间的关系》，《天津社会科学》2011年第6期。

## 三、升仙的各种困境与凤鸟的勇猛善战、辟邪驱恶、承载导引功能

（一）升仙的空间突破

昆仑山是古代神话与仙话中一处神仙之境，为“百神之所在”的“帝下之都”。《山海经·海内西经》描绘昆仑山上通向天庭的天门，由身大类虎而九首、人面的开明兽把守；山高万仞，上面聚集了许多奇花珍草、神禽异兽，更有不死树和不死药。《楚辞·天问》：“昆仑县圃，其尻安在？增城九重，其高几里？四方之门，其谁从焉？”其中“县圃”当是悬在天上的花园。《淮南子·坠形训》载：“昆仑之丘，或上倍之，是谓凉风之山，登之而不死。或上倍之，是谓悬圃，登之乃灵，能使风雨。或上倍之，乃维上天，登之乃神，是谓太帝之居。”这里出现了明显的空间分层，不同的空间层次对应不同的神仙特质，最高处为至上神太帝之居。

从《庄子》与《楚辞》所记的“游仙”中，可以看出升仙需要达到纵向与横向的空间突破，如“游乎四海之外”的游仙。《庄子·逍遥游》中的超凡人物，居住在遥远的姑射山上，“吸风饮露，乘云气，御飞龙，而游乎四海之外”。庄子称之为“神人”，其实就是后世眼中食天地之气、葆青春之容、超越时空的存在，周游于自由之域的“仙人”的范本。又如“经营四方，周流六漠”的游仙。《楚辞·远游》“载营魄而登霞兮，掩浮云而上征”，“营魄”就是魂魄，即魂魄登霞乘云而上征，在天上周流游览。“朝发轫于太仪”，“太仪”是天帝之庭，即昆仑之墟，早晨从天上仙乡出发，过勾芒（东海之神），遇蓐收（西方之神），历祝融（南方之神），从颛顼（北海之神），一路上驾八龙，载云旗，驱役百神，前有飞廉导路，后有文昌掌行，左有雨师服侍，右有雷公护卫。游

毕四方，“夕始临乎于微闾”，“微闾”即尾闾，晚上就到海中仙乡。“上至列缺兮，降望大壑。下峥嵘而无地兮，上寥廓而无天”，“列缺”指昆仑山上列仙的宫阙，“大壑”就是归墟，从出天之上而寥廓无垠的昆仑山，到居海之下而深远不测的归墟。[①]

①汪涌豪、俞灏敏：《中国游仙文化》，复旦大学出版社，2005年，第7—11页。

早期人类所特有的这种荒忽险怪的地域——空间观念，不能被看作是蒙昧的表现，反而体现了当时人们企图超越自身活动环境追求对更大范围的自然进行认识的认真的努力！它的实质乃是对于现实的狭隘地域——空间范围的一种虚幻观念的补充。后世的神仙方术者流喜爱夸耀绝域的神异，在一定程度上便是利用了人们这样一种追求对更大范围的自然进行认识的合理的愿望。[②]

②王鍾陵：《中国前期文化——心理研究》，上海古籍出版社，2006年，第7页。

（二）冥府凶邪与升仙的路途险恶

从古代游仙诗看求仙的路径，有上下型（登高升天）、东西型（往来于昆仑、蓬莱）、周游型（四方求索）等。但天地四方似乎很不太平。

《周礼·夏官》记载方相氏驱逐潜藏于墓穴中的山林水泽之精灵——魍魉，“掌蒙熊皮，黄金四目，玄衣朱裳，执戈扬盾，帅百隶而时傩，以索室驱疫。大丧，先柩，及墓，入圹，以戈击四隅，驱方良”（方良即魍魉）。

《楚辞·招魂》记载了东西南北四方、天上与墓穴等全方位空间的诸多险恶，诚所谓“天地四方，多贼奸些”。如：“魂兮归来，东方不可以托些。长人千仞，唯魂是索些；南方不可以止些，……蝮蛇蓁蓁，封狐千里些；西方之害，流沙千里些；北方不可以止些，增冰峨峨，飞雪千里些；君无上天些，虎豹九关，啄害下人些；君无下此幽都些，土伯九约，其角觺觺些。”又《礼记·月令》载：季春之月，“命国傩，九门磔禳，以毕春气”。郑玄注：“此傩，傩阴气也，阴寒至此不止，害将及人。……命方相氏帅百隶索室殴疫以逐之。又磔牲以禳于四方之神，所以毕止其灾也。”仲秋之月，“天子乃傩，以达秋气”。郑注：“此傩，傩阳气也，阳暑至此不衰，害亦将及人。所以及人者，阳气左行，此月宿直昴、毕，昴、毕亦得大陵积尸之气，气佚则厉鬼亦随而出行……礼曰，仲秋九门磔禳，以发陈气，御止疾疫。”季冬之月，“命有司大傩，旁磔，出土牛以送寒气”。郑注：“此傩，傩阴气也。傩阴始于此者，阴气右行，此月之中，日历虚、危，虚、危有坟墓四司之气，为厉鬼，将随强阴出害人也。旁磔于四方之门，磔禳也。”“毕春气”“达秋气”“送寒气”，一岁三傩，而仲夏之月正是阳气极盛之时，万物生长均需阳气，故不举办傩事。傩肇于殷，本为殷礼，于宫室驱除疫气。①

①饶宗颐：《殷上甲微作禓（傩）考》，《传统文化与现代化》1993 年第 6 期。

可见，在时间上一年三季，空间则是四面八方、天上地下，皆有凶邪戾气，时空环境如此险恶，企图升仙的人们很没有安全感，迫切需要有保驾护航的工具。

（三）凤凰的勇猛善战与祛邪辟恶、承载导引功能

1. 凤凰勇猛善战

先秦时期的楚凤神勇有力，能与龙虎相搏、践蛇。江陵马山一号楚墓出土的丝绣（图 4-2）上有凤与龙、虎相蟠、相搏的纹样，看似柔美的楚凤能与威猛的龙虎相抗衡，足见其非同一般的神勇与战斗精神。楚凤威猛的一面也见于文献，如《山海经 · 海内西经》曰“开明西有凤鸟、鸾鸟，皆戴蛇践蛇，膺有赤蛇”。四川南溪县长顺坡墓二号石棺前端，有凤鸟戴（践）蛇（凤鸟踏双山）图②。《拾遗记》卷一记载，尧在位七十年，有祇支之国，献重明之鸟，状如鸡，鸣似凤，能搏逐猛兽虎狼，使妖灾群恶不能为害。其未至之时，国人或刻木，或铸金，为此鸟之状，置于户牖之间，则魑魅丑类自然退伏。这里“重明鸟”为凤凰之属。

②南溪县文物管理所：《南溪县长顺坡画像石棺清理简报》，《四川文物》1996 年第 3 期。

图 4-2 江陵马山出土龙凤虎纹绣

汉代流行“四神”（青龙、白虎、朱雀、玄武）瓦当，它们象征四方之神，汉人认为在建筑物的四个方位安置四神，可起到镇宅去凶保护宅主人的作用。[1]《玉海》卷一百四十三：“如鸟之翔，如蛇之毒，龙腾虎奋，无能敌此四物。”可见作为方位神的四神，象征着武力、猛勇。《礼记·曲礼上》：“行，前朱雀而后玄武，左青龙而右白虎。”朱雀也是凤鸟之属，因为凶猛善飞，所以当了先锋。

①荀爱萍：《略谈四神瓦当》，《当代艺术》2006年第11期。

2. 凤鸟祛邪辟恶与保护墓主

汉人认为地下世界鬼魅凶物众多，而人死后会在地下重新生活，为确保平安，于是将四灵的防御功能从人间延伸到地下，使其成为地下墓门的守护神，保护墓主不受魑魅的侵扰。如地下阴气重，多蛇，前文已讲凤鸟能“戴蛇践蛇”，显然凤鸟能征服蛇，防止蛇伤害墓主。不仅如此，汉代人们还将保护好尸体视为能够升仙的一个前提。“保护尸体的最终目的是让死者升入仙境。因此，升仙才是石棺画像所具有的最重要的象征意义。”[1] 汉代画像石墓中常见一对朱雀醒目地立于墓门的两扇门扉上端，朱雀下面是铺首衔环，再下面是龙、虎或獬豸等其他神兽，被称为是“朱雀——铺首衔环”图式，是陕北、晋西北地区乃至全国画像石墓葬中最为常见的图式。[2] 如河南南阳英庄汉画像石墓，西门两扉雕刻朱雀铺首衔环。[3]

①李晟：《汉代墓葬图像仙境的象征符号研究》，《西南民族大学学报》（人文社科版）2008年第4期。

②王娟：《汉代画像石的审美研究——以陕北、晋西北地区为中心》，文物出版社，2013年。

③南阳博物馆：《河南南阳英庄汉画像石墓》，《中原文物》1983年第3期。

3. 凤凰具有承载、导引功能

凤凰的承载、导引功能不仅见于考古发现，还见于文献。《列仙传》记载了萧史、弄玉乘凤升仙的传说，“萧史者，秦穆公时人也，善吹箫，能致孔雀白鹤于庭。穆公有女字弄玉好之，公遂以女妻焉。日教弄玉作凤鸣，居数年，吹似凤声，凤凰来止其屋。公为作凤台，夫妇止其上，不下数年。一日，皆随凤凰飞去。故秦人为作凤女祠于雍宫中，时有箫声而已”。

汉代画像石中，阙是出现频率最高的内容之一。如1988年发现的四川简阳鬼头山东汉崖墓中的3号石棺，棺身左侧为“天门图”画像：中间为单檐连接双阙式天门，门顶两侧各站立一凤鸟，门的上方榜题“天门”。门内站立一人，戴冠着袍，拱手状。[4] 凤凰与天门（双阙）组合则象征墓主死后将由凤凰引导通过天门进入天国。[5]

④罗二虎：《汉代画像石棺》，巴蜀书社，2002年，第73页，图五九。

⑤赵殿增、袁曙光：《“天门”考——兼论四川汉画像砖（石）的组合与主题》，《四川文物》1990年第6期。

## 四、凤凰与天空的密切关系

凤凰与天空的密切关系源远流长，原始时期便建立起来了，归因于鸟类具有飞翔能力的自然属性。随后，在神话世界里、巫术宗教信仰里、幻想的仙境里，凤凰都是重要的成员，依次与神话世界里的主神——太阳神、商周时期的至上神——帝（天）、仙境中的至上神——西王母等关系密切。可以说，凤鸟参与或寄托着人们对天空奥秘的不懈探索与空间思维的不断拓展。

（一）凤鸟与自然—神话之天

鸟崇拜是凤凰诞生的主要因素之一。鸟类最显著的自然属性是展翅高飞，这一性能带给原始人无限的崇拜与遐想。在原始人的意识里，阴晴寒暑、风雨雷电等自然现象，都由神秘的天空所掌控，人们迫切渴望探知天的内幕，同时也希望求得风调雨顺便于生活，但是天空高不可攀，只能望见鸟儿在天空飞来飞去，出没云层。而且飞鸟能逃避大地上的许多凶险，囿于恶劣的自然条件与不发达的生产力，古人很希望自己具有像鸟一样的飞翔能力。鸟的飞翔能力奠定了其与天空的密切关系。鸟与神话之天最典型的联系莫过于“飞鸟负日”。《山海经·大荒东经》：“大荒之中……一日方至，一日方出，皆载于乌。”“皆载于乌”表明“乌”是一种与太阳相伴的神鸟，为凤凰的原型之一。《艺文类聚》卷九十引《鹖冠子》曰：“凤，鹑火禽，阳之精也。”

“神话既不是骗子的谎话，也不是无谓的幻想物，它们不如说是人类思维的朴素和自发的形式之一。”[①] 不可思议的神话在考古发现中得到了诸多印证，“鸟（凤）日相伴”的原始图像，在中国古代艺术中是一个常见的图式，尤其是在长江流域与黄河流域的诸多文化遗址中，均出土有太阳与鸟的组合图像。

①[法]拉法格:《宗教和资本》，生活·读书·新知三联书店，1963年，第2页。

（二）凤凰与巫术—宗教之天

商周时期巫术宗教盛行，政治思想与信仰的变化使天的形象更加复杂，重要的是出现至上神的观念，商代的至上神为上帝，周代的至上神为天，有时被笼统地称为天帝。历史的因缘，此时与太阳神逐渐疏离的凤鸟，转而与至上神密切结缘。

《诗经·商颂》：“天命玄鸟，降而生商。”玄鸟为凤凰的原型之一。这里讲了一个凤鸟接受天命，诞下商族的神话。既反映了凤鸟与商族的亲缘关系，又摆明了凤鸟与天帝的密切关系。商代甲骨卜辞记载："于帝史凤（凤），二犬。"[1]商人将凤鸟视为上帝的使者，并用两只犬来祭祀它。

《国语·周语》："周之兴也，鸑鷟鸣于岐山。"鸑鷟为凤鸟之属。凤鸟之鸣，喻示周族的兴起。可见周代凤鸟亦为天（帝）的使者，向人间传达天命，而且创造了天命王权的政治神话。凤凰成为天命与王权之间的沟通纽带，也成为重要的政治祥瑞，传达天意的喻示或嘉奖。《山海经·南山经》"凤皇……见则天下安宁"，同书《西山经》"鸾鸟……见则天下安宁"。一只神鸟，能扛起象征"天下安宁"的政治大旗，原因是它代表着天，象征着天意。

（三）凤凰与仙境之天

1. 凤凰活跃在仙化了的乐土

所谓乐土，歌颂的乃是一种仙意化了的自然状态，即沃之野。《山海经》中有关于乐土的描写，且凤凰在乐土上自歌自舞，怡然自得。《大荒西经》云："有沃之国，沃民是处。沃之野，凤鸟之卵是食，甘露是饮。凡其所欲，其味尽存。……鸾鸟自歌，凤鸟自舞，爰有百兽，相群是处，是谓沃之野。"

2. 凤凰与西王母、伏羲、女娲等仙境的至上神或主神组合出现

西王母为汉代神仙信仰中的至上神，"汉代是西王母信仰的兴盛时期，其信仰所及，有帝王，有读经之文人，也有社会底层之民众。……西王母信仰广泛流传的时间是在汉代；西王母信仰核心内容除了长生崇拜外还有至上神崇拜，这也形成于汉代；西王母信仰最大的宗教意义是直接促进了道教的诞生，这也是在汉代"[2]。汉画像中不乏凤鸟与西王母的近距离组合，如荥经县陶家拐砖室墓石棺，棺身一侧的西王母仙境

①胡厚宣主编：《甲骨文合集释文》第14225片，中国社会科学出版社，1999年。

②汪小洋：《论汉代西王母信仰的宗教性质转移》，《浙江社会科学》2009年第1期。

画像石：画面中间为仙人半开门窗，门两侧各有一凤鸟相对而立，左侧一对男女，右侧西王母端坐几前。[①]

伏羲、女娲是汉代艺术中最为常见的神话人物，也是中国古代神话中两位非常著名的神。汉画像中伏羲、女娲是数量最多的画像内容之一，他们常成双成对出现。在汉画像石比较集中的几个地区，如山东、豫南、陕北、四川等地都有此类题材的画像石出土。凤凰与伏羲女娲的亲密组合画像，如四川省内江市关升店崖墓石棺，棺身右侧为伏羲女娲凤鸟图。画面左边为人首蛇身的伏羲、女娲，右边为一只展翅扬尾的凤鸟。[②]

3. 凤凰镇守天门

汉代以“门”分割鬼神世界，天门为升仙过程中的必经之地，跨过天门，便意味着进入了仙境。汉代神仙观念里，升仙的过程有比较细节化的构想，凤凰从镇墓驱邪、承载导引亡魂到把守天门，层层把关，构成了一套完整的辅助升仙的流程。[③]天门是升仙过程完成的终结点，过了天门这一空间上的节点，意味着获取了时间的永恒性，生命禀赋了仙人的特质，得到了永生。凤凰镇守天门，应该是肩负重任。

4. 凤凰成为仙境的象征符号

汉代流行“四神”铜镜，铜镜铭文中凤凰与神仙联袂出现。如河南洛阳东汉墓出土一面铜镜，四神各占一方，边缘铭文带：“福熹进兮日以萌，食玉英兮饮澧泉，驾文龙兮乘浮云，白虎□兮上泰山，凤凰舞兮见神仙，保长命兮寿万年，周复始兮八子十二孙。”[④]另有铜镜铭文：“福禄进兮日以前，天道得物自然，参驾蜚龙乘浮云，白虎失，上大山，凤鸟下，见神人。”[⑤]此外，汉墓画像里多见凤凰与羽人，凤凰与天禄、天马、仙鹤等仙禽仙兽为伍；凤凰居于摇钱树、灵芝树、“天梯”树上的图像等。凤凰俨然是仙境的象征符号。

①罗二虎：《汉代画像石棺》，巴蜀书社，2002年，第64—65页，拓本三八。

②罗二虎：《汉代画像石棺》，巴蜀书社，2002年，第76页，图六三，拓本四一。

③吴艳荣、王准：《空间视角下楚汉葬俗中的凤凰演变——以“镇墓、升仙（天）”主题为例》，《江汉论坛》2018年第1期。

④孔祥星、刘一曼：《中国铜镜图典》，文物出版社，1992年，第293页。

⑤中国科学院考古研究所：《洛阳烧沟汉墓》，科学出版社，1959年。

## 五、凤凰与人类的亲密关系

凤凰与人类亲密关系的建立，需要追溯到凤凰的起源。在自然崇拜、鸟祖信仰与生殖崇拜、权力因子等精神信仰的基础上，人们创造了凤凰，并让它为人类服务。生存的困顿、生殖的困惑、社会秩序的建立等问题都需要有这样一只神鸟，来满足人类的精神渴求，顺应人类探索自然、认识社会与人生的思维发展过程。在文明的起源处，神话、传说与历史总是交织在一起，神秘、奇幻，又有历史逻辑可寻。

诞生凤凰的原型很多，如王大有指出凤凰家族有凤、鸾、鹓鸰、鹄、天翟、重睛鸟、鲲鹏、马头凤、鹔鹴、发明、焦明、幽昌、玄鸟、踆乌、皇鸟、盂鸟、灭蒙鸟、天鸡、鸛鸟等约50种[①]；王维堤认为凤的别名和凤属神鸟有皇鸟、鹏、鸑鷟、朱鸟、鹓鸰、鸾鸟及其他等。[②]纷繁的原型能够组合在一起幻化成一只神鸟——凤凰，其间需要有核心凝聚因子，这个核心凝聚因子必定属于精神信仰，也必定不是单一的，而是多重复合的。在此主要探讨升仙，故略去其他，而叙述其主要精神信仰中的鸟崇拜、鸟祖信仰与生殖崇拜。

人类对鸟的崇拜，除了神化鸟善飞的自然属性外，还归因于农耕社会性质。我国稻作的源起和鸟有着极其密切的关系。流传久远的民间俗信观念以为，用以制作香喷喷米饭的稻谷，最初不是人们自觉的创意，而是一些小动物为帮助人类，冒着巨大风险，舍生忘死从天上偷下来的，鸟类是其中一大功臣。另外，王充《论衡》：“禹葬会稽，鸟为之田。”所谓“鸟田”，即觅食的鸟类，特别是候鸟在田中捉虫，啄草根，起到灭虫害、疏松土壤的效果，从而为稻谷的播种打下了基础。总之，稻作生产中，一些鸟类，特别是候鸟季节性春来秋归，食水田虫草，无意中启迪了人们食用水稻，并配合了人们水稻劳

①王大有：《龙凤文化源流》，北京工艺美术出版社，1988年，第10、16—59页。

②王维堤：《龙凤文化》，上海古籍出版社，2000年，第82—125页。

作，从而赢得了先民对鸟的敬意和感激之情，进而扩大了信仰的空间。人们对“鸟田”的朦胧记忆和依恋追抚，强化了鸟信仰的力度，并使其习尚得以线状的传承，最终汇成了鸟信仰的滚滚洪流，传向神州大地。[①]

①陈勤建：《中国鸟信仰》，学苑出版社，2003年，第2—29页。

鸟祖信仰是上古时期一种比较普遍而重要的信仰。文献记载有不少华夏古帝的鸟神形象。如楚人奉为始祖的祝融是凤的化身，《白虎通·五行篇》载：“祝融，其精为鸟，离为鸾。”鸾即凤。帝俊是一位以凤鸟自居的、人化的太阳神鸟图腾的首领。《山海经·大荒东经》载：“有五采之鸟……惟帝俊下友。帝下两坛，采鸟是司。”道出了凤与帝俊鸟人合一的图腾实景。[②] 此外，东夷部落首领太皞、少昊也均为鸟神，《左传·昭公十七年》载“我高祖少皞挚之立也，凤鸟适至”。

②陈勤建：《中国鸟信仰》，学苑出版社，2003年，第89页。

古代鸟祖信仰还与生殖崇拜融合在一起，典型的史料如《诗经·商颂·玄鸟》中“天命玄鸟，降而生商”的神话，玄鸟为凤鸟之属。《拾遗记》卷二也有类似记载：“商之始也，有神女简狄，游于桑野，见黑鸟遗卵于地……简狄拾之，贮以玉筐，覆以朱绂。夜梦神母谓之曰：‘尔怀此卵，即生圣子，以继金德。’狄乃怀卵，一年而有娠，经十四月而生契。”这里的黑鸟即玄鸟。玄鸟遗卵，导致了商族的诞生，商族与玄鸟之间有亲缘关系，鸟祖信仰显而易见。而且，卵生神话也反映出古代的生殖崇拜，这种生殖崇拜，不是普通的人间繁衍，而是有神意、天命等超自然力的参与，带有神话色彩。神话是一个民族的记忆，它与信仰往往有着密切的联系。神话中叙述的超自然力和事件，至少从神话的产生来说，被认为是远古时代确曾存在和发生过的。对神圣存在的虔敬和信仰，使神话具有神圣的性质，往往与世俗的生活范畴分开，而与人们的宗教信仰紧密相连，甚至成为宗教信仰的有机组成部分。[③]

③杨利慧：《女娲的神话与信仰》，中国社会科学出版社，1998年，第121页。

凤凰与人类的亲密关系，自鸟崇拜始，随后在凤凰的诞生过程中，融合了鸟祖信仰、生殖崇拜等思维观念，增进了凤凰与人类之间的关系。当升仙的需求产生时，凤凰的自然属性与社会属性必然使其成为辅助人们升仙的首选工具之一。

对终极和本原的追溯是人类本性中的一种普遍倾向。一旦人的意识范围从自身扩大到外在时空，外在时空的浩渺无垠与内在生命的微渺有限之间的冲突便不可避免。要在个体生命的有限与宇宙时空的无限的冲突中避免失落的苦痛，必须找到某种终极的、确定的东西作为依托。这一追寻有两个方向：其一，从现在指向过去，表现为对“起源”的追问；其二，从现在指向未来，表现为对“终极”的追寻。[①] 应该说，升仙信仰是人类将“起源”的追问与“终极”的追寻结合在一起的表现，生命源头的生殖崇拜、生命尽头的灵魂不灭、祖灵在天[②]以及魂归祖灵之地的认同与归属感，加上在对自然万物的参照与空间认识的局限中，人类更加痴迷于生命的永生或再生、复生、生生不息，幻想通过空间的突破达到时间的永恒。

关于“不死之山”“不死之国”“不死之药”“不死民”“不死树”之类的记载，在《山海经》中比较多见。关于蓬莱山的记载，《山海经·海内北经》中，亦早已有之。至于秦汉以来的山川神灵之祠，更是远古源于自然崇拜发展起来的原始宗教的直接沿续。[③] 早先，游仙处于比较散乱的巫术状态之中，在观念形态上七零八碎，在实践形态上五花八门，故称为“方仙”。道教接受了先秦以来的鬼神观念与神仙观念，把追求长生不死作为自己的核心宗旨，并以易学、阴阳五行以及天人感应等传统文化对此进行整合。本于道家的宗教宇宙观，综合各门知识，对种种仙说方术加以消化、改造，从而在思想层次上构建了神仙理论，在信仰层次上营造了神仙世界，在行为层次上张

①陈来：《现代中国哲学的追寻》，人民出版社，2001年，第211页。

②叶舒宪：《玉人像、玉柄形器与祖灵牌位——华夏祖神偶像源流的大传统新认识》，《民族艺术》2013年第3期。

③王鍾陵：《中国前期文化——心理研究》，上海古籍出版社，2006年，第373页。

扬了神仙道术，游仙活动因以摆脱了巫术的原始状态，添注了一种宗教超越的魅力，更广泛地吸引了社会各阶层人士；游仙观念也因以获得了深厚的文化内容，扩大了道教在传统文化传播中的影响。[①] 在包含了灵魂不灭、自然崇拜、鸟祖信仰等思想信仰的原始宗教、巫术信仰与神仙信仰的复合作用下，缔结了凤凰与升仙的渊源，贯串其间的是人类强烈的生命意识。

①汪涌豪、俞灏敏：《中国游仙文化》，复旦大学出版社，2005 年。

## 第三节　楚汉葬俗中以“镇墓、升仙（天）”为主题的凤凰演变

丧葬行为是人生中的重要礼俗之一。《论语·为政》：“生，事之以礼；死，葬之以礼，祭之以礼。”《荀子·礼论》说：“礼者，谨于治生死者也。生，人之始也。死，人之终也。终始俱善，人道毕矣。故君子敬始而慎终，终始如一，是君子之道，礼义之文也。”丧葬仪式是为逝者举办的标志其走完人生历程、离开人世的一种礼俗，但是，在灵魂不灭、孝道观念以及巫术信仰、神仙信仰等思维意识的作用下，古人讲究“事死如生，事亡如存”，认为死亡并不代表逝者的彻底消亡，而是从现实的生存世界到了另外的世界，以其他形式的生活方式存在着。正因为此，楚汉葬俗中有很多为“镇墓、升仙（天）”服务的陪葬品、器物纹饰、墓室装饰等。[②]

从出土文物来看，楚汉葬俗中的凤凰元素重要而多见，饰凤纹或凤凰造型的器物林林总总，从功能意义上讲，凤凰具有镇墓辟邪、引魂升仙（天）的作用，是仙境的象征符号，表示方位，喻示吉祥，象征婚姻美好、阴阳和合与子孙绵延等。[③] 下文专从空间变化的视角，围绕“镇墓、升仙（天）”主题来探讨楚汉葬俗中的凤凰演变。

②有学者将汉代人思维中的宇宙构成由高至低分为四部分：天上世界、仙人世界、人间世界、鬼魂世界。参见信立祥：《汉代画像石综合研究》，文物出版社，2000 年，第 60 页。由于本文论述的时间范围跨越楚汉，故对天界与仙界不作区分。

③吴艳荣：《中国凤凰：从神坛到人间》，浙江大学出版社，2014 年，第 37—62 页。

## 一、楚国葬俗中以“镇墓、升仙（天）”为主题的凤凰

（一）凤纹棺饰

楚墓中的凤纹棺饰分两种，一种是覆盖棺身的凤纹丝织品，一种是涂绘在棺身的凤纹装饰。

依据周礼，大遣奠后，棺柩在离开宗庙赴圹之前需要进行一番装饰。战国时期楚丧礼中的棺饰就目前可见到的实物资料有荒、帷、池、池饰等种类。[①] 江陵九店 M410 出土了 1 件丝织荒帷，质地是菱形纹锦，周边附有锁绣对鸟花树纹、飞凤花叶纹绢。[②] 另外，长沙烈士公园战国楚墓 M3 的外棺，四壁上各悬挂着一幅刺绣，其中，西、北壁的刺绣已朽。粘贴于东端挡板的是一幅龙凤刺绣（部分已损毁），在细密的绢上用锁绣的方法绣出花纹。粘贴于南边壁板上的是一幅凤纹刺绣，可以看出一凤大步行走于花草之间，左侧一凤，昂首、张口、卷尾，凤身作“S”状弯曲，两足呈“八”字形张开，显得十分矫健。[③]

直接以凤纹装饰的棺木，代表性的是荆门包山 2 号楚墓出土的棺椁中的第四层棺[④]。（图 4-3）该棺为彩绘棺，内外施黑漆。棺盖及两侧壁板绘六单元龙凤纹图案，每单元为四龙四凤，凤压于龙纹之上，龙凤纹间填红彩，整体为四方连续结构。凤黄身黑羽，展翅卷尾，昂首作鸣叫状。头部挡板绘两分

①江奇艳：《战国时期楚国丧礼中的棺束与棺饰》，《考古》2004 年第 6 期。

②湖北省文物考古研究所：《江陵九店东周墓》，科学出版社，1995 年，第 129 页。

③湖南省博物馆等：《长沙楚墓》，文物出版社，2000 年，第 417 页。

④吴顺青、徐梦林、王红星：《荆门包山 2 号墓部分遗物的清理与复原》，《文物》1988 年第 5 期。

图 4-3 包山 2 号楚墓第四层漆棺

结构的变体龙凤纹，足挡板绘四分结构变体龙凤纹。全棺绘画面积约 3 平方米。[1]

战国时期的楚国，将凤与龙视为能引魂升天的灵物，这一观点已成为学界共识，故包山二号楚墓以龙凤纹饰棺，其作用与象征意义是引导墓主人的灵魂升天。值得注意的是江陵九店、长沙烈士公园楚墓覆盖棺身的凤纹丝织物中凤纹与花卉纹的搭配组合。在早期的巫术思维里，香花美草也是灵物，有着降神、娱神的作用。凤鸟乃引魂之仙禽，神灵之使者，具有接引神灵、引魂升举的性能，仙草香卉和凤鸟搭配组合，是从“嗅觉审美诱引”的角度对引神导魂起着辅佐的作用。[2]

（二）陪葬品中的凤鸟漆木雕塑

1. 虎座立凤雕像

虎座立凤为典型的楚文化器物之一，多出土于湖北江陵战国时期的楚墓。（图 4-4）其基本形态为一展翅的凤鸟立于一

①湖北省荆沙铁路考古队包山墓地整理小组：《荆门市包山楚墓发掘简报》，《文物》1988 年第 5 期。

②王政：《战国前考古学文化谱系与类型的艺术美学研究》，安徽大学出版社，2006 年，第 201 页。

图 4-4 虎座立凤分解图（荆州天星观二号墓出土）

虎座之上，在凤鸟背上还插有一对鹿角，有的凤鸟背上绘羽毛纹，虎身上绘云纹。今天看来，虎座立凤的造型非常奇特，站立在虎背上的凤鸟高大、昂首张喙、气宇轩昂、背插鹿角，虎则矮小、恭顺地踞伏在凤鸟的一双健足之下。张正明先生研究指出“凤背上的鹿角应为龙的象征，从而构成龙凤共身的神物”，“虎座飞凤这一器物的造型是将虎踩于凤足之下为底座，其意当为死者除恶辟邪以保佑其灵魂。……楚人借凤以引诱所招之魂，借龙以飞升上天，龙凤共身，足下踩虎，乃是引魂升天、除恶辟邪的全部含义的形象化。”① 在曾侯乙墓内棺的头挡上，有与虎座立凤类似的图像，其意蕴也可能有内在联系，均为引导或护卫灵魂自由飞升的神物。② 综合各方面的观点，虎座立凤在葬俗中是为“镇墓、升仙（天）”这一主题服务的。

①张正明主编：《楚文化志》，湖北人民出版社，1988 年，第 91—92 页。

②皮道坚：《召唤神灵——战国楚的绘画与雕刻》，《文艺研究》1994 年第 2 期。

2.“凤鸟羽人”雕像

“凤鸟羽人”漆木雕像（图 4—5）出土于荆州天星观二号墓，属战国时期文物。该雕像由蟾蜍状器座、凤鸟和羽人三部分组成。蟾蜍匍卧；羽人人面鸟喙，臀部长着鸟尾，鸟爪形足踏于凤鸟头上；凤鸟为展翅飞翔状。整件作品构思奇特、想象丰富。蟾蜍属于蛙类，原始先民视蛙为神物，认为蛙神有两种神秘力量：其一，具有生殖神力。只要春回大地，只要一夜春雨，蛙神就可以繁殖无数的小生命，如此年复一年，永无止时。其二，具有“死而复生”的生命神力。蛙有冬

图 4-5 凤鸟羽人雕像

眠习性，秋冬踪迹全无，春夏复出地表，初民无知，以为它具有“死而复生”的神秘力量。[1] 关于羽人，《楚辞·远游》“仍羽人于丹丘兮，留不死之旧乡”。王逸注：“或曰，人得道，身生毛羽也。”洪兴祖补注：“羽人，飞仙也。”如此，“凤鸟羽人”雕塑中蟾蜍、凤鸟、羽人共体，传递出生命的化生、升仙等内涵和象征意义。

（三）人物龙凤纹帛画

1949 年人物龙凤帛画出土于长沙陈家大山战国中期的楚墓。帛画下部绘一侧身细腰的女子，双手合掌作祈祷状；帛画上部画一龙一凤，凤鸟展翅飞翔，仰首长鸣。该帛画表现了女性墓主人以龙、凤为助手引导灵魂升天的主题。[2] 这幅帛画俗称为“幡”，即古代“三礼”中所记载的铭旌，具有表示死者身份，在葬仪中张举悬挂、送殡时开路和驱邪等作用。[3]“从楚地魂魄相依魂归于地的观念来看，帛画不但在下葬之前招敛死者之魂，引导其进入墓穴，还有在下葬之后护佑死者到达理想世界的目的，并且这种主题在不同的阶段还有不同的内容表达方式。”[4]

## 二、汉代葬俗中以“镇墓、升仙（天）”为主题的凤凰

（一）棺饰

汉代的凤纹棺饰主要为石棺上的凤纹画像以及装饰在木棺外面饰有凤纹的鎏金铜牌。

1. 石棺上的凤纹画像

凤鸟在西南汉画像石棺上比较多见，且多与天门搭配出现，被称为“凤鸟—天门”组合。凤凰或立于双阙组成的天门顶上，或处于画像石棺后端与石棺前端的天门画像相对。也有凤鸟在骑马的墓主人前，直接引导墓主人进入天门，如四川长宁县七个洞 7 号崖墓左侧崖棺的画像，棺身外侧为“骑马临门

①吴天明：《中国神话研究》，中央编译出版社，2003 年，第 248—249 页。

②湖南省博物馆：《新发现的长沙战国楚墓帛画》，《文物》1973 年第 7 期。

③熊传新：《对照新旧摹本谈楚国人物龙凤帛画》，《江汉论坛》1981 年第 1 期。

④杜林渊：《论楚汉帛画的功能与主题》，《江汉考古》2011 年第 3 期。

图 4-6 骑马临门画像石拓本（长宁县七个洞 7 号崖墓崖棺画像棺外侧）

图”[①]（图 4-6）：一人骑马，戴冠，穿宽袖袍，引辔前行；马前刻一凤鸟，展翅扬尾，一足立地，一足前举，作引路状。骑马人和凤鸟均向右边天门（门楼）方向行进。棺身前端为“门前迎谒图”：左边有一单阙象征天门，阙顶飞檐前端站立一凤鸟；右边一人戴冠著袍，作躬迎状。显然棺身前端的凤鸟在把守天门，而棺身外侧的凤鸟在引导、护送墓主人往天门行进。

2. 鎏金铜牌上的凤纹

鎏金棺饰铜牌是巴蜀地区（尤其是三峡地区）汉墓中比较有特色的一种器物，装饰于木棺外面。下图的鎏金铜牌（图 4-7）出土于巫山县江东嘴小沟子，直径 23.5 厘米、边框 0.7

图 4-7 鎏金铜牌[②]

①罗二虎：《汉代画像石棺》，巴蜀书社，2002 年，第 191、92、111—112 页。

②从德新、罗志宏：《重庆巫山县东汉鎏金铜牌饰的发现与研究》，《考古》1998 年第 12 期。

图 4-8 洛阳卜千秋墓中的三头凤壁画[①]

①洛阳博物馆：《洛阳西汉卜千秋壁画墓发掘简报》，《文物》1977 年第 6 期。

厘米，中间有钉孔。铜牌中心为璧纹，璧下一人，戴冠着袍，双手纳于袖中交拱于胸前。人物两侧为双阙，阙间内刻“天门”榜题，两侧各有一株灵芝，上部有一只凤鸟，振羽而鸣。汉代人们对天国、仙境的认识已逐渐形成了一个固定的模式，巫山出土的鎏金铜牌饰正是这种模式的浓缩。

（二）墓室装饰

1. 凤纹壁画

洛阳卜千秋墓是一座西汉昭宣帝时期的夫妇合葬壁画墓。墓中的三头凤壁画（图 4-8）颇引学者关注，三头凤绘在墓顶脊东部，侧立，三首均左向，在彩云缭绕中背负着手捧三足金乌的女性墓主。整体来看，这无疑是一幅“乘凤升仙”图。

2. 石墓门上的凤凰

汉代画像石墓中，墓门一般由门楣、立柱、门扉（门扇）三部分组成。“朱雀[②]—铺首衔环”图是汉画像石墓墓门门扉画像中最重要的一类。在这类画像中，朱雀总位于铺首衔环之上，它们作为核心图像，相对位置固定不变，因此可称之为“朱雀—铺首衔环”图式。该图式中若还有其他形象，则多是在铺首衔环之下加刻青龙、白虎、玄武、獬豸乃至武士、文士。亦有工匠在主体图像空白处填刻花草鸟兽，丰富画面。[③]这类图式在陕北、晋西北地区的汉画像石墓中高频出现。如陕

②朱雀为凤鸟之属，有时两者可以混同；有时又有区别，如表示方位、星象、“四神”组合出现时均为朱雀。本文探讨镇墓、升仙，将朱雀、凤鸟视为一类。

③王娟：《汉代画像石的审美研究——以陕北、晋西北地区为中心》，文物出版社，2013 年，第 213 页。

图 4—9　绥德杨孟元墓墓门门扉画像组合

北绥德的杨孟元墓画像（图 4-9），墓门门扉上刻画“朱雀—铺首衔环—獬豸图”[1]，在镇墓驱邪的同时引导墓主前往昆仑仙境；前后室门柱画像描绘了以“西王母—昆仑山”信仰为主题的仙界，传说中掌管不死神药的西王母端坐于昆仑悬圃之上，周围是陪侍的玉兔、羽人、博山炉及神兽；前后室门楣画像则刻画了与现实生活相似的仙境生活场景，其间穿梭飞翔着凤鸟和长有羽翼的各种神兽。[2]

图 4-10　南阳新野樊集墓门门柱画像

“朱雀—铺首衔环”图式也在南阳与徐州的汉画像砖（石）墓中比较多见。南阳汉画像砖（石）墓中凤鸟构图形式丰富多样，且因图像所处的位置而不同，有位于门扉的画像，有位于门柱的画像。位于门扉的画像通常是凤鸟、铺首、白虎组合或凤鸟、执戟门吏组合等图式[3]；位于门柱的图像有凤鸟、门吏组合，凤鸟、天门（阙）、门吏等形式的组合[4]。（图 4-10）

①《中国画像石全集·陕西、山西汉画像石》，山东美术出版社、河南美术出版社，图版第 62—67 页。

②王娟：《汉代画像石的审美研究——以陕北、晋西北地区为中心》，文物出版社，2013 年，第 43 页。

③黄雅峰：《汉画像石画像砖艺术研究》，中国社会科学出版社，2011 年，第 98—100 页。

④南阳文物研究所编：《南阳汉代画像砖》，文物出版社，1990 年，图版 47。

（三）马王堆一号汉墓 T 形帛画

对于马王堆一号汉墓 T 形帛画的性质，学术界一直流行“招魂”说和“引魂升天”说两种主要观点，尤以“引魂升天”说占上风。[①] 姜生认为，汉墓画像符号系统隐含着死后生命转化成仙为核心主题的思想逻辑。他依 T 形帛画自身圆满的思想逻辑，将其图像符号话语尽可能转换为语言表达，转译整理出其中包含的尸解升天转变成仙过程示意图。[②]（图 4-11）从示意图中可以看出，凤凰正处于“上九天”的“天门”处。

①刘晓路：《中国帛画研究 50 年》，《中国文化研究》1993 年冬之卷（总第 10 期）。

②姜生：《马王堆帛画与汉初“道者”的信仰》，《中国社会科学》2014 年第 12 期。

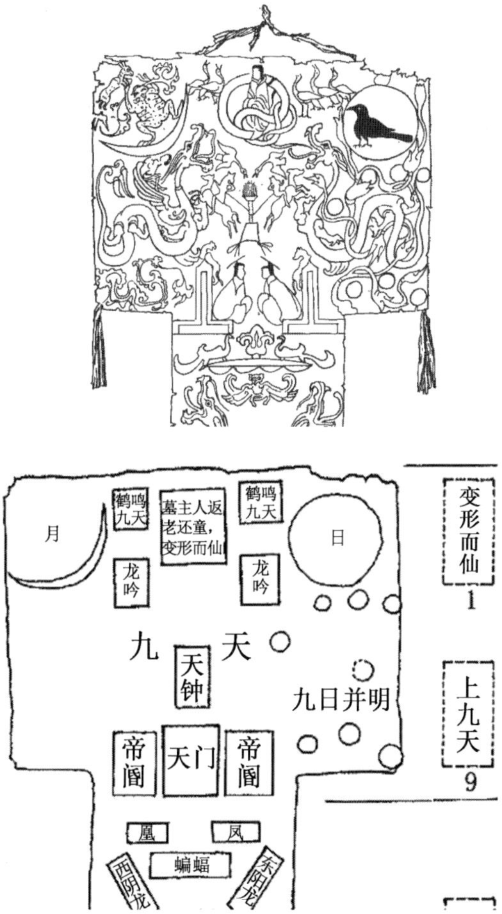


图 4-11　马王堆一号汉墓 T 形帛画（上部）
马王堆一号汉墓 T 形帛画之得道升仙过程示意图（上部）

## 三、楚汉凤凰在物质空间与意识空间的演变

丧葬礼俗从来都是充满仪式感的。而仪式的时空很多元：人与人的空间、人与神的空间、人与物的空间、现世的人与故者祖先的空间等。在仪式的场地中，往往会设置一些符号以表明这些空间的存在——可见的物质空间与看不见的意识空间形成对应。[1] 凤凰是楚汉葬俗中充满象征意义的标志符号之一，串联起人们在墓葬内打造的可视的物质空间与竭力要表现的想象中鬼神存在的意识空间。凤凰在楚汉葬俗中的大量存在，表现了天与地，人的世界、鬼魂世界、神仙世界之间的沟通与联系。楚凤的一个显著特点，是灵物“改造”，如簪花配草，如脚踏虎背、背插鹿角等；汉代凤凰的显著特点之一是与“门”紧密联系，既镇守墓门，又把守“天门”，由此体现出楚汉凤凰在物质空间以及由其彰显的意识空间的演变。

其一，楚汉凤凰搭配组合的演变。从意态上来总结楚汉凤凰的共性，表现为大多数凤凰昂首张喙，一足立地，一足腾空，达天的意识很浓。但从与凤凰搭配、组合的其他元素整体来看，楚凤与汉代凤凰在某些方面的差异是明显的。楚凤有浑然一体的组合与搭配，如插在凤鸟身上的鹿角、凤足下的虎座、凤头上的“羽人”与凤足下的蟾蜍，这种形式是汉代凤凰的造型中不曾见到的。楚凤的“组合”相当于灵物改造，是一种充满原始巫术互渗律的组合，如虎座立凤雕像，鹿角长在了凤鸟身上，凤鸟足踏虎座，从镇墓的角度看，鹿、虎都是猛兽[2]；从引魂升天的角度看，鹿、虎均是可以承载灵魂升天的灵兽[3]，但是在虎座立凤雕像中，却是以凤鸟为核心，虎与鹿作为灵兽的神性，均是为了增强凤鸟的神性，有着神力的转移与集中。比较而言，汉墓中的“朱雀—铺首衔环”组合，是独立个体间的组合。首先，这种组合视觉上不存在灵物“改造”。其次，

①李萍：《仪式音声的“表演”与“展现”——以湖北省石首地区丧葬仪式音声为例》，《音乐研究》2010年第6期。

②黄莹：《虎座飞鸟形象功能分析》，《武汉职业技术学院学报》2010年第3期。

③邵学海：《虎座飞鸟是楚巫蹻与巴巫蹻的重组》，《江汉考古》1997年第2期。

它是一种并列搭配的组合，虽然凤鸟在组合中扮演着重要角色，但组合物之间的神性或力量是一种物理式的相加，是神力共助，而不是发生化学反应般地单向渗透。

楚汉凤凰不同的组合搭配形式，反映的是楚汉葬俗中对死亡世界“认知上”的程度差异。如楚墓中虽然有“镇墓、升仙”主题意愿的表达，但神仙世界是怎样的，并没有明确地交代，体现的是对死亡世界的模糊“认知”，以及宇宙空间思维上的混沌。在战国时期楚墓绘画中一些艺术形象还多飘浮在无边无沿、无法度量的幻化空间里。由于楚文化中保留的丰富神话因素，也由于部分绘画作品（如帛画、棺木上的漆画等）本身的巫术性质，使战国楚绘画成为一个“人神杂糅，光怪陆离”的艺术世界。[①] 随着神仙信仰的发展完善，汉代人对宇宙空间的“认识”有了质的飞跃，那就是划分空间层次，也使鬼魂世界、神仙世界各有一定的空间秩序。

①皮道坚：《召唤神灵——战国楚的绘画与雕刻》，《文艺研究》1994年第2期。

其二，凤凰引导升仙的空间层次的演变。如果说镇墓是需要灵物处在墓室之中，那么升仙（天）则需要表现一个空间上的位移，但楚墓中凤凰达天的意态很明显，所存在的空间层次则不清楚。如虎座立凤雕像、人物龙凤纹帛画，没有相应的背景衬托或其他辅助元素，天上人间的具体空间层次没有体现出来。以致有学者认为楚墓帛画所表现的是墓主人接受龙凤引导而行进的情景，至于前往何方则不是很明确[②]。随着神仙观念和信仰的发展，汉墓中出现的墓门、天门（阙）使镇墓、升仙表现得富有层次感，空间秩序明显。如“凤鸟—天门”组合中，天门（阙）明确标示了凤凰引导亡魂到达的具体位置与一定的空间高度；T形帛画中，天上人间的空间分层更清晰，凤凰处于天门的位置。

②杜林渊：《论楚汉帛画的功能与主题》，《江汉考古》2011年第3期。

其三，凤凰引导升仙的空间叙事性的演变。楚墓中的“凤凰组合”虽体现出镇墓、升仙的主题，但组合元素并不多，如虎座立凤，只有凤与虎、鹿角的搭配；人物龙凤纹帛画，只有凤、龙、妇人的搭配。因为组合简单，留下的视觉空白地方很多，所以神秘感太强，而叙事性不强。再看汉墓中墓门上的“朱雀—铺首衔环”模式，虽然最醒目的是门扉上的朱雀、铺首衔环，但是铺首衔环之下通常还有虎、龙、龟、獬豸等灵兽，门楣、柱础等处都布满了图案，画面内容丰满，空间叙事性增强。如“陕北汉画像石墓特别注重墓门的装饰，其门楣中央刻画双阙和楼阁，加上楼阁旁边的各样祥瑞，……这些门楣中央的楼阁形式极像凉州照墙上的‘天门’，有的简直就是‘天宫’（即西王母所居之天庭）的写照”①。再如上文列举的四川长宁县七个洞7号崖墓左侧崖棺的画像，如果我们把棺身外侧的“骑马临门图”与棺身前端的“门前迎谒图”联合起来看，可以组成一个以时间发展为序、动态化的、连续叙事性的升仙过程的“特写”片段，即凤凰引导、护送墓主向天门行进；来到天门，有人在门前迎谒；天门之上，另有把守之职的凤凰。或许我们也可以想象是同一只凤凰，此时凤凰完成引魂升天之职，完成交接，飞上阙顶，继续担任把守天门之职。在“骑马临门图”中，还值得注意的是凤鸟的画像竟然比其后的“人骑马”画像略大，这显然是以视觉上的大小比例来表现空间距离的远和近，来营造行进中的过程感，以及凸显凤凰引导“升仙（天）”这一核心主题。总之，汉墓中以“门”为核心的画像，其画像内容的空间布置体现出空间叙事性增强，以凤凰为线，还能串连出动态化的过程感，存在连续叙事性的构图方式。

①郑岩：《魏晋南北朝壁画墓研究》，文物出版社，2002年，第161页。

## 四、楚汉凤凰文化属性的差异

### （一）汉代以“门”来分割鬼神世界的神仙信仰的发展与凤凰守“门”的程式化画像

“门”作为一种日常生活中基本的物质存在形式，与人们的住行有着非常密切的关系。在远古时代“门”被赋予了某种神秘的力量和礼仪规制，考古发现殷商时代，即有建筑基址门下掩埋人骨的迹象；“先秦儒家经典中关于‘门祭’的繁琐规范被确定为正统礼制的基本内容之一”。[①] 汉代建造在墓室中的门，一方面具有实际功用，它是由甬道进入墓室的必经之口，另一方面还具有神秘的象征意义。墓主人由墓门进入墓室这一封闭的空间，既代表丧葬仪式的终结，又代表生者在与死者的关系上，到此算为一个实质的终结。丧葬仪式结束后，墓门关闭，墓室便成了墓主人所处的一个“永生之维”。[②]

如果说阴阳世界的相隔以“墓门”来分界，那么鬼魂世界与神仙世界的分割则以“天门”为分界。如经“天门”升天成仙就是四川汉画像砖（石）画像组合的主题思想，无论是巫山“天门”铜牌，还是简阳“天门”石棺，均将天上仙境中的各种神仙、灵兽组合在一起，并标明其入口为“天门”。[③] 也有观点认为，某些地方丰富的墓门画像集合了“墓门”“天门”的双重象征意义，如“陕北地区东汉墓葬画像内容在墓门部位的集中出现，反映出当时人们对门的重视；墓门画像的画像内容，与巴蜀地区东汉石棺画像、鎏金铜牌饰画像中流行的‘天门’主题完全一致，从中可见两地造墓者都企图借视觉表现手段将墓门装扮成天门的集体意识；这一主题的中心意旨是象征墓主人已经通过了天门，来到了西王母所在的那个不死的世界”[④]。可见汉代墓葬中为了表达阴阳分割以及鬼神世界的分界，非常重视对“门”的装饰与刻画，对物质世界中的墓门的装饰，对虚拟世界中的天门的刻画。门，成为神仙信仰发展后人们在葬俗中表达阳界与阴界、鬼魂世界与神仙世界等不同空间层次的重要分割符号。

汉代画像石墓中，凤凰守“门”已经成了一种程式化的画像，如多出现在四川、南阳等地的“凤鸟—天门”图式；常见

①王子今：《门祭与门神崇拜》，生活·读书·新知上海三联书店，1996年，引言、第2页。

②穆宝凤：《元代山西屯留M1号壁画墓中的图像构成探究》，《民族艺术》2013年第3期。

③赵殿增、袁曙光：《“天门”考——兼论四川汉画像砖（石）画像组合的主题》，《四川文物》1990年第6期。

④李清泉：《墓门与“天门”——陕北东汉画像主题考》，《美术学报》2015年第2期。

于陕北、晋西北、南阳等地的“朱雀—铺首衔环”图式。汉代凤凰既镇守“墓门”，又在“天门”接引亡魂或是把守“天门”，镇守墓门为的是保护死者的尸体不受侵害，使其能够顺利升入天门成仙。但墓门与天门之间是有距离的，还有一段行进的过程，那么我们可以看一看卜千秋墓壁画中墓主人的“乘凤升仙”图，“画面主题并不是作为升仙最终目的地的仙境，而是通往仙境的路径和运动过程”[①]。这样，宏观上我们可以看到汉代人的意识里已经能借助凤凰串联起“升仙”过程中的动态演绎过程，人们理想中的有凤凰参与全程的升仙过程。

（二）巫术信仰与神仙信仰对楚汉凤凰形象的不同影响

楚汉凤凰千姿百态，但造型上有时代风格的差异。

楚凤的造型深受巫风的影响，楚地巫风浓郁，《汉书·地理志》载楚地之俗“信巫鬼，重淫祀”。“周礼既废，巫风大兴，楚越之间，其风尤盛。”[②] 英国人类学派奠基人爱德华·泰勒认为巫术是“建立在联想之上而以人类智慧为基础的一种能力”[③]，在浓郁巫风的影响下，楚人通过想象与联想，绣出了簪花配草的楚凤，创造了背插鹿角的虎座立凤。商代、西周时期即有戴花冠的凤鸟[④]，楚人继承并拓展了这一巫术思维，簪花配草成为楚凤的显著特征之一。江陵马山一号楚墓出土刺绣品 21 件，其中的典型纹样就是凤鸟簪花，花卉的形态或是柔枝嫩叶，或是含苞或是舒瓣，且花草的构图又必与凤鸟连为一体，成为凤鸟身体的组成部分。在巫术信仰下，动物与植物可以融为一体，动物与动物可以分解再造。正如人们希望借助巫术来拥有或驾驭某种超自然的神力，楚凤的神异造型也是为了张大其自身的力量与神性。

同时战国时期楚地盛行着灵魂不灭观念和神仙观念，这从屈原《楚辞》中的“游仙”、《山海经》中各种神祇的描写可见一斑。因此楚凤既是巫师通天的工具，也是引导生魂、亡魂升

①［美］巫鸿：《礼仪中的美术——巫鸿中国古代美术史文编》，生活·读书·新知三联书店，2005 年，第 212 页。

②王国维：《宋元戏曲史》，上海古籍出版社，1998 年，第 3 页。

③［英］爱德华·泰勒：《原始文化》，连树生中译本，上海文艺出版社，1992 年，第 121 页。

④马承源主编：《中国青铜器》，上海古籍出版社，2003 年，第 323—324 页。

天的神鸟，体现出楚凤文化属性的复杂性，其神异功能综合了巫术信仰与神仙观念的双重作用，但巫术信仰是主导，楚凤的特异造型反映了这一点。战国时期神仙思想虽然已经形成，但还属于早期的发展阶段，属于比较模糊、朦胧的神仙观念，与神话、巫术等没有完全分离。

比较楚凤造型的神秘感与神异性，汉代凤凰的主体形象已经褪去了巫风的影响，没有灵物再造的成分，而是独立的个体；也没有酣歌恒舞[①]、以歌舞降神引灵的巫术之态。汉代凤凰的形象主要受神仙信仰的影响，同样是墓葬里表现“镇墓、升仙”的主题，汉代凤凰的组合搭配意蕴比楚凤要清晰、明朗得多。在汉墓中，凤凰不仅起着“镇墓、升仙”的作用，还成为仙境的象征符号之一，颇有“仙气”。如汉墓中凤凰的组合画像，不仅有凤凰与天门组合，还有凤凰立于被称为“天梯”的神树之上；凤凰口含仙药；以及凤鸟与伏羲女娲、凤凰与西王母、凤凰与天禄等其他组合。[②]

①吴艳荣：《论楚国的灵凤》，《江汉论坛》2012年第11期。

②罗二虎：《汉代画像石棺》，巴蜀书社，2002年，第152—164页。

总体来看，楚汉葬俗在表达鬼魂世界与神仙世界的空间穿越中，凤凰是标志性的守护者与引导者之一。从战国时期人们对死亡世界比较模糊的认识，到汉代人逐渐清晰构想的神仙世界，由楚到汉，随着巫术信仰与神仙信仰的不同发展，凤凰在“镇墓、升仙（天）”主题中的作用形式在空间上呈现出细化、分层、程式化等丰富多样的演变，也在文化属性上发生了由巫风到“仙气”的时代转变。

## 第四节　“仙佛模式”、儒佛混融中的凤凰

大约两千年来中国佛教的历史表明，佛教一传入中国，就与传统的道教方术、儒家伦理相调和，随后又依附于魏晋玄学，在隋唐时代佛教宗派的创立者也是这样那样地吸取传统思

想来构筑本宗的思想体系。[1]

①方立天：《中国佛教与传统文化》，中国人民大学出版社，2010 年，第 409—410 页。

## 一、“仙佛模式”中的凤凰

### （一）佛道融合的文化背景

从历史上看，佛教来华之时，正值中土社会上各种方术迷信盛行之际。天帝、鬼神、祖先的崇拜和祭祀、卜筮、占星、望气、风角等种种方术，在当时社会上都非常流行，特别是黄老神仙方术更是盛极一时。到东汉末年，随着先秦道家思想的活跃，奉老子为教主、熔阴阳五行与鬼神方术于一炉的道教逐渐形成。道教的宗教理想是通过各种道术的修行以求长生不死，得道成仙，其呼吸吐纳等许多修道方法，都与佛教修行有某些相似之处。而且早期道教以符箓治病、炼丹延命为主，其教义学说比较简单，仪轨戒条也不是很完备，像佛教这样各方面都比较成熟的宗教的传入，对道教的进一步发展是有借鉴意义的，因而道教最初往往将佛教引为同道。[2]

②方立天：《中国佛教与传统文化》，中国人民大学出版社，2010 年，第 409—410 页。

佛教也充分利用这样的机会和条件，有意地对此加以迎合，以求在异国他乡更好地生存发展。例如在传为中土第一部汉译佛典的《四十二章经》中，就把佛陀描绘为“轻举能飞”的“神人”，把小乘佛教修行的最高果位“阿罗汉”描绘为“能飞行变化，旷劫寿命”。中国佛教信徒编的最早介绍佛教的著作《理惑论》中也以道家神仙家之言来解释佛陀，认为“佛乃道德之元祖，神明之宗绪”，能够“恍惚变化，分身散体”，“蹈火不烧，履刃不伤”，极似神仙道术之士所讲的“神人”“真人”。这些说法，既消解了人们对外来佛教的拒斥心理，也使佛教得到了那些想长生不老和求得神灵福佑的统治者的欢迎。《后汉书 · 楚王英传》记，楚王刘英“晚节更喜黄老，学为浮屠斋戒祭祀”“诵黄老之微言，尚浮屠之仁祠”，汉桓帝也在“宫中立黄老浮屠之祠”（《后汉书 · 襄楷传》），都把浮屠（佛陀）视为神灵，通过祭祀而向佛陀祈求福祥。为了迎合当时社会上流行的神仙方术，早期来华传教的僧人也常借助一些道术医方来拉拢信徒，扩大佛教的影响。①

①洪修平：《文化互动之果：中国佛教》，《探索与争鸣》，1999年。

将佛与神仙并提是佛教初传中土时的一个普遍现象，对于佛的理解仍然是方术化或神仙化的。佛教传入初期，中国人对佛的描绘多带这种神化色彩，文字也几乎一样，常用“身长”“头戴金光”“飞行变化”等词语。如《后汉书·明帝纪》：“佛身长一丈六尺，黄金色，项中佩日月光，变化无方，无所不入，故能化通万物而大济群生。初帝梦见金人，长大，项有日月光，以问群臣，或曰：西方有神，其名曰佛，其形长大。”

《庄子·齐物论》：“至人神矣！大泽焚而不能热，河汉冱而不能寒，疾雷破山、飘风振海而不能惊。若然者，乘云气，骑日月，而游乎四海之外，死生无变于己，而况利害之端乎！”《庄子·逍遥游》：“藐姑射之山，有神人居焉。肌肤若冰雪，绰约若处子，不食五谷，吸风饮露，乘云气，御飞龙，而游乎四海之外。其神凝，使物不疵疠，而年谷熟。”以中国古代神人、圣贤比附佛，不仅是为了让一般人了解佛教，更深一层的意图在于表明佛与中国古代神人、圣贤相似或相同，乃至同出一源，以获取亲近感与认同感，有利于佛教的生根与传播。由最初仅感觉到佛与神仙之间外部特征的相同，逐步将佛视作与黄帝、老子一样具有某种神奇保佑作用的神灵，人们对佛教的认识具有一条由外向内的理路进向。可以就当时的中国佛教作这样的概括：“佛”的形象被理解为类同中国固有的神仙；佛教义理被视为与《老子》思想以及黄老之学的内容相似；将佛教修炼等同于神仙方术；认为佛教对于社会和个人的作用与黄老道家所起的作用是一样的。总之，佛教初传入中国时，被认为是类同于中国神仙方术的一种，不过是外来的方术而已。②

②彭自强：《佛教与儒、道的冲突与融合——以汉魏两晋时期为中心》，巴蜀书社，2000年，第25、7、15页。

## （二）考古发现“仙佛模式”中的凤凰

有学者研究认为，战国中期曾有佛教造像传入南楚。如2000年江陵天星观二号墓出土的随葬品中，有两件漆木器是战国中期曾有佛教造像传入南楚的实证，其中之一是一件髹漆的木雕半人半鸟像，题名为“羽人凤鸟”。“羽人”的造型，上身为人体，下身为鸟肢，腹部由人向鸟过渡。上身的局部有鸟的特征，下身的局部有人的特征。人作昂首挺胸状，曲肘合掌。头顶圆平，头发后掠如盔。头顶正中有清晰的断痕，当初可能戴有冠饰之类，可惜无法复原了。面部为宽额圆脸，雕刻精细，眼球微凸，鼻梁隆起，耳廓呈钩状，口部为鸟喙。上体裸露，肌肉丰满，腹部内收。臀部浑圆，臀后有扁而长的鸟尾。下肢粗壮，雕有羽纹。足部为鸟爪，立在一只凤鸟的头顶上。凤鸟下部有尖而长的榫头，当初大概是插在某种器座上的。出土时，肩部已断残，双臂已脱落，而两手分开了。但看得出两个掌心毛糙无漆，本来应该是合掌的。估计此墓早期被盗时，双臂因受压而双手裂开了。半人半鸟像通体髹漆，黑色为底，用红、褐、蓝诸色彩绘，下肢和鸟尾都有彩绘的羽纹。凤鸟也通体髹漆，并有彩绘的羽纹。称半人半鸟像为“羽人”，只是姑且名之而已。其实，它决不可能是羽人，实为佛教的妙音鸟造像。[1]“妙音鸟”是汉译，或称“好声鸟”。其梵名为“迦陵频伽”，“迦陵”义为“美妙”，“频伽”义为“声音”。相传，此鸟出自雪山，善鸣，其音和雅，听者无厌。一说，此鸟在破壳而出前已能鸣啭自如。后作佛教“极乐世界”之鸟，被描绘成人身鸟形。佛经谓其常居极乐净土。《楞严经》第一：“迦陵仙音，遍十方界。”注：“迦陵，仙禽。在卵壳中，鸣音已压众鸟，佛法音似之。”《大智度论》第二八：“如迦罗频伽鸟，在壳中未出，发声微妙，胜于余鸟。”《旧唐书》中曾记载元和六年中亚国家向大唐进贡“迦陵频伽”，当时可能是真正

①张正明、院文清：《战国中期曾有佛教造像传入南楚》，《江汉论坛》2001 年第 8 期。

的鸟。

佛教死亡观自佛教两汉之际传入不久便影响了中国传统的葬俗，在丧葬礼仪、葬式、墓葬等传统丧葬习俗的各个环节中都有反映，可以说佛教对传统丧葬的影响与佛教的中国化进程基本同步。佛教对传统丧葬的影响具体表现为：佛教仪轨介入丧葬仪式，并逐渐成为其中一部分；传统祭祀发生转变，增加了举办超度法会、造像、写经等追崇冥福的佛教行为；传统一元化的全尸土葬模式被打破，不仅出现火化、露尸葬等与传统背道而驰的葬式，还产生一系列中印合璧的新型葬式；陪葬品中佛教因素不断丰富，所表现的佛教信仰程度呈不断深化趋势。东汉起墓葬中就开始出现佛教因素。东汉到魏晋时期富含佛教文化因素的墓葬是初期表现形式，至于佛教死亡观对丧祭仪式的介入和对葬式的多元化影响，都是佛教发展到一定程度的结果。佛教死亡观对丧葬民俗的改变，从一个独特的视角展现佛教在世俗信仰层面的形态，揭示国人接受佛教的心理过程。[①]

①海波：《佛说死亡——死亡学视野中的中国佛教死亡观研究》，陕西人民出版社，2008 年，第 150、180 页。

墓葬中的佛教因素包括墓上建筑和墓内因素两类，后者又可分为墓内装饰和随葬明器。墓上建筑大都无存，主要借助文献研究，墓内诸物主要凭借考古成果。墓内因素一般包括墓内装饰和随葬明器。装饰能够反映当时的思想和艺术，明器模仿生前所需，体现着“事死如事生”的观念。总的来说，考古中所见的佛教因素，大体上有壁画、画像镜、魂瓶、画像砖（石）、柱础、钱树、熏炉、铺首、陶俑、壶、罐、瓶、戒指、铜棺、墓砖等上面或本身的装饰。佛教在丧葬中的表现，从东汉至魏晋，大江南北都有。[②]

②海波：《佛说死亡——死亡学视野中的中国佛教死亡观研究》，陕西人民出版社，2008 年，第 181—183 页。

东汉，佛教初传，墓葬中的佛教因素较少，一般都是以仙佛信仰模式出现的。考古发现如下：

墓内装饰方面发现集中在北方，如 1972 年清理的内蒙古自治区和林格尔县小板申村1号东汉壁画墓，时代为东汉的桓帝、灵帝时期，其东、西两壁顶部的壁画几乎全部脱落，前室壁画保存较好，顶部绘云气纹，象征天空。云气纹中绘有四神，南边近中间处绘一凤鸟，旁题“朱爵”。“朱爵”西边稍偏下，画有一人骑白象，左上旁题“仙人骑白象”。北边中间画一蛇缠龟，旁题“玄武”。东边墓门上方绘有一蛇形动物，旁题“青龙”。“青龙”之上画有一盘腿坐于云雾中的人物，旁题“东王公”。在“东王公”的北侧稍偏下一些的地方绘有一盘状物，其内放有4个圆球形的东西，在它的左上方题有“猞猁”二字。西边顶部画有一动物，旁题“白虎”，其上与“东王公”相对称的位置上，也画有一物盘腿坐于云气纹中，旁题为“西王母”。[①] 据考证，壁画中之“猞猁”即“舍利”，是把它当作佛这一礼拜对象来看待的。“仙人骑白象”则通过“凤凰从九韶”而鼓乐大作来表现释迦佛乘象投胎的降生故事。青龙、白虎、朱雀、玄武“四灵”及东王公、西王母是早期道教尊崇的对象，而“仙人骑白象”和“猞猁”则表现了佛教信仰的内容。[②]

湖北鄂城五里墩出土了孙吴晚期时的四叶八凤佛兽铜镜。主纹四桃形叶间四对凤，叶内各有一佛，其中三尊为结跏趺坐，一尊为半跏趺坐。后者面前跪一供养人，作礼佛状，佛背后一人可能为胁侍弟子。前者座下莲台两边各有二龙，即“天龙”，为“八部护法”之一。[③] 南京江宁赵史岗出土了孙吴中晚期时的堆塑陶罐，腹部有模塑的凤鸟、持节仙人、神兽等图案，其间有一坐佛，头饰项光，着通肩大衣，衣纹悬垂胸前，坐于覆莲座之上。[④] 南京江宁县上坊出土天册元年时的青瓷堆塑罐，上有麒麟、仙人骑马、铺首、熊头、莲花坐佛（带圆形项光）、凤凰、飞羊，开门有立阙。四角堆塑四只小罐，上塑飞鸟，另在平台四边中部各有一项挂佛珠，背有佛光的莲花坐

①内蒙古自治区博物馆文物工作队：《和林格尔汉墓壁画》，文物出版社，1978年。

②李随森，焦建辉：《石窟寺佛教瘗葬形式与传统丧葬礼俗之关系》，《中原文物》2002年第4期。

③湖北省博物馆：《鄂城汉三国六朝铜镜》，文物出版社，1986年。

④江苏省文物管理委员会：《南京近郊六朝墓的清理》，《考古学报》1957年第1期。

佛。另，此墓的墓砖纹饰大多为莲花。[1]

①南京博物馆：《南京郊县四座吴墓发掘简报》，《文物资料丛刊》，文物出版社，1983年。

（三）敦煌文化佛道混融中的凤凰

1. 敦煌《卜葬书》中的凤凰

敦煌写本葬书P.2831《卜葬书》中的麒麟、凤凰、章光、玉堂是四吉神兽，与刑戮、龙煞、兽煞、地祸、死丧、天狱等凶煞组成十大神煞，在六甲八卦冢方面用于卜定吉穴，坟墓的高低和墓穴的深浅（丈尺）也要合这四吉神兽方吉，在亡人下葬时麒麟等四神兽还有引道、跃途、启路、回车的作用。

在P.2831《卜葬书》中，有一段是关于某一方向的完整的四吉神的描述，说："从东向西十步，建，甲申、甲戌合麒麟。西行卅步满，合凤凰。西行七十步，破，合章光。西行九十步，满（成），合玉堂。西行一百一十步，开，合麒麟。西行一百卅步，建，合凤凰。西行一百七十步，定，合章光。西行一百九十步，破，合玉堂。西行二百一十步，成，合麒麟。西行二百三十步，开，合凤凰。西行二百七十步，满，合章光。西行二百九十步，满（定），合玉堂。西行三百一十步，破，合［麒麟］。西行三百卅步，成，合凤凰。西行三百七十步，建，合章光。西行二百九十步，定，合玉堂。西行四百一十步，定，合麒麟。西行［四百三十］步，破，合凤凰。西行四百七十步，开，合章光。西行四百九十步，建，合玉堂。"

《重校正地理新书》卷十三"冢穴三会四福法"说："甲为麒麟，庚为章光，丙为凤凰，壬为玉堂。"又同卷其"取地合四兽法"引《冢记》云："麒麟为守狗，使我知人来。凤凰为鸣鸡，使我知天时。章光为奴婢，给使我钱财。玉堂为庐宅、仓廪及高堂。四神皆备，魂魄宁。"[2]可知麒麟、章光等为四神兽、四吉神，各有专职，四神皆备，亡人魂魄安宁。敦煌写本P.3647《葬经》也说："徵姓宜乾冢甲穴。凡诸一步［为］麒麟，［麒麟］为主（亡人）守狗，用［之］，大吉。……宫角

②（宋）王洙等编、（金）张谦重校《重校正地理新书》，《续修四库全书》，上海古籍出版社，1997年，第1054册，第98页。

二姓宜用艮冢丙穴，凡诸三步合丙穴，丙为凤凰，凤凰［为］亡人鸣鸡，大吉。……角商宜用乾冢壬穴，凡诸九步合壬穴。壬为玉堂，玉堂［为］亡［人］庐舍，大吉。”吉穴既要有麒麟、凤凰、章光、玉堂四吉神，又要合建除的满、成、定、开，方大吉大利。[①]

2. 敦煌壁画中的凤凰

在敦煌莫高窟的壁画中，有西王母和东王公神话，它呈现着佛道杂糅的二神外出游览的画面。[②] 如西魏第 249 窟记载有西王母、东王公壁画，南坡的西王母头梳高髻，大袖长袍，乘坐三凤车，车上有华盖，车后旌旗飘动。东王公和西王母的前后有乘翔龙、鸾凤持节的方士、文鳐、大鲵、乌获、开明、禺强、羽人、飞廉、飞天等神灵卫护。画面采用奔放的笔触，飞荡的动势，表现山神海灵的怪物形象，呈现神仙世界风驰电闪飘忽无定的气氛。[③] 画面呈梯形，与东王公相对。画面中部有凤辇（即云车），西王母着汉装袖手而坐，御者立其侧。四凤挽车，车顶悬重盖，车后扬旌旗。车前有乌获、羽人、乘鸾仙姬、持节仙人，扬幡前导。车的右侧有文鳐、白虎护卫，最后还有神兽开明簇拥随行。天空中天花旋转，彩云飘扬，展现了一个广阔的仙灵活动的天域。[④]

“龙车凤辇图”属于莫高窟壁画中表现天空构图的一种艺术形式，目前，此窟“天井图”的研究有三种不同的观点，即东王公、西王母之说，帝释天、帝释天妃之说，上士登仙图之说。“龙车凤辇图”中车驾的形式属于“神话世界的御物”，它模仿了北魏太和年间的“辂”（皇帝专用的马车）[⑤]。

北魏末西魏时期的升天图，主要是根据皇室等地位显赫的贵族阶层人物绘制而成。莫高窟“龙车凤辇图”一直延续到隋代壁画中，从图像绘制之初强调御龙凤人物的身份，在被反复绘制的持续过程中，表示这种身份的意识逐渐变淡薄。莫高窟

①金身佳：《敦煌写本 P. 2831〈卜葬书〉中的麒麟、凤凰、章光、玉堂》，《敦煌学辑刊》2005 年第 4 期。

②高国藩：《敦煌西王母神话与成吉思汗问道》，《西夏研究》2012 年第 3 期。

③樊锦诗：《论西王母壁画》，季羡林主编：《敦煌学大辞典》，上海辞书出版社，1998 年，第 47 页。

④段文杰：《论西王母壁画》，季羡林主编：《敦煌学大辞典》，上海辞书出版社，1998 年，第 174 页。

⑤苏哲：《北朝辂制考——以太和五辂为中心》，《明大亚洲史论集》第 5 号，明治大学东洋史谈话会，2000 年。

在隋代出现了许多本地豪族随喜供养而营造的小型洞窟，绘有“龙车凤辇图”的洞窟也并非皆为大规模洞窟。莫高窟早期洞窟反映了当时敦煌地区流行的西域佛教信仰，即禅观修行，但是到北朝后期，除北区洞窟以外，洞窟形制从禅窟转向礼拜窟。至此洞窟性质已由世俗性逐渐强调供养者个人身份地位。这里提到的“升天图”的性质不同于道士生前修行祈求升天国所谓的“上士登仙图”，它是洞窟供养者以被供养者或者自身死后升天的愿望为目的。佛教石窟寺院的升天图承袭了汉画像石图像系谱所反映的主题意义。第 249 窟“龙车凤辇图”是神仙思想的传统系谱之图像，它展示的意义却在佛教思想上得到了更为广泛的解读，这是基于对图像全面的了解，特别在第 305 窟“天空图”的摩尼宝珠、飞天、比丘等，明显比第 249 窟更加具有佛教性质的图像，窟顶是表示天国世界空间意义的特殊位置，在这里完全体现了神仙思想与佛教思想的融合。

莫高窟的“龙车凤辇图”属于汉画像石的图像系谱，从图像本身所体现出的融合了神仙思想与佛教思想为背景的天国世界的图像意义方面，可以认定它确切地说应被称为具有极其广泛的图像意义的“升天图”。人们将升天愿望和弥勒信仰相结合，在图像意义的解读中，成为表现被供养者和供养者自身死后向往兜率天宫愿望的一种图像范式被广为绘制。[1]

佛教对天界有十分复杂的划分，有所谓三十三天之说，道教也据以构造了自己的三十六天。不过，这些都太复杂，不是普通人所能明白的。在普通人心目中，天国就是佛教的极乐世界和道教的仙界的混合体。[2] 如《西游记》第四回写孙悟空初登上界，乍入天堂，只见：金光万道滚红霓，瑞气千条喷紫雾。只见那南天门，碧沉沉琉璃造就，明晃晃宝玉妆成。两边摆数十员镇天元帅，一员员顶梁靠柱，持铣拥旄；四下列十数个金甲神人，一个个执戟悬鞭，持刀仗剑。外厢犹可，入内惊

①[日] 田中知佐子：《敦煌莫高窟“龙车凤辇图”源考》，李茹译，《敦煌学辑刊》2009 年第 2 期。

②姚周辉：《失衡的精神家园——中国民间灵魂、鬼神、命运信仰的研究与批评》，广西人民出版社，2003 年，第 56 页。

人：里壁厢有几根大柱，柱上缠绕着金鳞耀日赤须龙；又有几座长桥，桥上盘旋着彩羽凌空丹顶凤。明霞晃晃映天光，碧雾蒙蒙遮斗口。这天上有三十三座天宫，乃遣云宫、毗沙宫、五明宫、太阳宫、化乐宫，一宫宫脊吞金稳兽；又有七十二重宝殿，乃朝云殿、凌虚殿、宝光殿、天王殿、灵宫殿，一殿殿柱列玉麒麟。寿星台上，有千千年不谢的名花；炼药炉上，有万万载常青的瑞草。又至那朝圣楼前，绛纱衣星辰灿烂，芙蓉冠金碧辉煌。又至那灵霄宝殿，金钉攒五户，彩凤舞朱门。复道回廊，处处玲珑剔透；三檐四簇，层层龙凤翱翔……凤凰翔舞在这个佛道交织的天界里。

## 二、儒佛融合中的凤凰

有学者以为，中国石窟的凤，本为金翅鸟，梵语迦楼罗，是佛的八部众之一，最早又是以龙为食的猛禽。诸多佛经里都有“譬如金翅鸟王普观诸龙命应尽者，以翅搏海令水两开，取而食之”等类似的记载。[①] 像《维摩诘经讲经文》(S. 4571)里表明长者与佛祖威仪的“白玉斗成龙凤巧，黄金缕出象牙边”“金枝一一排龙象，宝盖双双斗凤凰”的韵文诗句[②]，就是中国俗讲僧有意以龙凤图像取代蛇与金翅鸟的图像。佛国世界里护法的八部神众的龙和迦楼罗，其本来的图像则为蛇与金翅鸟。但是，当印度佛教传入中原和敦煌并与华夏文化相融合，便从内容到形式都发生了变化：不仅中原和敦煌石窟佛寺完全汉化，而且护法神众的蛇与金翅鸟也被中国人民所喜爱和崇拜的龙、凤图像所取代。[③]

①丁福保:《佛学大辞典》，文物出版社，1984 年，第 672 页。

②王重民等：《敦煌变文集》，人民文学出版社，1984年，第554—557页。

③汪泛舟：《敦煌石窟龙凤与库车石窟蛇金翅鸟图象异源考》，《敦煌研究》1996 年第 1 期。

晚唐 116 窟藻井边饰：凤凌空飞翔，它的尾巴是由石榴卷草、花叶组成的卷草纹；围绕藻井四边的四只凤鸟，首尾相接，抬头望去连续不断。其中一鸟回头顾盼，好像在招呼着伙伴，又似乎在述说着什么，统一中又有变化，充满了生气。在

196窟背屏佛光里显现的石榴卷草中，凤鸟穿插在卷草丛中，展翅衔花相对而飞；双凤的尾巴化成花叶，隐没在花丛中，随着波状主线的起伏变化自由舒展。使你分辨不出哪是花叶，哪是凤尾；花叶肥厚多姿，把我国古代凤穿花的吉祥图案，巧妙地运用在佛教艺术中。线描婉转流畅，在晚唐众多的同类题材中堪为代表。①

①霍秀峰：《敦煌唐代壁画中的卷草纹饰》，《敦煌研究》1997年第3期。

（一）佛教的儒学化

儒学是中国文化的主流，也是西汉以来在中国封建社会中长期占主导地位的思想意识形态。佛教的儒学化主要表现在两大方面：一是对儒家伦理名教的妥协与调和；二是对儒家人文精神和心性学说的融合吸收。从历史上看，佛教对儒家伦理名教妥协调和的手法主要表现之一便是寻找相似点，以强调两者一体，本来不二。例如把佛教的“五戒”与儒家的“五常”相比配，认为两者“异号而一体”（契嵩《辅教编》）。《颜氏家训·归心篇》中说：“内典初门，设五种禁，外典仁义礼智信，皆与之符。仁者，不杀之禁也；义者，不盗之禁也；礼者，不邪之禁也；智者，不酒之禁也；信者，不妄之禁也。”这种说法，后来几乎成为一种定论，并成为中国佛教伦理的重要内容。受儒家天人合一、天人感应和阴阳五行等思想的影响，后来有些中国佛教学者还进一步把佛教的“五戒”与五常、五行、五方和人的五脏等相比配。方立天以宏观鸟瞰的高度，总结了佛教在中国体现的伦理特质。他认为，去恶从善、平等慈悲、自利利他是佛教伦理的三大原则；其下分别包含着五戒、十善、四摄、六度等具体德目；在中国则更结合儒家伦理加进了仁道、孝道、政道等思想。最终形成了独特的中国佛教伦理样式，不但在古代，而且在现代仍然具有重要的作用。②

②方立天：《中国佛教哲学要义（上）》，中国人民大学出版社，2002年，第857页。

（二）佛教的道德观与凤凰秉承的儒家之“德”

中国佛教与社会政治和伦理有密切的关系。佛教虽然是一种以出世为最终目的的宗教，但在注重现实生活的中国这块土地上，在宗法性封建专制集权强大的社会环境下，出世的佛教不仅强调“出世不离入世”，还表现出对政治的依附，并积极主动地与传统的伦理道德相协调和融合，从而带有一定的政治和伦理色彩。佛教理论以信仰方式融摄涵纳伦理道德规范，使佛教信仰者的生活和行为道德化、神圣化，从而使佛教伦理成为制约中国佛教信徒宗教实践的极其强大的力量，也成为影响中国民间道德实践的巨大力量。[1]

①方立天：《论中国佛教伦理的理论基础》，《伦理学研究》2003 年第 4 期。

佛教道德与儒家道德之间具有许多相似乃至相同之处。从道德行为的基本准则来看，佛教伦理道德的宗旨是戒恶行善、普度众生。在中国流行最广的大乘佛教，强调“慈悲喜舍”“自利利他”“自觉觉人”，以“救苦救难”为己任，把“无我”作为最高理想。他们的誓词是：我应当成为天下人的桥，让他们全都踏着我上渡到佛国去。在具体的道德行为方面，佛教主张布施，即不惜牺牲自己的生命财产，慷慨地施舍众生。敦煌莫高窟有一幅壁画，叫《舍身饲虎图》，是说宝典国萨埵王子出游山林，见一母虎与七只小虎因饥渴交迫，已奄奄一息。王子用竹签自刺颈项，从山崖跳下，让虎舔他的血，吃他的肉，得以活命。萨埵王子安卧于虎前，毫无痛苦之状，犹如进入美妙的梦境。这个王子就是释迦牟尼的前身。儒家主张把国家和民众的利益放在第一位，视“天下兴亡”为“匹夫”之责，先天下之忧而忧，后天下之乐而乐，“国耳忘家，公耳忘私”，直至在祖国和人民需要的时候“舍生取义”“杀身成仁”。

佛教是慈悲的宗教，慈悲精神是佛教的最大特色，龙树菩萨《大智度论》卷二十七云：“慈悲是佛道之根本。”[2]《观无量寿经》亦云：“佛心者，大慈悲是，以无缘慈摄诸众生。”[3]慈悲，按照佛典的解释，拔苦曰慈，与乐曰悲，慈悲就是为众生除去苦厄，带来快乐。佛陀出世，即发愿“三界皆苦，吾当

②③《大正新修大藏经》第 25 册，新文丰出版社，1973 年。

安之”。在佛本生的故事里，佛陀为救度众生，不惜牺牲自己的一切乃至生命，比如舍身饲虎、割肉喂鹰等故事比比皆是。而大乘佛教兴起后，更是强调为佛者不仅要自度，更要度人。佛教进入中国以后，讲求普度众生、充满救世精神的大乘佛教相对于追求个人解脱的小乘佛教更容易被中国人接受，很快就占据了中国佛教的主流。在佛教原典中，本有一套绵密的劝善理念。这套理念以十善恶业为伦理核心，报应轮回为驱动力，最终达致福寿得道为目标。佛教劝善理念传入中国后，对中国的伦理思想及劝善运动产生了巨大影响。[①] 慈悲精神是佛教教义的核心。《观无量寿经》上称“佛心者大慈悲是”，即是说佛教以慈悲为本。中国佛教的慈悲观主要是在印度大乘佛教的影响下发展起来的，慈悲最终成为中国佛教最主要的道德观念。此外，佛教“五戒十善”，不仅是所有佛教徒必须共同遵守的，也属于文明社会所必须共同遵守的最基本道德准则。佛教的“五戒”符合中国社会一贯倡导的传统美德仁、义、礼、智、信。[②]

“德”是中国经典中纯粹的原生概念之一。在中国文字语言发展史上，是一个使用频率极高的词语，从周初至今，延续不衰。同时，它又是中国传统政治理论中一个综合性的重要概念，涵义复杂，且影响深广。“德”的创立、变异与发展，从一个角度上反映了“中国思维”的关注重心，同时反映着“政治价值”的认同功能。[③] 凤凰堪称“德”的化身，在麟、凤、龟、龙四灵中，唯有凤凰与儒家倡导的“德”联系密切。《山海经·南山经》云：“凤鸟，首文曰德，翼文曰义，背文曰礼，膺文曰仁，腹文曰信。”凤凰自身不仅是“德”的化身，它也是君王行德政的象征。班固《白虎通·封禅篇》中载“凤凰者，禽之长也，上有明王太平，乃来居广都之野”“德至鸟兽则凤凰翔，鸾鸟舞，麒麟臻，白虎到”。恩格斯指出，在原始

①段玉明：《佛教劝善理念研究》，《云南社会科学》2005 年第 5 期。

②姚俭建：《论中国佛教文化功能塑造与佛教信仰的社会化建构》，《中央社会主义学院学报》2015 年第 5 期。

③萧延中：《德性：群族禀赋的精神象征》，《社会科学》2007 年第 4 期。

人看来，自然力是某种异己的、神秘的、超越一切的东西。在所有文明民族经历的一定阶段上，他们用人格化的方法来同化自然力。正是这种人格化的欲望，到处创造了许多神。[1] 凤凰是人们思想观念中的神鸟，有超自然的神异功能，不仅如此，凤凰还被赋予了德的属性。以凤比德是楚汉时期并不鲜见的文化现象。所谓比德，是古典美学中的一种审美观念，也是先秦儒家的美学思想的重要理论，其主要思想"将自然现象与人的精神品质联系起来，从自然景物的特征上体验到属于人的道德含义，将自然物拟人化"。[2]

（三）净土之"和"与凤凰之"和"

净土是佛在因行菩萨道时发大愿经多劫累积功德而建成的国土，为人们向往和信仰的理想国、死后往生之乐土。所有净土都是生活富足、安宁、快乐的理想国。各处净土环境优美，人们没有苦痛烦恼，享受世间所能想象得到的清净安乐，无不美满。以弥勒净土为例，生活环境是：

> 其地平净如琉璃镜，……大金叶华、七宝叶华、白银叶华，华须柔软，状如天缯。生吉祥果，香味具足，软如天绵。丛林树华，甘果美妙，极大茂盛……其树高显高三十里，城邑次比鸡飞相及……智慧威德……快乐安隐（稳）。亦无寒热风火等病，无九恼苦，寿命具足八万四千岁无有中夭。人身悉长一十六丈，日日常受极妙安乐，游深禅定以为乐器。[3]

这是说弥勒净土大地平整，花果飘香，人们健康长寿，快乐安稳，没有疾病和各种天灾人祸。弥陀净土在净土体系中稍后出现，描述更加壮丽，生活更加幸福，故又被称作极乐净土、极乐世界。有"七重栏楯、七重罗网、七重行树，皆是四宝周匝围绕"[4]，宫殿楼观，池流华树，国土所有一切万物，

①《马克思恩格斯全集》第20卷，人民出版社，1971年，第672页。

②胡家祥：《审美学》，北京大学出版社，1999年，第32页。

③(姚秦）鸠摩罗什译：《佛说弥勒大成佛经》，载《大正新修大藏经》14册，新文丰出版社，1973年，第429页。

④(姚秦）鸠摩罗什译：《佛说阿弥陀经》，载《大正新修大藏经》12册，新文丰出版社，1973年，第346页。

皆以无量杂宝无量种香构成，衣食随念而生，所得快乐如漏尽比丘。有关其他净土的描述一概在尽情渲染净土之美好，社会生活、社会关系、生活方式和居住环境等都包括在当中，是人所能想象到的最为纯净祥和平等的世界。[1] 根据《佛说阿弥陀经》的记载，“极乐”净土，即是“其国众生无有众苦，但受诸乐，故名极乐”；除此，极乐国土还有以金沙布地的七宝池，金、银、琉璃、玻璃镶嵌的四边阶道和亭台楼阁，更为神奇的是各种美妙的鸟，能够以悦耳的鸣叫歌唱佛教的道理，昼夜六时出和雅音，其音演畅五根、五力、七菩提分、八圣道分，如是等法。其土众生闻是音已，皆悉念佛、念法、念僧。彼佛国土，常作天乐，黄金为地，昼夜六时，天雨曼陀罗花。彼国常有种种奇妙杂色之鸟：白鹄、孔雀、鹦鹉、舍利、迦陵频伽、共命之鸟。是诸众鸟，昼夜六时，出和雅音。

①海波：《佛说死亡——死亡学视野中的中国佛教死亡观研究》，陕西人民出版社，2008 年，第 116—117 页。

再看凤凰之“和”。仁、义、礼、智、信是先秦儒家政治伦理——“和”的最高道德规范与行为准则。从操作和实践的层面来说，“仁”是和谐政治的道德基础和伦理原则，“义”是其行为标准和价值方针，“礼”是其道德规范和制度保证，“智”是其能力表征和行为反思，“信”是其行政要求和交换准则。[2] 《山海经·海外西经》里描绘凤凰出现、人们生活的场景：“此诸夭之野，鸾鸟自歌，凤鸟自舞；凤鸟卵，民食之；甘露，民饮之，所欲自从也。百兽相与群居。”在这个地方，人们吃的是凤凰卵，喝的是甘露，百兽也一改平日的凶猛，与人和平相处。这已经不只是物质享受的天堂，它还满足了人们的心理需求，是精神的乐园。值得注意的就是在凤凰身上出现了其他动物身上不会出现的征兆，即在凤凰的头、背、胸、腹及翅膀出现代表“德、义、礼、仁、信”的花纹，颇显神异。《山海经·南山经》云：“凤鸟，首文曰德，翼文曰义，背文曰礼，膺文曰仁，腹文曰信。”《山海经·海内经》又云：“凤

②皮伟兵：《先秦儒家“和”政治伦理思想研究》，湖南师范大学博士学位论文，2006 年。

鸟，首文曰德，翼文曰顺，膺文曰仁，背文曰义。”凤凰或鸾鸟的出现是祥瑞的象征，表明圣王出世，仁政实施，将凤凰与统治者的德行结合起来，就发展成为了具有政治功能的神话，那些代表人文高度发展的字形花纹，表明了先民们思维中的文明礼教色彩。动物形象是人们赋予的，他们将自己的愿望加诸在这样的动物身上，显示人们渴望的乐园，是充满了“仁义”的和谐社会。[1]

①敬婉茜：《〈山海经〉与原始宗教信仰初探》，四川师范大学硕士学位论文，2011年。

《山海经》中呈现的凤凰与人的生活场景尽管一片和谐，但毕竟是人兽杂居的半野蛮、半文明社会，是富有神话色彩的生活。随着社会的发展进步，人类思维的逐渐成熟，人与兽的现实空间与思维空间都有了合适的距离和分配。进入汉代，对于天降凤凰这一瑞兆，帝王必有所回应，或行祭祀，或改年号，或建凤凰殿，或大赦天下，或免租减赋。天有嘉许，皇帝应答，惠及百姓。凤凰出现，喻示皇权获得天命支持，以此取信于百姓，百姓有时候还能获得实惠，凤凰在天、皇帝、百姓之间达成了意识层面的和谐。

凤凰是儒、道、释三教合流的一个物化载体，凤凰贯通三教，归因于凤凰承载的生命意识。人类自有生命以来，生命问题就曾是它的精神生活中最重要的主题。儒家注重生命的社会取向，以社会伦理价值的实现为生命最高价值，在追求社会价值的过程中逐渐地将生命本身遗忘。而道家给予了生命本身更多的关注，他们以自然生命为本位，以维护自然生命、实现生命自然本性为最高追求，从当时的生存现状入手，采用文化和价值批判的方式，建构起以“道”论为中心的生命哲学理论。分析传统中国哲学的特点，必然离不开对儒、道、释三教的考察，而三教最突出的特征便是以生命存在的意义问题为中心，两千多年来的发展，中国文化生命的最高心灵，都集中在这里表现，三教都是生命的学问，不是科学技术，而是道德宗教，重点落在人生的方向问题……是人类最切身的问题。[1]儒、道、释三教在道体上以人类的安身立命为归宿，代表了人类探寻生命存在的真理的发展方向，反映了人类渴望内外打通和彻底把握自我的认知深度。[2]凤凰承载的生命意识与社会使命使其连接起神圣世界与世俗世界。

①牟宗三：《中国哲学的特质》，载《牟宗三先生全集》第28卷，联经出版事业有限公司，2003年，第6—7、87页。

②张新民：《儒释之间：唐宋时期中国哲学思想的发展特征——以儒学的佛化与佛教的儒化为中心》，《文史哲》2016年第6期。

# 第五章

# 深固的民族情感

## 第一节　从天人关系到社会治理——凤凰之“和”

“尚和”思维源远流长，是三代礼乐传统的重要精神品格。在中国古代思想史的境域中，“和”不仅涉及事物的实存形态与方式，而且指向理想形态与应然方向。古人以“和”的理论视野和文化心态看待宇宙、自然、社会和人生的诸多问题，以此探知天地所由、物类所依、发展所本，由此所形成的“和”思维涵盖了古代宇宙观、世界观、价值观等诸多知识领域，具有极强的理论统摄力和解释功能。作为一种宇宙观、世界观，“和”构成了古人对于天、地、人三界的基本规定；作为一种价值观、方法论，“和”存在于现实的生存世界与想象的意义世界中，是中国古代知识体系中一个根本理念与致思方式乃至价值核心；作为一种政治观、伦理观，其内涵的政治宗法、人伦教化理念不仅决定了中国古代政教人伦制度的发展轨迹，还是古人安身处世遵循的原则与审美理想追求的目标。作为一种重要的思维方式，“尚和”广泛地闪现在古代知识系统的各个领域中，成为具有民族特质的思想文化传统。[1] 凤凰从诞生到发展、定型，一直在为各种“和”服务，也从不同角度诠释着

①夏静：《“尚和”思维论》，《中国社会科学院研究生院学报》2008 年第 6 期。

"和"，堪称中国"和"文化的典型载体。总体来说，"凤凰之和"的根本，在于服务于神本时代的"天人之和"、帝制时代的"政治之和"、民本思想中的"社会之和"。

## 一、凤凰（鸟）与神本时代的"天人之和"

人类社会的发展，从某种角度来讲，是一场天人关系的博弈。古代人仰观天俯察地，然后思考人类自身，将天地作为人与人类社会发展的参照物，天人关系诞生了一些经典的学术词汇，如：天人合一、天人同构、天尊人卑、天人相分、天人沟通、天人感应等，蕴含着巫术、宗教、哲学、政治、文化、艺术与审美等丰富的时代特色。今天，我们讲生态文明、环境保护，依然体现了人类与天（大自然）之间的依存关系。

笔者以为，最初的凤凰（鸟）是自然物象与人类文化观念相融合的产物，背后的主导诱因，是神本时代的天人关系。在思想信仰中以为神灵主宰着世界的远古时代，人类的生产、生活、生存仰赖神灵，祭拜神灵、向神灵表达人间的祈愿、愉悦神灵、请神、降神等巫术宗教活动，贯穿先秦时代。

考古发现新石器时代的许多岩画、陶画、玉器纹饰等，均呈现浓郁的祭祀文化，其中的凤鸟图案，如河姆渡文化中的"双鸟（凤）朝阳""双凤负日"图，大汶口文化中的"日、鸟（凤）、山"组合图，良渚文化中的"阳鸟祭坛图"，均反映了凤鸟在史前祭天礼俗中的重要身份与作用。

夏代继承并沿袭了上古神话的神灵崇拜思想；商代诞生了甲骨卜辞，鬼神崇拜得到充分发展，集中体现为祖先神崇拜、上帝崇拜和自然神崇拜，其中自然神崇拜又表现为天神地祇崇拜和动物神灵崇拜。[①]商代是一个以神为本的神权统治时代。这时侍奉鬼神是商王室的首要任务，甲骨占卜是沟通鬼神与商王关系的手段，巫祝贞人是沟通鬼神与商王的神人，构成

①祁志祥：《夏商时期的鬼神崇拜及其神本思想》，《武汉科技大学学报》（社会科学版）2001年第2期。

了神权至上的时代特色。[1] 商王的种种活动均要告知上天，祈求庇佑。祭祀活动的纷繁、祭祀方式的多样，既说明先民有了物我有别、人神有分的意识，又说明了先民在努力地实现人神交通，渴望得到上天与自然诸神的保佑。[2] 夏朝的文献与考古资料有限，但考古发现有凤鸟纹玉礼器；商代甲骨卜辞记载凤凰为“帝使”，享受祭祀。凤凰行使“和”的神圣使命，沟通“天帝”与人王。

①王晖：《殷商为神本时代说》，《殷都学刊》2000年第2期。

②王立军、白如：《汉字构形与中国古代的天人观》，《当代中国价值观研究》2016年第4期。

在中国传统文化的轴心时代，思想的大变革意味着人类社会从神本走向人本。先秦是中国思想史上第一个启蒙时期，这个启蒙是以周代的人本思想取代夏商蒙昧的神本思想为标志的。[3] 但人本思想取代神本思想并不意味着神本思想的彻底消失，周代是一个民本思想逐步增强、神本思想慢慢变弱却两者并存的时代。在周朝，北方有《诗经·大雅·卷阿》歌咏的：“凤皇于飞，翙翙其羽，亦集爰止。蔼蔼王多吉士，维君子使，媚于天子。凤皇于飞，翙翙其羽，亦傅于天。蔼蔼王多吉人，维君子命，媚于庶人。凤皇鸣矣，于彼高冈；梧桐生矣，于彼朝阳。菶菶萋萋，雝雝喈喈。”这里凤鸣高岗，取意天降凤鸟，鸣于岐山，昭示周朝兴起的历史典故；以太阳喻君王，以凤鸟喻贤才，凤栖梧桐，朝向太阳。所以此诗的后两段是高度抒情，周朝兴盛啊，贤才众多啊，君王如骄阳啊，多么美好和谐的盛世气象啊！在南方的楚国，多姿多彩的楚风在巫风中尽情舒展，漆器、丝绸、帛画、玉器、《楚辞》，楚人的物质生活与精神世界里满是鸾飞凤舞，娱神、降神、灵魂飞天遨游，楚风呈现着神圣与世俗间理想和谐的交融状态，承载着人们美好的达天愿望。

③祁志祥：《夏商时期的鬼神崇拜及其神本思想》，《武汉科技大学学报》（社会科学版）2001年第2期。

## 二、凤凰与帝制时代的“政治之和”

这里的“政治之和”，指的是凤凰出现作为一种祥瑞，代表着上天对执政者的嘉许与认可；也代表着统治者自身在国家层面对凤瑞的推崇。秦汉一统，儒学的神化将凤凰固定成为国家祥瑞，凤凰在国家层面为“政治之和”发挥作用。

清代《金石索》木版摹印有东汉山阳（郡）麟凤碑，碑上文字为：

天有奇鸟，名曰凤皇。
时下有德，民富国昌。
黄龙嘉禾，皆不隐藏，
汉德巍巍，分布宣扬。
天有奇兽，名曰麒麟，
时下有德，安国富民。
忠臣竭节，义以修身，
闻惩采善，明明我君。

晋朝杜预《春秋左氏传》序曰：

麟凤五灵，王者之嘉瑞也。

孔颖达疏：

麟、凤与龟、龙、白虎五者，神灵之鸟兽，王者之嘉瑞也。

唐代时祥瑞理论体系进入了成熟阶段，祥瑞理论在唐代政治生活中已经得到普遍的、有序的应用。《唐六典》详细归纳了祥瑞的种类和事项，认为祥瑞有大瑞、上瑞、中瑞、下瑞之分。大瑞有庆云、麒麟、龙、凤凰、神龟、神鼎等；上瑞有白虎、赤雀、甘露等；中瑞有白雀、草木长生等；下瑞有嘉禾、芝草、木连理等。《唐令拾遗·仪制令第十八》第十二条记载："诸祥瑞应见，若麟、凤、龟、龙之类，依图书合大瑞者，随即表奏。"

《宋书·符瑞志》对凤凰的记载：

> 凤凰者，仁鸟也。不刳胎剖卵则至。或翔或集。雄曰凤，雌曰凰。蛇头燕颔，龟背鳖腹，鹤颈鸡喙，鸿前鱼尾，青首骈翼，鹭立而鸳鸯思。首戴德而背负仁，项荷义而膺抱信，足履正而尾系武。小音中钟，大音中鼓。延颈奋翼，五光备举。兴八风，降时雨，食有节，饮有仪，往有文，来有嘉，游必择地，饮不妄下。其鸣，雄曰"节节"，雌曰"足足"。晨鸣曰"发明"，昼鸣曰"上朔"，夕鸣曰"归昌"，昏鸣曰"固常"，夜鸣曰"保长"。其乐也，徘徘徊徊，雍雍喈喈。唯凤凰为能究万物，通天祉，象百状，达王道，率五音，成九德，备文武，正下国。故得凤之象，一则过之，二则翔之，三则集之，四则春秋居之，五则终身居之。

可见凤凰是集大成之美，是最具祥瑞象征的瑞鸟。太平盛世是理想的政治状态，帝王圣明、国昌民富、国富民安，凤凰就飞到人间来了。

## 三、凤凰与民本思想中的"社会之和"

社会层面，民间广泛流传凤凰救苦救难的神话传说，凤凰承担着社会治理者的角色，以自身的神力与牺牲精神，将百姓的生存状态由"不幸"改变到"和美"，体现了凤凰秉承着真、善、美的价值观念。

例如广东潮州凤凰山的传说：[1]

> 很久很久以前，有一只金凤凰，在这座山的山窝里下了

①庞进：《凤图腾》，中国和平出版社，2006年，第287页。

两只蛋，孵化成两只雏凤凰。这两只凤凰经过修炼，终于得道，化成两位俊俏的姑娘，行善积德，为人间带来吉祥安宁。这年，北村暴雨成灾，无法排涝，她俩嘶鸣几声，水就干涸了；西村春耕干旱，无法插秧，她们飞到空中盘旋，下了几场雨，没几天便可插秧了；南村闹瘟疫，她们便化作卖药姑娘，为民除病……哪里有灾难，这两只凤凰就出现在哪里；两只凤凰一出现，百姓就可得安宁。凤凰显圣的奇闻，迅速传开，人们就把该山称为凤凰山。

又例如银川凤凰城的传说：[1]

[1]庞进：《凤图腾》，中国和平出版社，2006年，第300页。

相传很久以前，长江以南居住着凤凰七姐妹，她们使江南大地山清水秀，也给百姓带来了幸福生活。南来北往的大雁把宁夏地薄人穷的情况告诉了凤凰七姐妹。最小的七妹便飞往宁夏，开渠引水，植树种谷，使宁夏面貌大变，人称“塞上江南”。后来，宁夏西部一个异族部落进犯银川，为了保护老百姓的生命财产，凤凰变成了一座坚固的城池，使异族不能侵入。据说，凤凰的头变成了银川东门外的高台寺，双眼变成了高台寺旁边的两眼井，心脏变成了城中心的鼓楼，两只足爪变作西塔和北塔，尾巴变成了西马营里的树木花草。

这个银川凤凰城的传说，饱含对凤凰的深情，读来令人非常感慨，凤凰崇拜真的融合着深固的民族情感！民间的“凤凰”，如散落一地的星星，数不清。无形的，有形的；具象的，抽象的；在大自然里，在社会生活中；或光彩夺目，或习焉不察；千变万化，充满神秘与美感。民间传说里，多有凤凰为了造福人间，牺牲自己，化为青山绿水，永存人间的感人故事。

全国各地多得数不清的凤凰山，展现了中华民族情感里深固的凤凰情结，这些凤凰山，或山如凤凰展翅、山形如凤、山上怪石如凤凰；或有凤凰栖息（民间信仰凤凰不栖无宝之地）、飞翔；或流传有关于凤凰的神话传说，如陕西岐山县凤凰山得名于周朝时“凤鸣高岗”的政治神话、陕西延安市凤凰山得名于“叶生吹箫引凤”传说；还有凤凰山表达的是祖先崇拜，如广东潮州凤凰山，寄托着畲族人的“念祖追宗”。亦有凤凰山为名人避居之地，成为人文胜景。社会生活中的“凤凰”，是人们文化观念的产物，是文化意识的寄托与再现，是审美文化的追求，归根结底，是“凤凰”在民间深固而广泛的群众基础，它化为民俗，渗透在人们的衣食住行中，固化在民族情感里，代代相传，与时俱进，永远鲜活。

## 第二节　燃烧的希望——吉祥凤凰

吉祥包含十个方面——“吉祥十字”：福、禄、寿、喜、财、吉、和、安、养、全。也就是：（一）福——幸福，（二）禄——俸禄，（三）寿——长寿，（四）喜——喜庆，（五）财——财富，（六）吉——吉利，（七）和——和气，（八）安——平安，（九）养——修养，（十）全——圆满。[1] 凤凰的文化内涵与吉祥的十个方面，均有对应的联系，只是随着时代的发展，凤凰的吉祥含义泛化、笼统，不再针对不同的吉祥方面而有差异性的表现。凤凰成为吉祥符号，有着时间维度上的累积、信仰维度上的变异与融合等多层面的因素。以下提炼的三个观点中，前文已有相关论述的，就不再重复赘述。

①张道一：《吉祥文化论》，重庆大学出版社，2011 年 第 84—85、256 页。

### 一、凤凰成为吉祥符号的文化诱因

早期自然崇拜中的“太阳鸟”崇拜，原始宗教信仰中以天人关系的“物我同构”“天尊人卑”为导向的鸟祖信仰、生殖崇拜等，反映了凤凰（鸟）与人们的生产生活、思想信仰的密切联系，包含了凤凰能成为吉祥符号的文化诱因。

来源于自然崇拜的吉祥物，其最初的吉祥意义大多与早期人类社会的两种生产，即物质资料的生产与人的生产密切相关；后来累积其上的吉祥意义，多是关涉两种生产的吉祥意义的派生与引申。来源于自然崇拜的吉祥物，虽然原始古老，但由于其反映了贯穿人类社会求生存的基本主题，且在漫长的历史演变中堆积上了丰富多彩的文化内涵，所以在当今中国仍有广泛的市场。[①]

①向柏松：《吉祥物与自然崇拜》，《民间文学论坛》1998 年第 4 期。

如凤鸟知历，对于早期农耕时代的生产生活很重要。秋季，郯子来鲁国朝见，昭公和他一起饮宴。昭公询问他，说：“少皞氏用鸟名作为官名，这是什么缘故？”郯子说：“他是我的祖先，我知道。从前黄帝氏用云记事，所以设置各部门长官都用云字命名。炎帝氏用火记事，所以设置各部门长官都用火字命名。共工氏用水记事，所以设置各部门长官都用水字命名。太皞氏用龙记事，所以设置各部门长官都用龙来命名。我的高祖少皞挚即位的时候，凤鸟正好来到，所以就以鸟记事，设置各部门长官都用鸟来命名。凤鸟氏，就是掌管天文历法的官。玄鸟氏，就是掌管春分、秋分的官。伯赵氏，是掌管夏至、冬至的官。青鸟氏，是掌管立春、立夏的官。丹鸟氏，是掌管立秋、立冬的官。祝鸠氏，就是司徒；鴡鸠氏，就是司马；鳲鸠氏，就是司空；爽鸠氏，就是司寇；鹘鸠氏，就是司事。这五鸠，是鸠聚百姓的。五雉是五种管理手工业的官，是改善器物用具、统一尺度容量、让百姓得到平均的。九扈是九种管理农业的官，是制止百姓不让他们放纵的。自从颛顼以来，不能记述远古的事情，就从近古开始记述，做百姓的长官而用百姓的事情来命名，那已经是不能照过去办理了。”

在古代东夷文化区内，主宰人们福禄富寿和抵御灾害凶邪的神，其形象的构成往往与“鸟”有关。“鸟形神”所具有的福禄富寿和抵御灾害凶邪的神性，使其成为人们日常生活的保护神。[①]

①李立：《汉墓神画研究——神话与神话艺术精神的考察与分析》，上海古籍出版社，2004年，第300页。

## 二、凤凰成为吉祥符号的基础

先秦秦汉凤凰作为“四神（灵）之一”、镇恶驱邪的神鸟属性，为其成为吉祥符号进一步奠定了基础。

《礼记·曲礼上》：“行，前朱鸟而后玄武，左青龙而右白虎，招摇在上，急缮其怒，进退有度，左右有局，各司其局。”郑玄注曰：以此四兽为军阵，象天也。这段话表现的是周秦时期的仪仗，这种行军布阵的方法就是效仿天之“四象”。

《周礼·冬官·辀人》：“轸之方也，以象地也。盖之圜也，以象天也。轮辐三十，以象日、月也。盖弓二十有八，以象星也。龙旂九斿，以象大火也；鸟旟七斿，以象鹑火也；熊旗六斿，以象伐也；龟蛇四斿，以象营室也；弧旌枉矢，以象弧也。”这段话是讲天子辀车上旌旗的垂旒的数目，四象分布在天空的东南西北，起着“定四方”的作用。

张衡《灵宪》中记载：“星也者，体生于地，精成于天，列居错峙，各有逌属。紫宫为皇极之居，太微为五帝之庭。明堂之房，大角有席，天市有坐。苍龙连蜷于左，白虎猛踞于右，朱雀奋翼于前，灵龟圈首于后，黄帝轩辕于中。六扰既畜，而狼蚖鱼鳖罔有不具。在野象物，在朝象官，在人象事，于是备矣。”

《三辅黄图·未央宫》卷三曰：“苍龙、白虎、朱雀、玄武，天之四灵，以正四方，王者制宫阙殿阁取法焉。”

除了定方位，汉画像四象中的青龙、白虎、朱雀、玄武在汉代还被赋予了一些其他神圣的功能和意义。如陕西神木大保当彩绘汉画像石墓出土的M16右画像石，右门柱下栏方框内刻玄武，左门柱最下方刻骏马图。右门扉画面分为三个部分。上为一只顶翎肥大的朱雀，含着仙丹，展翅翘尾，左爪立于衔环的兽头之顶，右爪腾空而起。中为铺首衔环，铺首“山”形额，双耳齐平，方眼怒睁。最下端为白虎，张口暴齿，怒目贲张，口吐长舌，肩生双翼，长尾弯曲翘起，作奔走状。虎下墨书“白虎在右”四字。左门扉画面构图与右门扉基本相似，只是下端刻画的是青龙。青龙面左，曲颈卷尾，张口吐芯，肩生双翼，亦作奔走状，胯下有墨书“青龙在左”四字。陕西的画像石墓门构图基本都是这种图式，还有的时候仅仅是朱雀与铺首的组合。无论是让朱雀镇守墓门，还是在镶有铺首的墓门上，安排朱雀与怪兽、朱雀与白虎、朱雀与青龙的搭配，朱雀总是居于上方地位。[①]

①王小盾：《四神：起源和体系形成》，上海人民出版社，2008年，第34页。

朱雀，亦称凤凰，《春秋演孔图》曰“凤为火精，在天为朱雀”，可见，凤凰和朱雀是同一种禽鸟。是传说中凤凰在天空中的形象，传统认为凤凰是王朝更迭以及和平繁荣时期即将到来的先兆。汉代因为“雀”与“爵”相通，所以朱雀被视为象征官运亨通的瑞鸟。它常出现在汉画像中的建筑上，有的时候衔着绶带和琅玕，都象征加官进爵之意；还有它与猴子一起出现在汉画像中的树上，有“侯爵”之意；当它出现在墓门上的时候，往往与铺首和龙虎在一起，就有辟邪驱凶之意。“雀”本身与“却”相通，“却”有退避、退除、拒绝等意，所以朱雀和龙、虎一样，是辟邪的祥瑞。

## 三、凤凰定型成为吉祥符号

凤凰与儒、道、释结合产生的思想文化，以及凤凰的世俗化带给普通百姓对美好生活的向往等，让不同阶层的人们都对凤凰倾注了丰富深厚的情感，最终使凤凰定型成为重要的吉祥符号。

至迟到唐代，凤凰已成为普适性的吉祥符号。在古代，凤凰能赢得不同阶层人们的深厚情感，成为重要的吉祥符号，是因为它被赋予了强大的社会作用力。比如，凤凰作为祥瑞可以与统治者的社会治理产生联系。以灾异频发且又凤瑞诸多的汉代为例。祥瑞与灾异看似矛盾对立的两个方面，让人产生截然相反的情绪感受，如祥瑞是好的征兆，是令人欣喜振奋的正能量；灾异则是令人忧恐失落的负能量。但神奇的是，祥瑞与灾异往往又紧密联系在一起，因为执政者惯于以祥瑞来化解灾异带来的负面心理与消极社会影响。所以汉代的自然灾异频发与汉代凤凰的“多见”有着一定的因果关联。

据《汉书·五行志》《后汉书·五行志》及《古今注》对当时情况的描述看，西汉末到东汉末，自然界的灾异明显比西汉早、中期来的频繁和酷烈。元帝即位，先是连年的水灾、霜灾。初元元年，星相怪异，占者说将闹水灾。五月，渤海水大溢。六月，《汉书·天文志》记载：“关东大饥，民多饿死，琅邪郡人相食。”永光元年（前 43 年）三月，陨霜杀桑。九月二日。陨霜杀稼。天下大饥。永光五年夏及秋，大水。颍川、汝南、淮阳、庐江雨，坏乡聚民舍，及水流杀人；之后又是罕见的大雪，建昭二年（前 37 年）十一月，齐楚地大雪，深五尺。四年（前 35 年）三月，雨雪，燕多死。成帝、哀帝和平帝时期，雨、雪、霜冻、洪水、地震等灾异开始更为频繁地降临到大地上，据《汉书·成帝纪》，成帝时大水的记录就有五次，剧烈的地震、山崩就有两次之多。进入东汉以后，灾异似乎并没有因政治的稳定而减少，反而呈日趋上升的趋势。

自然界灾异的突然增加，在汉代这个以天人感应为最高信念的时代里，灾异本身的含义会格外沉重，它负载的是天命皇权理论的非合理性，天人关系的破裂，生命失去安全的保障等信息。况且由灾异所引发出来的是无穷的关于生命的思考与死亡的恐惧。面对频繁的自然灾异，人们认为是上天降下的警示，是由于政治统治错误，致使百姓愁怨，其气上感，老天震怒，引起的阴阳不调、寒暑失序、日月无光。大臣们所上的众多奏章更是具体地指向了皇帝本人、后宫或是不称职的官吏。而这时期大臣们的上书中，又不敢直接指责皇帝后妃的过失，所以便频繁地强调阴阳灾异的降临，于是更进一步地加重了弥漫社会的恐慌气氛。[①]

①徐华：《汉魏之际艺术精神嬗变》，华中师范大学博士学位论文，2001年。

不过，两汉时期随着灾异思想的发展，天人思想也不断地变化，“天人”中“人”的内容也在逐渐地演变。西汉前期，灾异思想关注的是君主及其行为，“天人”中“人”的内容则为君主，天人关系是有意志的天与君主的关系。西汉中后期，灾异思想关注对象由君主增加到君、臣、民，“天人”中“人”的内容随之扩增，天人关系为有意志的天与君、臣、民的关系。此时期，“民”的成分加入“天人”中“人”的内容，是“民”的观念兴起所致，与民众武装反抗密切相关。至东汉，“天人”中“人”的内容——君、臣、民三者在所占比重上出现变化：一是灾异思想对“臣”的关注显著增多，“臣”在“人”的内容中所占比重加大，与当时“戚宦之臣”擅权的政治环境有关；二是“民”在“人”的内容中地位越发重要，直接导致东汉刑罚宽和。汉代天人思想本服务于神化君主及其统治，故初期天人关系是有意志的天与君主的关系。然随着灾异频发，君主个人无法承担上天过多降谴，臣子也须为君主分担灾异之咎。随后，“民”成为灾异思想关注的对象，“民”的成分加入“天人”中“人”的内容，对汉代政治思想产生重大影响。这意味着不仅“天”决定君主是否命世者，“民”也成为决定君主及其统治是否得到承认的重要因素。[②]那么，以天降祥瑞为契机施惠于臣、民，也成为统治者化解各种危机、维护

②吴方基、袁海瑛：《汉代灾异思想所见“天人”中“人”的内容演变》，《北方论丛》2016年第1期。

政权稳定的一个手段。

祥瑞记载在汉代盛行有多方面的原因，其中一方面便是与汉代特殊的社会文化背景有关。董仲舒的《春秋繁露》确立了灾异体系，被汉代统治者作为政治统治和调节的工具。《汉书》记载了日蚀、彗星出现，象征着国祚衰危的言论。加之汉代多自然灾害，更加剧了对符瑞的关注和信仰。好言祥瑞不但象征着国祚繁盛、为大一统高歌，还有利于化解灾异带来的恐慌，以之笼络民心，巩固统治，自然受到统治者的关注和提倡。符瑞文化在汉代得到确立并制度化，也引发了统治者对于治国政策的调整，主要表现为引发帝王改元、祭祀、赏赐并大赦天下。

赵翼《廿二史札记》云："两汉多凤凰，而最多者，西汉则宣帝之世，东汉则章帝之世。"[①] 对于天降凤凰这一瑞兆，汉代帝王必有所回应，或行祭祀，或改年号，或建凤凰殿，或大赦天下，或免租减赋。天有嘉许，皇帝应答，惠及百姓。如《改元神爵诏》（神爵元年三月）："朕承宗庙，战战栗栗，惟万事统，未烛厥理。乃元康四年，嘉谷玄稷，降于郡国，神爵乃集……南郡获白虎、威凤为宝。朕之不明，震于珍物，饬躬斋精，祈为百姓。……其以五年为神爵元年，赐天下勤事吏爵二级，民一级，女子百户牛酒，鳏寡孤独高年帛。所振贷物勿收。行所过毋出田租。"[②]《后汉书·孝安帝纪》记载："济南上言，凤皇集台县丞霍收舍树上。赐台长帛五十匹，丞二十匹，尉半之，吏卒人三匹。凤皇所过亭部，无出今年田租。"

诚如汉代"四神"铜镜上的铭文所言："福熹进兮日以萌，食玉英兮饮澧泉，驾文龙兮乘浮云，白虎□兮上泰山，凤凰舞兮见神仙，保长命兮寿万年，周复始兮八子十二孙。"[③] 又有四凤纹铜镜铭文："福禄进兮日以前，天道得物自然，参驾蜚龙乘浮云，白虎失，上大山，凤鸟下，见神人。"[④] 在人们的

①（清）赵翼：《廿二史札记》，凤凰出版社，2008年，第42—43页。

②（清）严可均校辑：《全上古三代秦汉三国六朝文·全汉文》（卷七），中华书局，1958年，第157页。

③孔祥星、刘一曼：《中国铜镜图典》，文物出版社，1992年，第293页。

④中国科学院考古研究所：《洛阳烧沟汉墓》，科学出版社，1959年。

精神层面，希冀以凤凰为主导的神禽异兽保佑自身的福、禄、寿及子孙的兴旺发达。

总之，凤凰成为代表性的吉祥符号，调适着人们的心理与行为，如对幸福生活的渴望，对天灾人祸的消解，等等。

# 附 论

## 汉族生肖中有龙无凤的文化阐释

生肖在古代又称十二禽、十二兽、十二神、十二属、十二物、十二虫，民间称为十二属相。东汉王充《论衡》云：“子之禽鼠，卯之兽兔”，“禽”与“兽”并举，说的就是生肖。

龙凤天生是一对，汉族[1]生肖中为何有龙无凤，很多人会产生这样的疑问，有人认为生肖中有鸡，而鸡是凤凰的原型之一，可以代替凤。如果以这样的逻辑推理，蛇亦是龙的原型之一，为何生肖中有蛇还有龙？要弄清楚这个问题，需先了解生肖的起源。生肖的起源包括起源地、起源时间、起源思想、动物的选择等问题。每一个问题都是复杂的，多有学者研究探讨，但至今尚无定论。

①之所以限定汉族生肖，是因为一些少数民族有自己的生肖，与汉族生肖略有不同，比如桂西彝族生肖中就有凤。另外，其他一些国家的生肖也不在下文的探讨范围内。

据秦汉简牍及《论衡》所载“十二禽”，迟至东汉“辰”与“龙”才固定搭配。汉代天下一统，促进思想文化的整合，龙既在形式上定型，也在生肖文化中固定下来。针对生肖起源的种种因素，以龙为参照，从自然神性来看，龙能兴云播雨，比凤更适应中国农业社会的需求。从政治文化属性来看，在生肖萌芽、发展的商周时期，龙的文化地位不及凤，凤凰与政治、王权联系密切，在商族的创生、周族的兴起中发挥着重要作用。凤凰的文化地位与政治属性使其不可能与龙及其他凡间动物一样进入十二生肖的行列。比较龙凤出现的自然时空，龙与大自然、与人们的生产生活联系密切，龙的生命节律比凤更迎合生肖纪时所包含的时间特性以及自然界呈现的时序空间。生肖动物的选择体现了古人在生产生活中与大自然的依存关系。

## 一、生肖起源概述

生肖的起源包括了起源地、起源时间、起源思想以及生肖动物的选择等问题。各种问题学界说法尚未统一。

（一）起源地

关于汉族生肖的起源地，主要有本土说、外来说两种。外来说如北方游牧民族风俗说，见清代赵翼《陔余丛考》[①]；古巴比伦说，以郭沫若[②]为代表；印度传入说；[③]等等。本土说，以吴裕成[④]为代表。

不过，随着秦汉简牍的考古发现，依据其上所记载的“十二禽”，让更多的学者认同本土说。

（二）起源时间

赵翼《陔余丛考》：“十二相属起于何时，诸书皆无明文。”当今学者们根据文献与考古资料，有史前说，如常峻[⑤]；夏代说，如刘尧汉[⑥]；殷商说，如刘青[⑦]；春秋说，如仲候[⑧]；战国说，如曹彦生[⑨]、刘信芳[⑩]；东汉说，如姚政[⑪]；等等。

另有研究者经过对文献资料及考古资料综合梳理，认为生肖文化的形成是一个动态的渐进的发展演变过程，生肖文化的发展经历了萌芽期、发展变化期、成熟期、广为流传期等几个阶段。夏商时期，干支纪日法已形成体系，生肖文化开始萌芽，生肖动物的名称在甲骨文中已出现，但与干支尚未联系（干支体系此时已成熟）；战国时代，阴阳五行说兴起，方士们将干支纪日与生肖动物相对应，并联系十二支的五行属性，

①（清）赵翼：《陔余丛考》，中华书局，1963年，第727页。

②郭沫若：《郭沫若全集·考古篇》（第一卷），科学出版社，1982年，第332页。

③马昌英：《中国十二生肖起源探微》，《西北师大学报》（社会科学版）1999年第4期。

④吴裕成：《中国生肖文化》，天津人民出版社，2003年，第70—78页。

⑤常峻：《中国生肖文化》，上海辞书出版社，2001年。

⑥刘尧汉：《中国文明源头新探——道家与彝族虎宇宙观》，云南人民出版社，1985年。

⑦刘青：《从甲骨卜辞看十二生肖之衍生——兼论十二生肖衍化的思维模式》，《思想战线》2008年第5期。

⑧仲候：《十二属相与人生》，中国商业出版社，2006年，第9页。

⑨曹彦生：《十二生肖历的起源及其在北方游牧民族间的传承》，《内蒙古社会科学（汉文版）》1995年第4期。

⑩刘信芳：《生肖的起源及文化属性》，《中原文化研究》2013年第4期。

⑪姚政：《十二生肖说》，《文史杂志》2011年第6期。

即寅卯属木，巳午属火，申酉属金，亥子属水，辰未戌丑属土，用来解释种种自然现象，推算祸福灾异，这种推算法一直延续到秦汉。这一时期出现了两种并行的生肖体系，其中一种流传了下来，成了主流，而另一种则转入了三十六禽体系中。西汉时期，已有生肖铜镜出现；到了东汉时期，生肖文化正式出现于文献记载中。①

（三）起源思想

其一，图腾说。代表人物有何星亮、董家遵、刘尧汉②等。如刘尧汉根据彝族的图腾和哀牢山虎街山神庙纪日“十二兽”壁画及彝文《母虎日历》碑，主张十二兽起源于原始图腾崇拜。

其二，动物崇拜说。持此观点的有穆子敏、方舟③、张秉伦④等。如张秉伦认为原始社会生产力低下，认识自然能力极其有限的情况下，对与自己生活息息相关的动物（如六畜）产生依赖感，对危害自身的动物（如虎、蛇）产生恐惧感，对一些超过人类的动物器官功能（如狗的嗅觉等）产生崇敬感，导致产生对动物的崇拜。十二属相动物便是人们在动物崇拜的原始信仰影响下产生的用来纪年、纪月的兽历。

其三，天文、星象说。如郑文光的观点较有代表性：“十二生肖来自十二支。午为马，有天上众星命名为证。前面的辰为龙，也是如此。……当然，十二生肖不能完全从星象里找出根源，恐怕只有一部分符合，另一部分是拼凑上去的。”⑤

其四，地支说。叶舒宪认为十二生肖源于十二地支，是古人“远取诸天”的产物。⑥即十二之数来自天象，地支和属相都是用来记载岁星一周天这十二年的方式，由于地支纪日法过于抽象，因此才加上生肖以便使用和记忆。

其五，综合说。常峻认为中国十二生肖是图腾崇拜与古历法十月历相交融、组合产生的。⑦吴乃华、魏彬⑧提出：“生肖

①张珊珊：《生肖文化的起源及其发展过程》，北京语言大学硕士学位论文，2007年。

②何星亮：《图腾文化与人类诸文化的起源》，中国文联出版公司，1991年，第329—333页。

③穆子敏、方舟主编：《生肖珍闻词语大观》，蓝天出版社，1990年，第3—9页。

④转引自仲候《十二属相与人生》，中国商业出版社，2006年，第6页。

⑤郑文光：《中国天文学源流》，科学出版社，1979年，第129—130页。

⑥叶舒宪：《生肖文化及其起源》，《寻根》1998年第1期。

⑦常峻：《中国生肖文化》，上海辞书出版社，2001年，第3—14页。

⑧吴乃华、魏彬：《奇趣生肖历》，气象出版社，2003年，第44页。

是一种潜在的社会文化现象，它从多方面吸取营养，既有人们对天象的观测，对自然的认识，又有人们从日常的生活、生产和社会生活中产生的智慧结晶。经过数百年以至数千年不同文化的交融汇合，受到了多方面的影响，才最后形成。”刘信芳指出，生肖本质上属于古代数术，是历法和占卜的混生形式，同时又是一种文化现象。十二生肖、《尔雅》十二月名（包括楚帛书十二月名）与十二支同属于物名纪月的范畴。① 邸永君认为，十二生肖的产生，依托于动物崇拜、图腾崇拜的盛行与干支纪年法的运用，二者相辅相成，缺一不可。②

（四）动物的选择

隋代萧吉的《五行大义》③ 是目前见到的就十二生肖选取动物做出最早解释的古籍。该书记载，十二属并是斗星之气，散而为人之命，系于北斗，是故用以为属。即上应天星，下属年命。宋代朱熹认为，十二生肖动物的选用和排列，是根据每天动物活动的时间来确定的，如夜晚十一时到凌晨一时，是子时，老鼠最为活跃；早七时至九时，为辰时，这正是神龙行雨的好时光；等等。④

另外，民间关于十二生肖源流的传说颇有一些，但亦不外是以十二兽纪辰与纪岁两种，并由此发展为同“人命所属”相联系的“生肖”。就其演绎故事的情节特点而言，主要有赌赛排位次、自然定位和外来说三种类型。⑤

综合以上种种关于生肖起源的观点，结合本文所要论证的问题，笔者认同生肖起源本土说，商周为生肖文化的萌芽、发展期，生肖起源思想综合说。至于动物的选择，应该说，十二兽的选取与中国古代劳动人民的生产生活密切相关，是古人基于对与日常生产生活息息相关的动物的了解，总结物候规律，使之服务于现实，更好地趋利避害。⑥ 在此前提下，下文从文化学的角度论证生肖中有龙无凤的原因。

①刘信芳：《生肖的起源及文化属性》，《中原文化研究》2013 年第 4 期。
②邸永君：《十二生肖与图腾崇拜》，《中国社会科学报》2015 年 8 月 12 日。
③(隋）萧吉：《五行大义》，商务印书馆，1936 年，第 116—117 页。
④王红旗：《神妙的生肖文化与游戏》，生活·读书·新知三联书店，1992 年，第 25—26 页。
⑤曲彦斌：《生肖文化考上》，《文化学刊》2012 年第 4 期。
⑥李菁叶：《睡虎地秦简与放马滩秦简〈日书〉中的十二兽探析》，《南都学坛》（人文社会科学学报）2011 年第 5 期。

## 二、生肖中有龙的几种原因

人们很容易问：为什么汉族生肖十一种动物都是现实中所有的，惟独龙这一种却是现实中没有的呢？

先了解一下古代龙究竟是什么。学者众说纷纭，这里选取一些与生肖的起源有关联的观点：

龙为农，象征着农业的起源与发展；龙为虹，虹被称为龙吸水；龙为雷和闪电，闪电的光痕像龙，雷为龙吟；龙为云，与水有关，云形不定，变化多端，龙亦如是；龙为星，十二地支中辰为龙，而辰又指星辰，《易经》中乾卦的“潜龙勿用”“飞龙在天”，被认为是星星的出没，标志着不同的季节；龙为恐龙，恐龙大约在六千万年前灭绝，那时还没有人，也许原始人早已发掘过恐龙化石，知道了这种巨大的动物，并称之为龙；龙的原形为蛇，蛇在民间称为小龙，民谚“二月二，龙抬头”，是说蛇在春天要从休眠状态爬出来（另一种说法，是指星辰）；龙为许多种动物的综合，这是一种图腾说，认为在远古有众多的部落，分别以鹿、蛇、骆驼、蜃、鱼、鹰、虎、牛、猪、狗、鳄、蜥蜴、穿山甲等动物为各自的图腾，后来他们统一起来了，于是创造出一种新的图腾动物——龙。因此，龙的不同部位保留着不同动物的形状，如角似鹿，头似驼，身子似蛇，鳞似鱼，掌似虎，爪似鹰。龙为神灵，很有可能是水神了。[①] 物候代表形象的组合：龙身是“扭动的虫形”，龙角是先民“测定时间的工具——表”；“在广大的范围中，人们选择不同的物候参照动物，因此江汉流域的鼋类、鳄类，黄河中上游的虫类、蛙类、鱼类，黄河中下游的鸟类、畜类等都有可能成为较为固定的物候历法之参照动物，……后来，这些关系演化成观念集中在特定的形象身上，便形成了龙”[②]，等等。

以现在的观点来看，龙是虚拟的生物，但既然龙的原型那

①王红旗：《神妙的生肖文化与游戏》，生活·读书·新知三联书店，1992年，第138—141页。

②陈绶祥：《中国的龙》，漓江出版社，1988年。

么多，远古时期被视为龙的生物，未必就是现实中不存在的。

分析一下，汉族生肖中有龙的原因应该主要有几种因素：

其一，龙与农业生产生活密切相关。一方面，某种程度上这种“密切”仅仅是建立在传统观念的信仰上的，如龙能兴云播雨。另一方面，与龙相联系的天文星象、物候的因素等，在古代均是服务于农业生产生活的，如古人“观象授时”，以物候安排农事等。

其二，图腾崇拜与动物崇拜。这其中包含了巫术、神话、宗教等信仰。

其三，龙进入“十二禽”之初并不是虚拟的生物。如《国语·鲁语》说“水之怪曰龙”，韦昭注“龙，神兽也”。放马滩秦简《日书》（甲）[①]称：“辰，虫也。”当时所谓“虫”大概是指蛇。先秦时期，龙被看成是一种不常见的神秘动物，但是还没有神圣化，《左传·襄公二十一年》：“深山大泽，实生龙蛇。”起源于民间的十二生肖说自然不会将人们看不到的动物列入其中。概括说来，先秦时期，在黄河流域和长江流域，民间就出现了六畜为核心的十二生肖说，其他所配动物尚未固定，到了汉代，加入了龙，十二生肖说乃告定型，一直流传到现在。[②]

其四，与龙的演变与定型过程有关。如下的“先秦秦汉文献、简牍（《日书》）及后世十二禽对比一览表”（见附表1-1），在秦与西汉简牍的《日书》记载的十二禽中，与“辰”对应的或为龙，或为虫，或空缺。从语言学的角度分析，“辰”的肖形动物曾经是“虫”，乃古代数术家从字形来附会。[③]李零则认为放马滩秦简《日书》（甲）中辰对应的虫是龙的误写。[④]但可以肯定的是，直至东汉，“辰”与“龙”才成为固定的搭配。“龙在汉代，在形式上达到了一个新的空前的高度。汉代是龙的真正的定型期。”[⑤]不管是龙在形式上的定型，还

①甘肃省文物考古研究所：《天水放马滩秦简》，中华书局，2009年。

②周庆基：《十二生肖说的起源和功用》，《河北大学学报》1989年第4期。

③刘信芳：《生肖的起源及文化属性》，《中原文化研究》2013年第4期。

④李零：《中国方术考》（修订本），东方出版社，2001年，第221页。

⑤徐乃湘、崔岩峋：《说龙》，紫禁城出版社，1987年。

是民俗“十二禽”中“辰”与“龙”的固定，均反映了汉代一统天下后在思想文化整合方面的作用与影响。自古人们把虫视为龙的原型之一，古人神化昆虫，这实为龙的形象与崇拜来源。夏禹形貌为虬龙，其名“禹”，恰和“虫”同字，故龙、虫义同。[①] 加之汉代祥瑞观念兴盛，龙是代表性的祥瑞之一，此时以龙取代虫应该是时代发展的趋势使然。

①郭静云：《史前信仰中神龙形象来源刍议》，《殷都学刊》2010 年第 3 期。

附表 1-1　先秦秦汉文献、简牍（《日书》）及后世十二禽对比一览表[②]

| | 子 | 丑 | 寅 | 卯 | 辰 | 巳 | 午 | 未 | 申 | 酉 | 戌 | 亥 |
|---|---|---|---|---|---|---|---|---|---|---|---|---|
| 左传 | | | | | 龙 | | | | | | | |
| 睡虎地秦简 | 鼠 | 牛 | 虎 | 兔 | | 虫 | 鹿 | 马 | 环 | 水 | 老羊 | 豕 |
| 放马滩秦简（甲） | 鼠 | 牛 | 虎 | 兔 | 虫 | 鸡 | 马 | 羊 | 猴 | 鸡 | 犬 | 豕 |
| 放马滩秦简（乙） | | 牛 | | | | 鸡 | 马 | 羊 | 石 | 鸡 | | |
| 放马滩秦简(乙·黄钟) | | 牛 | 虎 | 兔 | 龙 | | 马 | 羊 | 王口 | 鸡 | 犬 | |
| 孔家坡汉简 | 鼠 | 牛 | 虎 | 鬼 | 虫 | 虫 | 鹿 | 马 | 玉石 | 水日 | 老火 | 豕 |
| 论衡 | 鼠 | 牛 | 虎 | 兔 | 龙 | 蛇 | 马 | 羊 | 猴 | 鸡 | 犬 | 豕 |
| 后世 | 鼠 | 牛 | 虎 | 兔 | 龙 | 蛇 | 马 | 羊 | 猴 | 鸡 | 狗 | 猪 |

②睡虎地秦墓竹简整理小组：《睡虎地秦墓竹简》，文物出版社，1978 年。甘肃省文物考古研究所：《天水放马滩秦简》，中华书局，2009 年。湖北省文物考古研究所、随州市考古队编：《随州孔家坡汉墓简牍》，文物出版社，2006 年。

## 三、生肖中有龙无凤的文化阐释

闻一多曾经指出，龙与凤代表着古代民族中最基本的两个单元，龙凤是天生的一对。龙凤对举的例子在文物、文献、民俗中比比皆是，但在中国传统文化中颇具影响力的生肖文化中有龙无凤，的确是引人好奇。要解开这一文化之谜，自然要以生肖起源这一大的文化背景为依托，更宜以龙为参照，探寻其中的因由。今天龙凤同为中华文明的象征，尽管造型各异，但其自然属性与文化属性在类别与层次上有许多共性的地方，而寻找两者与生肖文化有关的差异所在，则应该是解答生肖中有龙无凤的有效方法。

（一）龙凤自然神性的比较

中国自古以农为本，龙凤各有其自然神性，其中均有与农业生产生活相关联的地方。

以凤为例。其与农业生产生活密切联系的神异性状主要有三：其一，凤为太阳鸟。如河姆渡文化遗址出土的“双凤朝阳”牙雕、“双凤负日”骨雕[①]，证明了凤凰与太阳的“伴生”关系，而农作物的生长离不开阳光普照。其二，凤知历。《左传·昭公十七年》言东夷少皞氏以凤鸟氏为“历正”，即主管天文历法的官员。杜预注：“凤鸟知天时，故以名历正之官。”其三，古代凤与风相同，凤被视为风神，主管东南西北四方风，以及四季。季风、季节均与农作物的生长息息相关。但需要明白的是，史前时代凤凰的这些带有神话气息与巫术色彩的神性进入文明时代已经逐渐淡化或演变，不再在人们的农耕信仰中占据重要位置。

①浙江省文物管理委员会、浙江省博物馆：《河姆渡遗址第一期发掘报告》，《考古学报》1978年第1期。河姆渡遗址考古队：《浙江河姆渡遗址第二期发掘的主要收获》，《文物》1980年第5期。

而龙不一样。

农业生产与雨水关系十分密切，但是旱灾总是频频发生。龙与中国农业最密切的一点，就是能兴云播雨。龙王庙在全国各地广泛存在，从古至今。

《甲骨文合集》13002：“乙未卜：龙亡其雨？”29990：“其作龙于凡田，又雨？”依据两则卜问，可见商代即建立起雨水与龙的密切关系。商代祈雨巫术在焚巫、尪的同时又使用龙，龙形玉雕“珑”因而流行。《说文》：“珑，祷旱玉也。”珑很可能正是祈雨巫术中巫师所用的一种礼器。[②]

②张珊珊：《生肖文化的起源及其发展过程》，北京语言大学硕士学位论文，2007年。

《吕氏春秋·召类》云：“以龙致雨。”高诱注：“龙，水物也，故致雨。”周制《月令》，东周时，“龙见而雩”，即夏历四月黄昏，苍龙七宿的角、亢在东方出现时，组织童男女各八人跳舞作求雨之祭，想保农作物对雨水的需要。有学者以为这与龙星有关，与龙无关。但天上的龙星与地上的龙是对应的，并非没有关系。“辰位的角宿一（室女座 α）和大角（牧夫座 α）这两颗亮星，正是象征着东方苍龙这条龙的两角，因而得名。”[①]

①郑文光：《中国天文学源流》，科学出版社，1979 年，第 130 页。

从西汉起，龙的雨神地位有所提高。《春秋繁露·求雨》记载了官方主导的求雨活动，杂汇多种求雨方式，并纳入五行学说的框架。春旱求雨，于东门外，于甲乙日，作大苍龙一条，小龙七条。夏旱求雨，于南门外，丙丁日，作大赤龙一条，小龙六条。秋旱求雨，于西门外，庚辛日，作大白龙一条，小龙八条。冬旱求雨，于北门外，壬癸日，作大黑龙一条，小龙五条。为凑够五行，加季夏旱求雨，于南门外，戊己日，作大黄龙与小龙。每次求雨，都有多项仪式，如县官向社（地神）稷（谷神）、山神、河神祈祷；巫师以酒、鱼、肉供神，跪陈祷词；组织小童八人向土龙跳舞，取悦于龙；暴晒巫、尪，乞怜于诸神，以求降雨。

从巫术的角度考察，龙的起源本质根植于中国农业文明。如以龙为主导的巫术祭天，主要的目的便是祈雨。由于雨水关系到农业的命脉，因此，祈雨是古代地方官政务中的一件大事。不管他信不信神，遇到天旱，都得向龙神求雨。在民间，龙神庙是分布最广泛的庙宇，以此祈求风调雨顺、国泰民安，成为古往今来一种普遍的民俗心理[②]。以龙求雨的习俗不仅存在于中国古代，甚至到了近现代，它还流行于一些偏远地区。

②蒋明智：《作为巫术信仰的龙》，《长江大学学报》（社会科学版）2008 年第 5 期。

（二）商周龙凤政治文化属性的比较

1. 商周时期龙的文化地位

商周时期龙的文化地位可以从出土文物中找到答案。就商周青铜器所装饰的纹样看，龙并不居于主要地位，而普遍居于从属和陪衬的地位。它们很少作为主体纹饰装饰于器物的显著部位，一般都出现在鼎、簋、觚等礼器的口沿下、圈足上。当它们出现在器物腹部时，几乎总是作为兽面纹的附属纹饰。只有极个别龙纹型式偶尔占据盘心、尊肩、刀柄、卣提梁等次要器类的较显著位置。周代以后，龙的地位似乎略有提高，作为主体纹饰装饰于器盖和器腹的龙纹型式与数量均明显增加。但就总体而言，西周早期青铜器上龙纹的地位仍不及兽面纹，并未改变其从属和陪衬的形象；而兽面纹衰落后，龙纹的地位又不如大量新兴的凤鸟纹突出。由此可见，龙纹在商周青铜器上并没有居于主导地位，龙既不是商族也不是周族的主要神灵，这也是决定商周青铜器上龙纹面貌的主要因素。这在古代文献上也有反映，《礼记・礼运》称“麟、凤、龟、龙，谓之四灵”，龙仅居四灵之末位，由此也能窥见龙在当时人们心目中的地位。[①]

此外，从目前的材料看，东周时期出土单体龙形玉器的墓葬上至诸侯国的国君，下达“士”级贵族，甚至还有极其少数的平民墓葬中也有出土。出土单体龙形玉器墓葬的墓主有男性也有女性，而且可以推断在夫妻关系的两座墓葬中，出土单体龙形玉器的往往是女性墓葬。[②]

可见商周时期龙的文化地位并没有高高在上，也没有在政治层面居于主导地位。

2. 商周时期凤凰的文化地位与政治属性

文献记载，凤凰与商族的创生、周族的兴起息息相关；商代凤凰为天帝的使者，享受人间祭祀；周代凤凰具有“见则天下安宁”的政治属性。凤凰的身份高贵可见一斑，其文化地位也远远高于龙。奠定商周时期凤凰文化地位与政治属性的几则史料如：

①杨远：《夏商周青铜容器的装饰艺术研究》，郑州大学博士学位论文，2007年。

②赵萌：《东周时期单体龙形玉器的形制探讨——以“中原式”为重点》，中国社会科学院硕士学位论文，2016年。

《诗经·商颂·玄鸟》：“天命玄鸟，降而生商。”玄鸟为凤凰的原型之一，商人崇凤，多有学者论述，此不赘述。商代甲骨卜辞记载：“于帝史凤（凤），二犬。”[①] 传递两条信息，其一，凤为天帝的使者；其二，以两只犬来祭祀凤凰。《国语·周语》：“周之兴也，鸑鷟鸣于岐山。”鸑鷟为凤鸟之属。由此借凤凰创造了天命王权的政治神话。

①胡厚宣主编：《甲骨文合集释文》第14225片，中国社会科学出版社，1999年。

由于凤鸟在商族创生、周族兴起的神话传说中的重要地位，商周时期的艺术家们大大丰富了凤鸟的形象，不但在文字中创造了凤鸟的形象，也将其运用于玉器、青铜器等造型和装饰艺术中。在甲骨文和金文中，分别有凤和鸟的形象。如凤纹是商周青铜器装饰纹样中非常常见的题材，大约出现于商代中期，盛行于商末周初及西周中期昭、穆之时，甚至西周早期到穆王、恭王，被誉为“凤鸟纹时代”。[②]

②马承源主编：《中国青铜器》，上海古籍出版社，2003年，第323页。

《山海经·南山经》：“凤皇……见则天下安宁”；同书《西山经》：“鸾鸟……见则天下安宁。”（鸾鸟为凤凰之属）联系《论语》：“子曰：凤鸟不至，河不出图，吾已矣夫。”凤凰的出现是政治清明的象征，是儒家标榜的理想社会象征符号，打着象征“天下安宁”的政治大旗。

总之，在生肖文化萌芽、发展的商周时期，凤凰文化属性中的神性与政治神话色彩是龙所不及的，这也是决定凤凰不可能与龙及其他凡间动物一样进入生肖行列的重要原因之一。

（三）龙凤出现的自然时空的比较

前文已经比较龙凤的政治文化属性，故这里的时空维度，仅指自然意义上的时间、空间因素。另外龙、凤（朱雀）同有作为天文星象的时空共性，以下时空维度的比较也不包括这一点。此外，龙凤出现的时空维度会随着时代的发展而变化，故以生肖萌芽、发展的商周时期到生肖成熟定型的汉代这一时间段来作比较。

1. 凤凰出现的自然时空

其一，天空。《诗经·商颂·玄鸟》云：“天命玄鸟，降而生商。”《诗经·大雅·卷阿》：“凤皇于飞，翙翙其羽，亦傅于天。”其二，山。一是仙山，《山海经·南山经》：“丹穴之山，……有鸟焉，其状如鸡，五采而文，名曰凤凰。”二是带有政治色彩的岐山。《国语·周语》：“周之兴也，鸑鷟鸣于岐山。”其三，高冈、梧桐。《诗经·大雅·卷阿》：“凤皇鸣矣，于彼高冈；梧桐生矣，于彼朝阳。”其四，东方君子之国。《说文》：“凤鸟出东方君子之国，过昆仑……暮宿风穴。”其四，四方、四时。前文已述《左传·昭公十七年》言东夷少皞氏以凤鸟氏为主管天文历法的官员；古代风被视为风神，主管东南西北四方风，以及四季，即四时。

2. 龙出现的自然时空

《周易·乾》记载，九二：见龙在田；九四：或跃在渊；九五：飞龙在天；上九：亢龙有悔；用九：见群龙无首。《管子·水地篇》：“龙生于水，被五色而游，故神。欲小则化如蚕蠋，欲大则藏于天下，欲上则凌于云气，欲下则入于深泉，变化无日，上下无时，谓之神。”王充《论衡·感虚篇》：“方今盛夏，雷雨时至，龙多登云。云龙相应，龙乘云雨而行，物类相致，非有为也。”《论衡·寒温篇》：“虎啸而谷风至，龙兴而景云起，同气共类，动相招致，故曰以形逐影，以龙致雨，雨应龙而来，影应形而去，天地之性，自然之道也。”《说文》记载：龙乃“鳞虫之长，能幽能明，能细能巨，能短能长，春分而登天，秋分而潜渊”。

从上可以看出，与凤凰共存的时空元素主要有四时、四方、东方君子之国、天空、山、高岗、梧桐；与龙共存的时空元素主要有盛夏、雷雨、云、天空、深泉、渊、春分、秋分。

就龙凤出现的时空维度来比较，有几点明显的差异：其一，龙的出现与天气、季节因素密切相关；而凤的出现显然不具备这一特点。其二，凤出现的时间、空间因素比较纯粹、单一，而龙的出现往往体现出时空的交互运动，如《周易·乾》记载了不同季节，龙的动态存在空间；又如王充《论衡·感虚篇》记载的盛夏、雷雨、龙登云，特定的时空交融中龙华丽登场。

王大有指出，中国视龙为自然界中一种实有动物，又视龙有种种呼风唤雨、兴云作雨的功能，司职农业、水、旱、河湖海洋渔业之利；龙为水物，生于江河湖海大泽，冬眠、春苏、夏秋活跃，喜温湿，不喜干旱；可以敏锐地感受气压变化而预知晴雨，每当下雨前吼呼，声如雷，闻之占雨，能吐气成云致雨，故龙从云，龙升景云举，名曰忽雷（呼雷），又名辰、震、蜃。此为本体龙生活习性学特征，亦即龙的生命节律学。[①] 隋代萧吉的《五行大义》记载："问曰：'禽虫之例数多，何故不取麟、凤为属，乃取蚯蚓、蛇、鼠小虫？'答曰：'取十二属者，皆以其知时候气，或色或形，并应阴阳故也。麟、凤已配五灵，非是虚而不用。'又问曰：'麟、凤已配五灵，更不取者，龙、虎亦配，何为复用？'答曰：'龙动云兴，虎啸风起，此是应阴阳之气，所以须取。麟、凤虽灵，无所作动，故不重用。'"[②] 此段话中有两点认识是科学的：其一，十二属者，皆以其知时候气；其二，凤虽灵，无所作动，故不重用。这里的"无所作动"应该是指凤凰与大自然的时空变化之间并无密切的感应关系。比较龙凤出现的自然时空，龙的生命节律更迎合了生肖纪时所包含的时间特性、物候特性以及自然界呈现的时序空间。

①王大有：《中华龙种文化》，中国时代经济出版社，2006年，第11页。

②萧吉：《五行大义》，商务印书馆，1936年，第116—117页。

《中国历史大辞典》这样阐述十二生肖文化：自古以来，十二生肖就与人们的生产生活、衣食住行紧密相连，寄托了人们对自然界的崇敬和美好愿望。它反映了古代人们对动物的崇拜与热爱，是古代人们寻求人类与自然界关系的一个契合点。人们希望能够像十二生肖中的动物一样具有旺盛的生命力，能在征服自然、改造自然的过程中，与自然界相依相成、生生不息。[1] 这个阐述是科学智慧的，反映了生肖与人的关系，亦即人与大自然的关系，这种关系靠人们的生产生活来具体化。总结来看，在生肖文化萌芽、发展的商周时期，龙与大自然、与人们的生产生活联系密切，而凤凰与政治、王权联系密切。另外，早期生肖中的龙，或许是生活中实有的生物，龙的原型很多，虫亦是诸多生物的一个概括，某些时候，龙与虫相通。《说文》：“龙，鳞虫之长。”汉代天下一统，促进思想文化的整合，龙既在形式上定型，也在生肖文化中取代虫类而固定下来。

①转引自张丽华：《十二生肖的起源及墓葬中的十二生肖俑》，《四川文物》2003 年第 5 期。

# 参考文献

## 一、专著

（一）古籍

（西晋）陈寿．三国志［M］．北京：中华书局，1982.

（隋）萧吉．五行大义［M］// 丛书集成本．上海：商务印书馆，1936.

（唐）房玄龄，等．晋书［M］．北京：中华书局，1982.

（唐）孔颖达．礼记注疏［M］．上海：上海古籍出版社，2016.

（唐）李林甫，等．唐六典［M］．陈仲夫，点校．北京：中华书局，1992.

（宋）李昉，等．太平广记［M］．北京：中华书局，1961.

（宋）王洙，等．重校正地理新书［M］// 续修四库全书．［金］张谦，重校．上海：上海古籍出版社，1997.

（清）董浩，等．全唐文［M］．上海：上海古籍出版社，1990.

（清）严可均．全上古三代秦汉三国六朝文［M］．北京：中华书局，1958.

（清）马国翰．玉函山房辑佚书［M］．上海：上海古籍出版社，2003.

（清）彭定求．全唐诗［M］．北京：中华书局，1960.

（清）赵翼．陔余从考［M］．北京：中华书局，1963.

（姚秦）鸠摩罗什译．佛说弥勒大成佛经［M］// 大正新修大藏经：14 册．台北：新文丰出版社，1973.

佛说阿弥陀经［A］. 大正新修大藏经（第十二一卷）［C］. 日本：大正新修大藏经刊行社，1960.

（二）普通图书
艾兰．龟之谜：商代神话、祭祀、艺术和宇宙观研究［M］．汪涛，译．成都：四川人民出版社，1992.
爱德华·泰勒．原始文化［M］．连树生中译本．上海：上海文艺出版社，1992.
拉法格．宗教和资本［M］．王子野，译．北京：读书·生活·新知三联书店，1963.
北京大学考古学系．华县泉护村［M］．北京：科学出版社，2003.
布罗代尔．15 至 18 世纪的物质文明、经济和资本主义：第 1 册［M］．顾良，施康强，译．北京：生活·读书·新知三联书店，2002.
常峻．中国生肖文化［M］．上海：上海辞书出版社，2001.
陈来．古代思想文化的世界［M］．北京：生活·读书·新知三联书店，2010.
陈来．现代中国哲学的追寻［M］．北京：人民出版社，2001.
陈梦家．殷虚卜辞综述［M］．北京：科学出版社，1956.
陈勤建．中国鸟信仰［M］．北京：学苑出版社，2003.
陈绶祥．中国的龙［M］．桂林：漓江出版社，1988.
丁福保．佛学大辞典［M］．北京：文物出版社，1984.
恩格斯．路德维希·费尔巴哈和德国古典哲学的终结［M］．北京：人民出版社，1997.
方立天．中国佛教与传统文化［M］．北京：中国人民大学出版社，2010.
方立天．中国佛教哲学要义（上）［M］．北京：中国人民大学出版社，2002.
费尔巴哈．宗教的本质［M］．王太庆，译．上海：人民出版社，1999.
甘肃省文物考古研究所．天水放马滩秦简［M］．北京：中华书局，2009.
高福进．太阳崇拜与太阳神话［M］．上海：上海人民出版社，2002.
格尔哈斯·伦斯基．权力与特权：社会分层的理论［M］．杭州：浙江人民出版社，1988.
郭宝钧．商周铜器群综合研究［M］．北京：文物出版社，1981.
郭沫若．郭沫若全集［M］．北京：科学出版社，1982.
郭沫若．甲骨文合集［M］．北京：中华书局，1979.
郭于华．仪式与社会变迁［M］．北京：社会科学文献出版社，2000.

海波．佛说死亡——死亡学视野中的中国佛教死亡观研究［M］．西安：陕西人民出版社，2008.
何新．诸神的起源：中国远古太阳神崇拜［M］．北京：光明日报出版社，1996.
何星亮．图腾文化与人类诸文化的起源［M］．北京：中国文联出版公司，1991.
何星亮．中国自然神与自然崇拜［M］．上海：生活·读书·新知上海三联书店，1992.
胡厚轩，胡振宇．殷商史［M］．上海：上海人民出版社，2003.
胡家祥．审美学［M］．北京：北京大学出版社，1999.
湖北省博物馆．鄂城汉三国六朝铜镜［M］．北京：文物出版社，1986.
湖北省文物考古研究所，随州市考古队．随州孔家坡汉墓简牍［M］．北京：文物出版社，2006.
湖北省文物考古研究所．江陵九店东周墓［M］．北京：科学出版社，1995.
湖南省博物馆，中国科学院考古研究所．长沙马王堆一号汉墓（上集）［M］．北京：文物出版社，1973.
湖南省博物馆，等．长沙楚墓［M］．北京：文物出版社，2000.
黄雅峰．汉画像石画像砖艺术研究［M］．北京：中国社会科学出版社，2011.
江林昌．楚辞与上古历史文化研究［M］．济南：齐鲁书社，1998.
卡西尔．国家的神话［M］．北京：华夏出版社，1999.
孔祥星，刘一曼．中国铜镜图典［M］．北京：文物出版社，1992.
李立．汉墓神画研究——神话与神话艺术精神的考察与分析［M］．上海：上海古籍出版社，2004.
李立．文化整合与先秦自然神话演变［M］．昆明：云南人民出版社，2002.
李零．中国方术考（修订本）［M］．北京：东方出版社，2001.
李泽厚．美的历程［M］．天津：天津社会科学院出版社，2001.
李泽厚．中国古代思想史论［M］．北京：人民出版社，1986.
理查德·比尔纳其．超越文化的转向［M］．方杰，译．南京：南京大学出版社，2008.

刘尧汉．中国文明源头新探——道家与彝族虎宇宙观［M］．昆明：云南人民出版社，1985.
刘泽华．王权思想论［M］．天津：天津人民出版社，2006.
刘泽华．先秦政治思想史［M］．天津：南开大学出版社，1984.
罗二虎．汉代画像石棺［M］．成都：巴蜀书社，2002.
马承源．中国青铜器［M］．上海：上海古籍出版社，2003.
马克思恩格斯全集［M］．北京：人民出版社，1971.
马林诺夫斯基．巫术科学宗教与神话［M］．北京：中国民间文艺出版社，1986.
麦克斯·缪勒．宗教的起源与发展［M］．金泽，译．上海：上海人民出版社，1989.
毛宣国．中国美学诗学研究［M］．长沙：湖南师范大学出版社，2003.
牟宗三．牟宗三先生全集：第28卷［M］．台北：联经出版事业有限公司，2003.
穆子敏，方舟．生肖珍闻词语大观［M］．北京：蓝天出版社，1990.
南阳文物研究所．南阳汉代画像砖［M］．北京：文物出版社，1990.
内蒙古自治区博物馆文物工作队．和林格尔汉墓壁画［M］．北京：文物出版社，1978.
庞进．凤图腾［M］．北京：中国和平出版社，2006.
彭自强．佛教与儒、道的冲突与融合——以汉魏两晋时期为中心［M］．成都：巴蜀书社，2000.
山东省文物管理处，济南市博物馆．大汶口［M］．北京：文物出版社，1974.
睡虎地秦墓竹简整理小组．睡虎地秦墓竹简［M］．北京：文物出版社，1978.
苏秉琦．中国文明起源新探［M］．北京：商务印书馆，1997.
孙祥宽．凤阳名胜大观［M］．合肥：黄山书社，2005.
田昌五．古代社会形态研究［M］．天津：天津人民出版社，1980.
童书业．春秋左传研究［M］．上海：上海人民出版社，1980.
汪涌豪，俞灏敏．中国游仙文化［M］．上海：复旦大学出版社，2005.
王大有．龙凤文化源流［M］．北京：北京工艺美术出版社，1988.
王大有．中华龙种文化［M］．北京：中国时代经济出版社，2006.

王国维．观堂集林［M］．石家庄：河北教育出版社，2001.
王国维．水经注校［M］．上海：上海人民出版社，1985.
王国维．宋元戏曲史［M］．上海：上海古籍出版社，1998.
王红旗．神妙的生肖文化与游戏［M］．北京：生活·读书·新知三联书店，1992.
王晖．商周文化比较研究［M］．北京：人民出版社，2000.
王娟．汉代画像石的审美研究——以陕北、晋西北地区为中心［M］．北京：文物出版社，2013.
王昆吾．中国早期艺术与宗教［M］．北京：东方出版中心，1998.
巫鸿、礼仪中的美术——巫鸿中国古代美术史文编［M］．北京：生活·读书·新知三联书店，2005.
王维堤．龙凤文化［M］．上海：上海古籍出版社，2000.
王小盾．四神：起源和体系形成［M］．上海：上海人民出版社，2008.
王政．战国前考古学文化谱系与类型的艺术美学研究［M］．合肥：安徽大学出版社，2006.
王鍾陵：中国前期文化——心理研究［M］．上海：上海古籍出版社，2006.
王重民．敦煌变文集［M］．北京：人民文学出版社，1984.
王洲明，徐超．贾谊集校注［M］．北京：人民文学出版社，1996.
王子今．门祭与门神崇拜［M］．上海：生活·读书·新知上海三联书店，1996.
吴乃华，魏彬．奇趣生肖历［M］．北京：气象出版社，2003.
吴天明．中国神话研究［M］．北京：中央编译出版社，2003.
吴艳荣．中国凤凰：从神坛到人间［M］．杭州：浙江大学出版社，2014.
吴裕成．中国生肖文化［M］．天津：天津人民出版社，2003.
夏建中．文化人类学理论学派：文化研究的历史［M］．北京：中国人民大学出版社，1997.
萧兵．中国文化的精英［M］．上海：上海文艺出版社，1989.
信立祥．汉代画像石综合研究［M］．北京：文物出版社，2000.
徐华铛．中国凤凰［M］．北京：轻工业出版社，1988.
徐乃湘，崔岩峋．说龙［M］．北京：紫禁城出版社，1987.
徐旭生．中国古史的传说时代［M］．桂林：广西师范大学出版社，2003.

阎步克．服周之冕——《周礼》六冕礼制的兴衰变异［M］．北京：中华书局，2009.
杨泓，孙机．寻常的精致之宋元皇后盛饰［M］．沈阳：辽宁教育出版社，1996.
杨宽，伯益、句芒与九凤、玄鸟［M］．上海：上海人民出版社，2003.
杨利慧．女娲的神话与信仰［M］．北京：中国社会科学出版社，1997.
杨树达．卜辞求义［M］．上海：上海古籍出版社，2006.
姚周辉．失衡的精神家园——中国民间灵魂、鬼神、命运信仰的研究与批评［M］．桂林：广西人民出版社，2003.
叶舒宪，唐启翠编．神话历史丛书：儒家神话［M］．广州：南方日报出版社，2011.
游唤民．周公大传［M］．长沙：湖南人民出版社，2008.
余英时．论天人之际：中国古代思想起源试探［M］：北京．中华书局，2014.
袁珂．山海经校注［M］．上海：上海古籍出版社，1980.
袁珂．中国古代神话［M］．北京：华夏出版社，2006.
张道一．吉祥文化论［M］．重庆：重庆大学出版社，2011.
张光直．美术、神话与祭祀［M］．北京：生活·读书·新知三联书店，2013.
张光直．青铜挥麈［M］．上海：上海文艺出版社，2000.
张正明．楚文化志［M］．武汉：湖北人民出版社，1988.
赵诚．甲骨文简明词典［M］．北京：中华书局，1998.
赵国华．生殖崇拜文化论［M］．北京：中国社会科学出版社，1990.
赵剑敏．皇冠与凤冠——中国后妃［M］．上海：上海古籍出版社，1995.
赵明．先秦儒家政治哲学引论［M］．北京：北京大学出版社，2004.
赵翼．陔余丛考［M］．北京：中华书局，1963.
赵翼．廿二史札记［M］．南京：凤凰出版社，2008.
郑文光．中国天文学源流［M］．北京：科学出版社，1979.
郑岩．魏晋南北朝壁画墓研究［M］．北京：文物出版社，2002.
中国科学院考古研究所．洛阳烧沟汉墓［M］．北京：科学出版社，1959.
中国科学院考古研究所．庙底沟与三里桥［M］．北京：科学出版社，1959.

中国画像石全集编委会，汤池．中国画像石全集．陕西、山西汉画像石［M］．济南：山东美术出版社，2000.
中华伏羲文化研究会编．伏羲文化论丛2003［M］．兰州：甘肃人民出版社，2004.
仲候．十二属相与人生［M］．北京：中国商业出版社，2006.
周汛，高春明．中国古代服饰大观［M］．重庆：重庆出版社，1994.
朱大可．华夏上古神系［M］．北京：东方出版社，2014.
朱狄．原始文化研究［M］．北京：生活·读书·新知三联书店，1988.
朱天顺．中国古代宗教初探［M］．上海：上海人民出版社，1982.
宗白华．美学散步［M］．上海：上海人民出版社，1981.

（三）学位论文

1. 硕士论文

韩炜．天水凤凰山泰山神信仰及其旅游资源开发研究[D]. 西安：西北大学，2014.
栗夏蒙．南阳汉画像石墓门初步研究[D]. 郑州：郑州大学，2014.
张珊．生肖文化的起源及其发展过程[D]. 北京：北京语言大学，2007.
赵萌．东周时期单体龙形玉器的形制探讨——以“中原式”为重点[D]. 北京：中国社会科学院，2016.

2. 博士论文

曹书杰．后稷传说与稷祀文化研究[D]. 吉林：东北师范大学，2003.
黄厚明．中国东南沿海地区史前文化中的鸟形象研究[D]. 南京：南京艺术学院，2004.
焦石文．中国权力结构转型的哲学研究[D]. 北京：中共中央党校，2009.
刘涛．《周礼》中所见天神祭祀考论[D]. 吉林：吉林大学，2014.
皮伟兵．先秦儒家“和”政治伦理思想研究[D]. 长沙：湖南师范大学，2006.
王娟．汉代画像石的审美研究——以陕北、晋西北地区为中心[D]. 西安：西北大学，2011.
向柏松．中国创世神话形态研究[D]. 武汉：武汉大学，2011.
徐华．汉魏之际艺术精神嬗变[D]. 武汉：华中师范大学，2001.
杨远．夏商周青铜容器的装饰艺术研究[D]. 郑州：郑州大学，2007.

张常勇．商周青铜艺术身份认同功能研究［D］．上海：复旦大学，2008.
张荣明．殷周政治与宗教关系研究［D］．天津：南开大学，1995.
朱国芳．《礼记》的审美文化意涵研究［D］．济南：山东大学，2013.

## 二、析出文献

陈兆复．古代少数民族的岩画［M］// 民族学研究：第三辑．北京：民族出版社，1982.
段文杰．论西王母壁画［M］// 敦煌学大辞典．上海：上海辞书出版社，1998.
蒋乐平．浙江史前鸟像图符的寓义及流变［M］// 浙江省文物考古研究所学刊．北京：长征出版社，1997.
李孝定．金文诂林读后记：卷 1 ［M］// 古文字诂林：第一册．上海：上海教育出版社，1999.
南京博物馆．南京郊县四座吴墓发掘简报［M］// 文物资料丛刊．北京：文物出版社，1983.
绍兴市故事卷［M］// 浙江省民间文学集成．北京：中国民间文艺出版社，1989.
苏哲．北朝辂制考——以太和五辂为中心［C］// 明大亚洲史论集：第 5 号．明治大学东洋史谈话会，2000.
闻一多．龙凤［M］// 闻一多全集（一）．北京：生活·读书·新知三联书店，1982.
薛婕．馆藏文物精品“鸟纹大玉琮”［C］// 首都博物馆国庆四十周年文集，1989.
张正明，王劲．凤及其与龙的沉浮［C］// 长江文化论集，武汉：湖北教育出版社，1995.

## 三、连续出版物

（一）报纸

邸永君．十二生肖与图腾崇拜［N］．中国社会科学报，2015—8—12.
任氏楠．良渚玉三叉形冠饰与皇冠［N］．中国文物报，1991—10—20.

周南泉．“玉琮王”探释［N］．中国文物报，1990—8—23.

（二）期刊

巴新生．西周的“德”与孔子的“仁”——中国传统文化的泛血缘特征初探［J］．史学集刊，2008（2）．

蔡家麒．论“原始至上神”［J］．世界宗教研究，1995（2）．

曹春平．明初三都午门之比较［J］．古建园林技术，1997（4）．

曹彦生．十二生肖历的起源及其在北方游牧民族间的传承［J］．内蒙古社会科学（汉文版），1995（4）．

晁福林．先秦时期“德”观念的起源及其发展［J］．中国社会科学，2005（4）．

陈望衡．礼玉精神的代表——良渚文化的审美解读［J］．绍兴文理学院学报，2013（2）．

陈炎，李梅．中国与西方服饰的古代、现代、后现代特征［J］．文艺研究，2005（8）．

程地宇．魂归太阳：神树、离鸟、灵舟——“巴蜀图语”船形符号试析［J］．重庆三峡学院学报，1994（4）．

丛德新，罗志宏．重庆巫山县东汉鎏金铜牌饰的发现与研究［J］．考古，1998（12）．

邓斌，张伟莉．中华传统核心价值观的历史变迁与传承［J］．重庆大学学报（社会科学版），2015（6）．

邓淑苹．考古出土新石器时代玉石琮研究［J］．故宫学术季刊，1988，6（1）．

邓淑苹．新石器时代的玉琮——由考古实例谈古玉鉴定［J］．故宫文物月刊：第三卷十期．19：86.

董楚平．伏羲：良渚文化的祖宗神［J］．杭州师范学院学报，1999（4）．

董楚平．良渚文化上帝小考［J］．浙江学刊，1996（5）．

董高，姚海山．朝阳凤凰山在东北佛教史上的独特地位［J］．辽宁省社会主义学院学报，2006（2）．

杜金鹏．良渚神祇与祭坛［J］．考古，1997（2）．

杜金鹏．说皇［J］．文物，1994（7）．

杜林渊．论楚汉帛画的功能与主题［J］．江汉考古，2011（3）．

段玉明．佛教劝善理念研究［J］．云南社会科学，2005（5）．

樊英峰．李重润墓石椁线刻宫女图［J］．文博，1998（6）．
方立天．论中国佛教伦理的理论基础［J］．伦理学研究，2003（4）．
高国藩．敦煌西王母神话与成吉思汗问道［J］．西夏研究，2012（3）．
龚维英．一曲太阳家族的悲歌［J］．求索，1985（5）．
苟爱萍．略谈四神瓦当［J］．当代艺术，2006（11）．
郭静云．史前信仰中神龙形象来源刍议［J］．殷都学刊，2010（3）．
郭沫若．长安县张家坡铜器群铭文汇释［J］．考古学报，1962（1）．
韩建业．庙底沟时代与“早期中国”［J］．考古，2012（3）．
郝清菊．简论东亚神话中的“卵生殖”母题［J］．新乡师范高等专科学校学报，1997（1）．
何星亮．中国龙文化的发展阶段［J］．云南社会科学，1999（6）．
河姆渡遗址考古队．浙江河姆渡遗址第二期发掘的主要收获［J］．文物，1980（5）．
贺刚，陈利文．高庙文化及其对外传播与影响［J］．南方文物，2007（2）．
胡厚宣．甲骨文所见商族鸟图腾的新证据［J］．文物，1997（2）．
胡厚宣．殷卜辞中的上帝与王帝［J］．历史研究，1959（9—10）．
胡萍．水族服饰中的吉祥文化［J］．黔南民族师范学院学报，2002（5）．
湖北省荆沙铁路考古队包山墓地整理小组．荆门市包山楚墓发掘简报［J］．文物，1988（5）．
湖南省博物馆．新发现的长沙战国楚墓帛画［J］．文物，1973（7）．
湖南省文物考古研究所．湖南黔阳高庙遗址发掘简报［J］．文物，2000（4）．
黄河水库考古队华县队．陕西华县柳子镇考古发掘简报［J］．考古，1959（2）．
黄河水库考古队华县队．陕西华县柳子镇第二次发掘主要收获［J］．考古，1959（11）．
黄厚明．河姆渡文化鸟纹及相关图像辨正［J］．南方文物，2005（4）．
黄厚明．良渚文化鸟人纹像的内涵和功能（下）［J］．民族艺术，2005（2）．
黄厚明．论原始宗教形态的逻辑发生［J］．广西民族研究，2003（3）．
黄任远．动植物神话与图腾崇拜［J］．民族文学研究，1999（4）．
黄渭金．河姆渡文化蝶形器再研究［J］．南方文物，1998（2）．

黄骁．从文化的圈层性析商代青铜文化符号之演变［J］．郑州轻工业学院学报（社会科学版），2007（4）．
黄莹．虎座飞鸟形象功能分析［J］．武汉职业技术学院学报，2010（3）．
黄钰财．凤凰山金音石［J］．西部资源，2009（4）．
黄云明．论仙崇拜及其产生的原因［J］．河北大学学报（哲学社会科学版），2001（4）．
霍秀峰．敦煌唐代壁画中的卷草纹饰［J］．敦煌研究，1997（3）．
纪兰慰．论民俗舞蹈的仪式［J］．民族艺术研究，1999（3）．
江奇艳．战国时期楚国丧礼中的棺束与棺饰［J］．考古，2004（6）．
江苏省文物管理委员会．南京近郊六朝墓的清理［J］．考古学报，1957（1）．
姜海军．明初的重礼、崇儒及程朱理学的国家化［J］．南都学刊，2016（1）．
姜生．汉代列仙图考［J］．文史哲，2015（2）．
姜生．马王堆帛画与汉初“道者”的信仰［J］．中国社会科学，2014（12）．
蒋明智．作为巫术信仰的龙［J］．长江大学学报（社会科学版），2008（5）．
金身佳．敦煌写本P.2831《卜葬书》中的麒麟、凤凰、章光、玉堂［J］．敦煌学辑刊，2005（4）．
李菁叶．睡虎地秦简与放马滩秦简《日书》中的十二兽探析［J］．南都学坛（人文社会科学学报），2011（5）．
李萍．仪式音声的“表演”与“展现”——以湖北省石首地区丧葬仪式音声为例［J］．音乐研究，2010（6）．
李清泉．墓门与“天门”——陕北东汉画像主题考［J］．美术学报，2015（2）．
李晟．汉代墓葬图像仙境的象征符号研究［J］．西南民族大学学报（人文社科版），2008（4）．
李学勤．论新出大汶口文化陶器符号［J］．文物，1987（12）．
李忠林．皇天与上帝之间：从殷周之际的天命观说文王受命［J］．史学月刊，2018（2）．
林伟．中国古代神话中的“天人关系”辨析［J］．江苏社会科学，1999（5）．

刘宝建．清代皇后的冬朝冠 [J]．紫禁城，2001（1）．
刘青．从甲骨卜辞看十二生肖之衍生——兼论十二生肖衍化的思维模式 [J]．思想战线，2008（5）．
刘晓路．中国帛画研究 50 年 [J]．中国文化研究，1993.
刘信芳．生肖的起源及文化属性 [J]．中原文化研究，2013（4）．
刘政．河姆渡文化中的双头鸟纹探析 [J]．湖南科技学院学报，2015（8）．
洛阳博物馆．洛阳西汉卜千秋壁画墓发掘简报 [J]．文物，1977（6）．
吕博．头饰背后的政治史：从“武家诸王样”到“山子军容头” [J]．历史研究，2016（4）．
吕汉立，雷阵鸣．“凤凰山”的历史地位与民间传说的差异 [J]．丽水学院学报，2011（6）．
马昌英．中国十二生肖起源探微 [J]．西北师大学报（社会科学版），1999（4）．
马福贞．论中国古代“垂衣而治”的政治文化内涵 [J]．河南大学学报（社会科学版），2006（2）．
马云志．论儒家政治文明 [J]．兰州大学学报（社会科学版），2005（4）．
穆宝凤．元代山西屯留 M1 号壁画墓中的图像构成探究 [J]．民族艺术，2013（3）．
南溪县文物管理所．南溪县长顺坡画像石棺清理简报 [J]．四川文物，1996（3）．
南阳博物馆．河南南阳英庄汉画像石墓 [J]．中原文物，1983（3）．
倪润安．秦汉之际仙人思想的整合与定位 [J]．中原文物，2003（6）．
倪祥保．论中国人原初美意识的起源——兼与陈良运先生商榷 [J]．文艺研究，2005（2）．
彭兆荣．“以德配天”：复论我国传统文化遗续的崇高性 [J]．思想战线，2015（1）．
皮道坚．召唤神灵——战国楚的绘画与雕刻 [J]．文艺研究，1994（2）．
秦红增．天人关系：从神话到哲学的文化嬗变 [J]．广西民族学院学报（哲学社会科学版），2000（2）．
秦维红．“德”在儒家学说史上的演变及真实内涵 [J]．南京政治学院学报，2007（1）．
曲彦斌．生肖文化考上 [J]．文化学刊，2012（4）．

饶宗颐．殷上甲微作裼（傩）考［J］．传统文化与现代化，1993（6）．
邵望平．远古文明的火花——陶尊上的文字［J］．文物，1978（9）．
邵学海．虎座飞鸟是楚巫蹻与巴巫蹻的重组［J］．江汉考古，1997（2）．
石国伟．东岳信仰的传承及其地方社会的影响——以山西地区为例［J］．宗教学研究，2009（1）．
苏宁．鸟图腾与巴蜀族徽［J］．中华文化论坛，2005（4）．
孙董霞．周人之“德”为“明德”论——兼论殷周之“德”的区别［J］．长安大学学报（社会科学版），2015（2）．
唐启翠．冠饰之美［J］．检察风云，2012（5）．
田兆元．图腾神话与祖先神话的传承流变［J］．上海社会科学院学术季刊，1995（3）．
田中知佐子．敦煌莫高窟“龙车凤辇图”源考［J］．李茹，译．敦煌学辑刊，2009（2）．
汪泛舟．敦煌石窟龙凤与库车石窟蛇金翅鸟图象异源考［J］．敦煌研究，1996（1）．
汪小洋．论汉代西王母信仰的宗教性质转移［J］．浙江社会科学，2009（1）．
王凤春，王浩．试论感生神话源于生殖崇拜［J］．松辽学刊（人文社会科学版），1994（4）．
王晖．殷商为神本时代说［J］．殷都学刊，2000（2）．
王吉怀，赵天文，牛瑞红．论大汶口文化大口尊［J］．中原文物，2001（2）．
王明达．浙江余杭反山良渚墓地发掘简报［J］．文物，1988（1）．
王泉根．夏商日名与太阳崇拜——中国人名发展简史之二［J］．寻根，2011（3）．
王仁湘．中国史前的艺术浪潮——庙底沟文化彩陶艺术的解读［J］．文物，2010（3）．
王宪昭．论太阳祭祀活动中的神话传统——以云南汤果村女子太阳节为个案［J］．社会科学家，2017（1）．
王晓玉．“德”之下移：西周铭文中的“德”［J］．太原师范学院学报，2016（3）．
王秀玲．明定陵出土帝后服饰（三）［J］．收藏家，2009（11）．

王永宽．中国龙文化的宏观考察［J］．洛阳师范学院学报，2013（1）．
王云．明代官场服饰述论［J］．聊城师范学院学报（哲学社会科学版），1994（1）．
王振复．神性美学：崇拜与审美的人文“对话”［J］．美与时代（下），2013（6）．
王政．原始巫人戴羽、饰羽与“美”之本义［J］．文艺研究，2015（6）．
王鍾陵．神话思维的历史上限、坐标及走向［J］．中国社会科学，1991（1）．
文术发．从古文字看商周祭祀制度的演变［J］．西南师范大学学报（人文社会科学版），2000（3）．
吴聪．民间服饰中“凤”与“牡丹”纹样叙考［J］．装饰，2012（10）．
吴顺青，徐梦林，王红星．荆门包山2号墓部分遗物的清理与复原［J］．文物，1988（5）．
吴艳荣，王准．空间视角下楚汉葬俗中的凤凰演变——以“镇墓、升仙（天）”主题为例［J］．江汉论坛，2018（1）．
吴艳荣．（龙）凤冠成为皇后象征之历史考察［J］．江汉论坛，2020（1）．
吴艳荣．凤凰（鸟）与升仙的渊源［J］．社会科学动态，2018（9）．
吴艳荣．凤凰对儒家之“德”的秉承、践履及社会意义［J］．社会科学动态，2019（6）．
吴艳荣．凤凰在传统婚姻情爱中的意蕴解读［J］．江汉论坛，2009（11）．
吴艳荣．论楚国的灵凤［J］．江汉论坛，2012（11）．
吴艳荣．论凤凰的“性”变［J］．江汉论坛，2005（5）．
吴予敏．中国原始礼仪艺术的符号化［J］．文史哲，1998（4）．
伍丹，杨经建．神话·游戏·象征——对象征主义艺术的存在论阐释［J］．湖南师范大学（社会科学学报），2016（4）．
夏静．“尚和”思维论［J］．中国社会科学院研究生院学报，2008（6）．
向柏松．吉祥物与自然崇拜［J］．民间文学论坛，1998（4）．
萧兵．《天问》的宇宙观念——《天问新解》引论之一［J］．湖南师范学院学报（哲学社会科学版），1979（1）．
萧兵．操蛇或饰蛇：神性与权力的象征［J］．民族艺术，2002（3）．
萧延中．德性：群族禀赋的精神象征［J］．社会科学，2007（4）．
熊传新．对照新旧摹本谈楚国人物龙凤帛画［J］．江汉论坛，1981（1）．

徐文跃．明代的凤冠到底什么样？[J]．紫禁城，2013（2）．
徐亦亭．伏羲和女娲是传说时代东方华夏的始祖夫妇[J]．西北民族大学学报（哲学社会科学版），2004（6）．
薛富兴．先秦“比德”观的审美意义[J]．陕西师范大学学报（哲学社会科学版），2009（4）．
薛富兴．先秦中华天人关系的五种形态[J]．贵州社会科学，2006（1）．
姚俭建．论中国佛教文化功能塑造与佛教信仰的社会化建构[J]．中央社会主义学院学报，2015（5）．
姚政．十二生肖说[J]．文史杂志，2011（6）．
叶舒宪．生肖文化及其起源[J]．寻根，1998（1）．
叶舒宪．玉人像、玉柄形器与祖灵牌位——华夏祖神偶像源流的大传统新认识[J]．民族艺术，2013（3）．
袁靖．试论良渚文化玉器纹饰的含义[J]．文博，1990（1）．
张碧波．感日卵生——高句丽族源神话——兼及《东明王篇》的解析[J]．东北史地，2010（4）．
张碧波．说甲骨文“易”与“昜”——兼及汤谷扶桑十日神话发生学诸问题[J]．古籍整理研究学刊，2005（2）．
张东赞．古代祭祀活动的仪式性与群体成员的身份认同[J]．宁夏社会科学，2017（1）．
张刚，吴光章．从祖灵意识谈儒道起源及其同流[J]．思想战线，2003（6）．
张和平．神话的文化解读——从涿鹿之战看中国文化的内在矛盾[J]．民俗研究，2016（2）．
张丽华．十二生肖的起源及墓葬中的十二生肖俑[J]．四川文物，2003（5）．
张新民．儒释之间：唐宋时期中国哲学思想的发展特征——以儒学的佛化与佛教的儒化为中心[J]．文史哲，2016（6）．
张星久．母权与帝制中国的后妃政治[J]．武汉大学学报（社会科学版），2003（1）．
张正明，院文清．战国中期曾有佛教造像传入南楚[J]．江汉论坛，2001（8）．
张忠家，吴艳荣．汉族生肖中有龙无凤的文化阐释[J]．社会科学动态，

2017（10）.
赵殿增，袁曙光．“天门”考——兼论四川汉画像砖（石）的组合与主题[J]. 四川文物，1990（6）.
赵国华，刘新然．汉初正统化建设及其特点[J]. 南都学坛（人文社会科学学报），2012（1）.
赵沛霖．郭璞的生命悲剧意识与《游仙诗》——兼析“非列仙之趣”与“列仙之趣”部分之间的关系[J]. 天津社会科学，2011（6）.
浙江省文物管理委员会，浙江省博物馆．河姆渡遗址第一期发掘报告［J］. 考古学报，1978（1）.
郑艺鸿，徐姗姗．明中都龙凤石刻考察及其保护[J]. 通化师范学院学报，2017（1）.
中国科学院考古研究所山西工作队．晋西南地区新石器时代和商代遗址的调查与发掘［J］. 考古，1962（9）.
周庆基．十二生肖说的起源和功用[J]. 河北大学学报，1989（4）.
朱乃诚．仰韶文化庙底沟类型彩陶鸟纹研究[J]. 南方文物，2016（4）.
朱子彦．略论中国皇后制度[J]. 上海大学学报（社会科学版），1997（4）.
邹昌林．中国古代至上神——天帝的起源[J]. 世界宗教研究，2004(4).

# 后 记

这本书从开始撰写到正式出版，历经数年，所以书中的有些内容已经以论文的形式先行发表。如下：

1.《汉族生肖中有龙无凤的文化阐释》（与湖北省社会科学院党组书记、教授张忠家先生合著），《社会科学动态》2017 年第 10 期。

2.《空间视角下楚汉葬俗中的凤凰演变——以“镇墓、升仙（天）”主题为例》（与王准副研究员合著），《江汉论坛》2018 年第 1 期。人大复印报刊资料《先秦、秦汉史》2018 年第 3 期全文转载。

3.《凤凰（鸟）与升仙的渊源》，《社会科学动态》2018 年第 10 期。

4.《凤凰对儒家之“德”的秉承、践履及社会意义》，《社会科学动态》2019 年第 6 期。

5.《（龙）凤冠成为皇后象征之历史考察》，《江汉论坛》2020 年第 1 期。

6.《神话传说和考古发现视域下凤凰崇拜的观念之源》（与湖北省社会科学院研究员、华中师范大学特聘教授、博士生导师刘玉堂先生合著），《社会科学动态》2021 年第 3 期。

感谢所有为此书内容倾注了心力的人！感谢所有关心、帮助我的人！感谢！感恩！感谢湖北教育出版社！

吴艳荣

2022 年 3 月 30 日

崇拜太阳的部落。”[1]长沙马王堆三号汉墓出土的帛书《十六经》中黄帝的别名也是高阳，而“所谓黄帝……其本意正是太阳神”，“中国古代神话中的伏羲——太昊——高阳——帝俊（帝喾）——黄帝，都是同一个神即太阳神的别名。”[2]

（四）帝俊的鸟（凤）神兼日神形象

帝俊（亦即帝喾），“夋”为鸟形。俊字在甲骨文中，头部为鸟头。《山海经》中直接出现帝俊不下15处，并有“五采之鸟”——凤鸟相随。“惟帝俊下友”，道出了凤与俊鸟人合一的图腾实景。帝俊正是一位以凤鸟自居的、人化的太阳神鸟图腾的首领。[3]

（五）祝融的鸟（凤）神兼日神形象

祝融为太阳神。《史记·楚世家》记：“楚之先祖出自帝颛顼高阳。高阳者，黄帝之孙，昌意之子也。高阳生称，称生卷章，卷章生重黎。重黎为帝喾高辛居火正，甚有功，能光融天下，帝喾命曰祝融。共工氏作乱，帝喾使重黎诛之而不尽，帝乃以庚寅日诛重黎，而以其弟吴回为重黎后，复居火正，为祝融。”《国语·郑语》记西周末郑国的史伯说：“夫黎为高辛氏火正，以淳耀敦大，天明帝德，光照四海，故命之曰祝融。其功大矣。祝融亦能昭显天地之光明，以生柔嘉材者也。”《左传·昭公二十九年》杜注：“祝融，明貌也。”这些无疑都是太阳的基本特征。“祝融为火神，亦即日神也。”[4]楚人奉祝融为始祖，《史记·楚世家》和《国语·郑语》均指出，祝融是帝高辛氏火正，即帝俊与祝融之间传说中的君臣关系，反映了两个分别奉帝俊和祝融为始祖的部落集团之间的主从关系。汉《白虎通·五行篇》说：“祝融”，“其精为鸟，离为鸾”，鸾即凤，显然凤是祝融的化身。作为始祖之神的祝融与作为始祖之灵的凤，二位一体。楚文化的主流，是它的始祖——祝融部属从帝俊那边移植过来的，所以才会有太阳鸟的形象。[5]

①田昌五：《古代社会形态研究》，天津人民出版社，1980年，第437页。

②何新：《诸神的起源》，光明日报出版社，1996年。

③陈勤建：《中国鸟信仰》，学苑出版社，2003年，第89页。

④童书业：《春秋左传研究》，上海人民出版社，1980年，第29页。

⑤陈勤建：《中国鸟信仰》，学苑出版社，2003年，第105页。

台之偃蹇兮，见有娀之佚女。……凤皇既受诒兮，恐高辛之先我。’《天问》：‘简狄在台喾何宜？玄鸟致贻女何喜？’则凤鸟亦即玄鸟。‘少皞挚之立也，凤鸟适至’，即‘天命玄鸟’‘帝立子生商’也。”[1] 玄鸟即是凤鸟，也就是太阳神，如此，契为太阳神的后裔无疑。

①童书业：《春秋左传研究》，上海人民出版社，1980 年，第 4 页。

（三）太阳、鸟与周人始祖后稷的诞生

《诗经·大雅·生民》记载了周人始祖后稷感太阳图腾而诞生的神话：

> 厥初生民，时维姜嫄。生民如何，克禋克祀，以弗无子。履帝武敏歆，攸介攸止，载震载夙，载生载育，时维后稷。诞弥厥月，先生如达，不坼不副，无菑无害。以赫厥灵，上帝不宁，不康禋祀？居然生子！诞寘之隘巷，牛羊腓字之。诞寘之平林，会伐平林。诞寘之寒冰，鸟覆翼之。鸟乃去矣，后稷呱矣！实覃实訏，厥声载路。……卬盛于豆，于豆于登。其香始升，上帝居歆……

姜嫄“履帝武敏”，应是一种巫术行为，求太阳帝保佑儿子出生、氏族兴旺和百谷生长、庄稼丰收。而后稷的神奇出生与他出生后发展农业、被称为农神，正是因为他母亲“履帝武敏”，得到了太阳帝的图腾认可和保佑，所以诗的结尾写到了后稷以丰硕的农业成果来祭祀太阳帝：“卬盛于豆，于豆于登。其香始升，上帝居歆。”[2] 所谓“帝武敏”，即指太阳圣迹。[3] 古人认为，死后的祖先会时常来看望子孙，回来时会留下足迹，这种足迹一旦被发现，就被认为是“圣足迹”“神足迹”，妇女踩了这种足迹，祖先神便降临到她的身上使她怀孕。[4] 亦有学者认为，从神话的具体情节中可以看到，不论是姜嫄怀孕，还是后稷诞生，都有神异的“力量”在幕后操纵。

②江林昌：《楚辞与上古历史文化研究》，齐鲁书社，1998 年，第 295—296 页。

③江林昌：《履迹生子观念源于太阳崇拜考》，《东方丛刊》1994 年第 3、4 辑（总第十辑）。

④萧兵：《中国文化的精英》，上海文艺出版社，1989 年，第 196—197、213—216 页。

前者是神异的力量促使姜嫄无夫而孕，后者是神异的力量给后稷以生命；前者的神异力量来自“大人迹”，而后者的神异力量来自“鸟”。而从神话的深层内涵来说，前者表现为周族所崇拜的图腾，是周人的图腾祖先使姜嫄怀上新的生命；后者表现为太阳神，是太阳神以鸟的形式使姜嫄生下的“肉胎”得以成活（诞生）。[1]

虽然后稷是帝喾的儿子这一说法存疑，但是认为“周氏族是从帝喾的氏族派生出来，大致可靠”。[2] 而帝喾（俊）正是日神兼鸟神的形象。

（四）玄鸟卵与秦先祖的诞生

《史记·秦本纪》云：“秦之先，帝颛顼之苗裔孙曰女修。女修织，玄鸟陨卵，女修吞之，生子大业。”按此传说，秦代先祖的由来，与商先祖的出生如出一辙。这不是传说故事的偶合，而是同一鸟信仰部族信仰文化朦胧的记忆。[3] 秦本淮夷支族，故亦有东方鸟图腾之神话也。[4] 以太阳为图腾，太阳神幻化为“鸟”的形象是其图腾崇拜的特点，反映人的诞生与图腾物（鸟）的繁殖方式相同，即卵生神话。

①李立：《文化整合与先秦自然神话演变》，云南人民出版社，2002 年，第 28 页。

②徐旭生：《中国古史的传说时代》，广西师范大学出版社，2003 年，第 92 页。

③陈勤建：《中国鸟信仰》，学苑出版社，2003 年，第 111—112 页。

④童书业：《春秋左传研究》，上海人民出版社，1980 年，第 5 页。

## 第二节　考古发现中的远古时期鸟（凤）日崇拜

“神话既不是骗子的谎话，也不是无谓的幻想物，不如说它们是人类思维的朴素和自发的形式之一。只有当我们猜中了这些神话对于原始人和他们在许多世纪以来丧失掉的那种意义的时候，我们才能理解人类的童年。”[5] 今天看上去不可思议的“日鸟”神话，在考古发现中得到了诸多惊人的印证，“鸟（凤）日相伴”的原始图像，在中国古代艺术史上是一个常见的图式，尤其是在长江流域与黄河流域。长江流域如湖南高庙遗址、浙江余姚河姆渡遗址、良渚文化遗址等。黄河流域如属

⑤［法］拉法格：《宗教和资本》，生活·读书·新知三联书店出版社，1963 年，第 2 页。

南陕县庙底沟一期为代表，绝对年代在公元前4000—前3500年（下限或许更晚）。[1]庙底沟文化彩陶是一种象征艺术，而不仅仅只是器具的装饰艺术。[2]阳文鸟纹在庙底沟类型中流行了很长时间，反映了鸟与人们的生产、生活活动有了更加密切的关系。[3]

在河南陕县庙底沟遗址出土的一大批彩陶中，其中一片彩陶（图1-4）的图案，是在黑彩围成的一个椭圆形空白的中部，绘一展开双翅飞翔的阳文鸟纹。不完整的椭圆形空白应该是太阳，三足的踆乌飞翔在太阳之中。

图1-4 庙底沟饰“鸟在日中”彩陶片[4]

陕西华县泉护村遗址发现了8例各种彩陶盆、彩陶钵上的阳文鸟纹。其中泉护村一期Ⅰ段的H165：402彩陶盆残片（图1-5）上的侧视飞翔鸟纹，鸟嘴微启，眼睛张开，形象生动；鸟背上部绘有大圆点，似有鸟在太阳之下高空飞翔的意境。

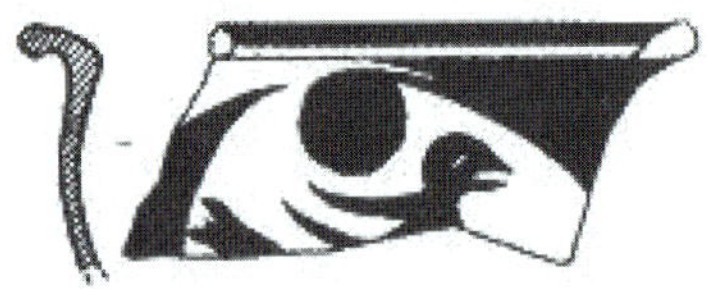

图1-5 华县泉护村一期饰“凤鸟载日”陶盆残片[5]

①韩建业：《庙底沟时代与“早期中国”》，《考古》2012年第3期。

②王仁湘：《中国史前的艺术浪潮——庙底沟文化彩陶艺术的解读》，《文物》2010年第3期。

③朱乃诚：《仰韶文化庙底沟类型彩陶鸟纹研究》，《南方文物》2016年第4期。

④中国科学院考古研究所：《庙底沟与三里桥》，科学出版社，1959年。

⑤北京大学考古学系：《华县泉护村》，科学出版社，2003年，第35页。

宽鼻阔嘴，嘴中间以小三角表示牙齿，两侧外伸两对獠牙。整个纹饰高约3厘米、宽约4厘米，线条极其精巧纤细。这种神人兽面复合像应是良渚人崇拜的“神徽”。[1] 不仅良渚文化玉琮上几乎都刻有这种“神徽”，而且这种图像还见于良渚文化的钺、冠状器、三叉形器、半圆饰、璜等其他玉器上，有繁有简，只是“琮王”堪称其中最繁复完备者。

不少学者认为该“神徽”包含了鸟的复合形象。如周南泉认为所谓玉琮上的人兽复合纹实质都应为鸟纹，只不过在表现时，它们是正视而不是侧视的，对其形象尽量夸大其凶猛奇特，以树其威。是以称“人兽复合纹”者，皆宜称“人鸟复合纹”。[2] 蒋乐平也认为良渚“神人”的完整形式是一具戴冠的人面鸟身复合神形象。[3] 赵国华认为该神像是对“鸟”的神化，表现了良渚人对鸟的崇拜之情。[4]

尽管聚讼纷纭，“鸟祖”说即鸟神和日神结合而成的鸟祖形象是主流观点。如黄厚明认为“神徽”是一种人格化的鸟神和日神结合而成的鸟祖形象：首先，神像表现的是一个完整的鸟祖形象，鸟的属性既体现在鸟祖的头部、上肢，也体现在鸟祖的躯体和下肢。其次，神像又是可以分解的，其上部的纹样表现的是一个人格化的鸟神形象，意义指向等同于鸟祖；下部的纹样表现的是自然鸟神和日（月）神的复合形象，其造型已渗入人的因素。这两种层次在内涵上既是统一的，同时又是彼此独立的。两者的统一性反映在“鸟”和“人”两个方面，这是两种层次内在逻辑关系的具体体现，也是两种不同图式能够结合在一起的根本原因；两者的独立性则是由良渚人原始宗教形态的多维性决定的。[5]

（二）“阳鸟祭坛图”

“阳鸟祭坛图”是一种复杂的图像，保存在良渚“重器”玉琮、玉璧等玉器上。完整图像一般为：坛体边框线内有“阳

①浙江省文物考古研究所反山考古队：《浙江余杭反山良渚墓地发掘简报》，《文物》1988年第1期。

②周南泉：《“玉琮王”探释》，《中国文物报》1990年8月23日。

③蒋乐平：《浙江史前鸟像图符的寓义及流变》，《浙江省文物考古研究所学刊》，长征出版社，1997年，第224页。

④赵国华：《生殖崇拜文化论》，中国社会科学出版社，1990年，第309页。

⑤黄厚明：《良渚文化鸟人纹像的内涵和功能》（下），《民族艺术》2005年第2期。

者则表现为外在的力量，是这种生命之根得以成长的条件。不可否认，以此为构架，周人创造了“姜嫄履大人迹”的神话；以此为思想主旨，周人在姜嫄神话中通过新的神话代码，创造了新的神话情节，表达了新的宗教观念和宗教情感。[1]

①李立：《文化整合与先秦自然神话演变》，云南人民出版社，2002 年，第 33—34 页。

身份是一个社会性概念，它表明个体或具有某种相似性的群体在特定社会结构中所处的地位及作用。神属身份指在神权统治下的商周社会中，贵族成员在拟想的神人关系中，因归属于神灵而获得的社会身份。在先民眼中，另一个世界又是天帝的居所，逝去的祖先在那里也变成了神灵，和帝、天、四方等各色神灵居住在一起，并可以对他们施加影响，从而降福于自己。这样，先民成为神灵的子孙，受到神灵的庇护。但是，并非所有的人都会受到神灵的护佑，阶级分化以后，宗教也随之分化，一个部落、部族共同信仰的图腾被个别强势家族的祖先替代，只有处于社会上层的贵族集团的成员才有资格将自己的祖先追认为神灵，也只有他们才配称为神的子孙，他们也因之拥有了神属的身份。[2]

②张常勇：《商周青铜艺术身份认同功能研究》，复旦大学博士论文，2008 年。

商人通过“天命玄鸟，降而生商”建立起族群与上帝的亲缘关系，周人亦通过履“巨人迹”“弃渠中冰上，飞鸟以其翼覆荐之”（《史记·周本纪》），建立起周族与上帝（太阳神）、神鸟间的亲缘关系、神性继承关系。商周两代自然观和祖先观存在多方面的一致性，帝（天）崇拜、祖先崇拜是商周两代的共同信仰。上（天）帝、在天的祖灵是商周统治者获取属神身份的来源，凤凰在其间扮演着祖灵化身的重要角色。

## 二、天人沟通与政治维护

### （一）天人沟通中的祭祀与仪式

在巫术、宗教发挥重要政治作用的商周时期，天人沟通是重要而神圣的事情。天人沟通的主要方式之一为祭祀。《左

## 第二节　（龙）凤冠成为皇后象征之历史考察

“在西方，社会地位最细微的上升都要反映在服装上。”[1] 而中国古代的“身份制”社会里，服饰标识地位的功能则比西方有过之而无不及。[2] 在中国古代一段很长的历史时期里，皇后（后妃）戴（龙）凤冠是皇室的一项重要礼制，而（龙）凤冠作为皇后（后妃）的象征，也成为人们传统意识里的一种政治文化现象。

①[法]布罗代尔：《15至18世纪的物质文明、经济和资本主义》第1册，顾良、施康强译，生活·读书·新知三联书店，2002年，第367页。

②阎步克：《服周之冕——〈周礼〉六冕礼制的兴衰变异》，中华书局，2009年，第5页。吕博：《头饰背后的政治史：从“武家诸王样”到“山子军容头”》，《历史研究》2016年第4期。

从词源意义来看，皇、后与王、王冠有密切的关系；古代神话里，皇与女神及鸟神有深厚渊源。凤、皇（凰）结合以后，凤冠的正式形成有一个漫长的过程，与时代的发展赋予凤凰的政治文化内涵有关。凤凰承载的鸟祖信仰、生殖崇拜、神性与德性等原始宗教思想奠定了凤凰的政治文化地位；秦汉一统以后，龙的政治文化地位跃升，以及凤凰与龙“相配”的阴阳观念与文化象征，凤凰作为女性头饰的演绎过程，凤凰人格喻意上的逐步女性化等一系列渊源已久的政治需求与文化因素导致了凤冠的诞生。宋代开始将（龙）凤冠纳入皇家礼服制度，这一标志性的开端，使（龙）凤冠俨然成为皇后（后妃）的象征，除元朝后妃遵照本民族的传统戴顾姑冠外，明清后妃均戴（龙）凤冠，但清代皇后的凤冠上不再饰龙。那么，凤凰与冠饰的渊源，奠定凤凰政治文化地位的历史因素，凤凰与女性的密切关系，龙、凤分别象征帝、后的历史轨迹与政治意义，以及皇后（后妃）戴（龙）凤冠的丰富象征意义等问题均需要厘清。

### 一、皇、后与王、王冠的密切关系

#### （一）皇与礼冠之源

凤皇有时简称为“凤”，“皇”后世又写作“凰”，《尔

位宫女头戴高冠，冠上插凤头金簪，凤嘴衔长缨，长缨之下有步摇。[1] 不过，在唐人礼仪观念中女性本不应戴冠冕。《唐六典》卷四《尚书礼部》叙及皇后之服、外命妇之服，皆是“钿钗礼衣”之制，没有冠冕。李商隐《宜都内人传》云：“改去钗钏，袭服冠冕……真天子也。”一方面说明当时女性服饰的常态应是不“袭服冠冕”，另一方面说明女性已有戴冠趋势。

宋代女子戴冠之风很盛，有白角冠、团冠、等肩冠等。[2] 宋代服制中的凤冠即在团冠的基础上发展而来[3]，可备一说。但宋代冠服制度中的凤冠，形成原因并不如此简单，由唐代到宋代世风的几大转变以及凤凰作为冠饰自身的演进均是促成因素。其一，宋代女子戴冠之风盛行，说明后妃戴冠已是必然。其二，《后汉书》载凤凰爵作为汉代太皇太后、皇太后入庙服的头饰，实际已经拉开了凤凰头饰凸显女性“尊显”的历史序幕。其三，凤凰的人格化喻指有一个演变的过程，经历了唐代武则天在明堂上施宝凤、自比为凤的政治举措，凤凰“女性化”在宋代已趋于定型[4]，这也是推动凤冠进入皇室礼制的一大因素。其四，儒家政治礼制发展的需求。

（二）宋代（龙）凤冠开始进入后妃舆服志

由于冠礼的特殊意义，使它成为代表服饰最高等级——冕服制中不可缺少的组成部分。中国古代女子用于行礼的冠饰，向以凤冠为重。[5] 但正式将凤冠定为礼服，纳入冠服制度，是从宋代开始的。《宋史·舆服志》记载，北宋后妃在受册或朝贺景灵宫等隆重场合，都要按规定戴上凤冠。其形制为“首饰花九株，小花同，并两博鬓，冠饰以九翚（翚是一种有五彩羽毛的锦鸡）四凤”。宋室南迁以后，贵妇所戴的凤冠又增添了龙的形象，称为龙凤花钗冠。《宋史·舆服三》：“中兴，仍旧制。其龙凤花钗冠，大小花二十四株，应乘舆冠梁之数。博鬓，冠饰同皇太后，皇后服之，绍兴九年所定也。”元代贵妇

①樊英峰：《李重润墓石椁线刻宫女图》，《文博》1998 年第 6 期。

②徐文跃：《明代的凤冠到底什么样？》，《紫禁城》2013 年第 2 期。

③杨泓、孙机：《〈寻常的精致〉之〈宋元皇后盛饰〉》，辽宁教育出版社，1996 年。

④吴艳荣：《论凤凰的“性”变》，《江汉论坛》2005 年第 5 期。

⑤周汛、高春明：《中国古代服饰大观》，重庆出版社，1994 年，第 11 页。

害将及人。……命方相氏帅百隶索室殴疫以逐之。又磔牲以禳于四方之神，所以毕止其灾也。”仲秋之月，“天子乃傩，以达秋气”。郑注：“此傩，傩阳气也，阳暑至此不衰，害亦将及人。所以及人者，阳气左行，此月宿直昴、毕，昴、毕亦得大陵积尸之气，气佚则厉鬼亦随而出行……礼曰，仲秋九门磔禳，以发陈气，御止疾疫。”季冬之月，“命有司大傩，旁磔，出土牛以送寒气”。郑注：“此傩，傩阴气也。傩阴始于此者，阴气右行，此月之中，日历虚、危，虚、危有坟墓四司之气，为厉鬼，将随强阴出害人也。旁磔于四方之门，磔禳也。”“毕春气”“达秋气”“送寒气”，一岁三傩，而仲夏之月正是阳气极盛之时，万物生长均需阳气，故不举办傩事。傩肇于殷，本为殷礼，于宫室驱除疫气。[1]

可见，在时间上一年三季，空间则是四面八方、天上地下，皆有凶邪戾气，时空环境如此险恶，企图升仙的人们很没有安全感，迫切需要有保驾护航的工具。

（三）凤凰的勇猛善战与祛邪辟恶、承载导引功能

1. 凤凰勇猛善战

先秦时期的楚凤神勇有力，能与龙虎相搏、践蛇。江陵马山一号楚墓出土的丝绣（图 4-2）上有凤与龙、虎相蟠、相搏的纹样，看似柔美的楚凤能与威猛的龙虎相抗衡，足见其非同一般的神勇与战斗精神。楚凤威猛的一面也见于文献，如《山海经·海内西经》曰“开明西有凤鸟、鸾鸟，皆戴蛇践蛇，膺有赤蛇”。四川南溪县长顺坡墓二号石棺前端，有凤鸟戴（践）蛇（凤鸟踏双山）图[2]。《拾遗记》卷一记载，尧在位七十年，有祗支之国，献重明之鸟，状如鸡，鸣似凤，能搏逐猛兽虎狼，使妖灾群恶不能为害。其未至之时，国人或刻木，或铸金，为此鸟之状，置于户牖之间，则魑魅丑类自然退伏。这里“重明鸟”为凤凰之属。

①饶宗颐：《殷上甲微作禓（傩）考》，《传统文化与现代化》1993 年第 6 期。

②南溪县文物管理所：《南溪县长顺坡画像石棺清理简报》，《四川文物》1996 年第 3 期。

扬了神仙道术，游仙活动因以摆脱了巫术的原始状态，添注了一种宗教超越的魅力，更广泛地吸引了社会各阶层人士；游仙观念也因以获得了深厚的文化内容，扩大了道教在传统文化传播中的影响。[1] 在包含了灵魂不灭、自然崇拜、鸟祖信仰等思想信仰的原始宗教、巫术信仰与神仙信仰的复合作用下，缔结了凤凰与升仙的渊源，贯串其间的是人类强烈的生命意识。

①汪涌豪、俞灏敏：《中国游仙文化》，复旦大学出版社，2005 年。

## 第三节 楚汉葬俗中以“镇墓、升仙(天)”为主题的凤凰演变

丧葬行为是人生中的重要礼俗之一。《论语·为政》：“生，事之以礼；死，葬之以礼，祭之以礼。”《荀子·礼论》说：“礼者，谨于治生死者也。生，人之始也。死，人之终也。终始俱善，人道毕矣。故君子敬始而慎终，终始如一，是君子之道，礼义之文也。”丧葬仪式是为逝者举办的标志其走完人生历程、离开人世的一种礼俗，但是，在灵魂不灭、孝道观念以及巫术信仰、神仙信仰等思维意识的作用下，古人讲究“事死如生，事亡如存”，认为死亡并不代表逝者的彻底消亡，而是从现实的生存世界到了另外的世界，以其他形式的生活方式存在着。正因为此，楚汉葬俗中有很多为“镇墓、升仙（天）”服务的陪葬品、器物纹饰、墓室装饰等。[2]

从出土文物来看，楚汉葬俗中的凤凰元素重要而多见，饰凤纹或凤凰造型的器物林林总总，从功能意义上讲，凤凰具有镇墓辟邪、引魂升仙（天）的作用，是仙境的象征符号，表示方位，喻示吉祥，象征婚姻美好、阴阳和合与子孙绵延等。[3] 下文专从空间变化的视角，围绕“镇墓、升仙（天）”主题来探讨楚汉葬俗中的凤凰演变。

②有学者将汉代人思维中的宇宙构成由高至低分为四部分：天上世界、仙人世界、人间世界、鬼魂世界。参见信立祥：《汉代画像石综合研究》，文物出版社，2000 年，第 60 页。由于本文论述的时间范围跨越楚汉，故对天界与仙界不作区分。

③吴艳荣：《中国凤凰：从神坛到人间》，浙江大学出版社，2014 年，第 37—62 页。

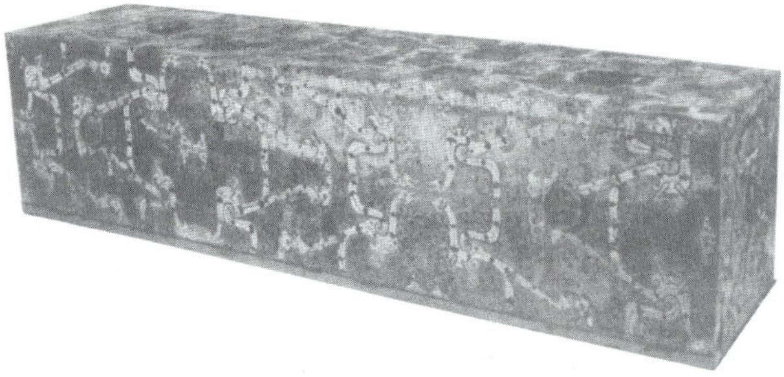

图 4-6 骑马临门画像石拓本（长宁县七个洞 7 号崖墓崖棺画像棺外侧）

图”[1]（图 4-6）：一人骑马，戴冠，穿宽袖袍，引辔前行；马前刻一凤鸟，展翅扬尾，一足立地，一足前举，作引路状。骑马人和凤鸟均向右边天门（门楼）方向行进。棺身前端为“门前迎谒图”：左边有一单阙象征天门，阙顶飞檐前端站立一凤鸟；右边一人戴冠著袍，作躬迎状。显然棺身前端的凤鸟在把守天门，而棺身外侧的凤鸟在引导、护送墓主人往天门行进。

2. 鎏金铜牌上的凤纹

鎏金棺饰铜牌是巴蜀地区（尤其是三峡地区）汉墓中比较有特色的一种器物，装饰于木棺外面。下图的鎏金铜牌（图 4-7）出土于巫山县江东嘴小沟子，直径 23.5 厘米、边框 0.7

①罗二虎：《汉代画像石棺》，巴蜀书社，2002 年，第 191、92、111—112 页。

图 4-7 鎏金铜牌[2]

②丛德新、罗志宏：《重庆巫山县东汉鎏金铜牌饰的发现与研究》，《考古》1998 年第 12 期。

（三）马王堆一号汉墓T形帛画

对于马王堆一号汉墓T形帛画的性质，学术界一直流行“招魂”说和“引魂升天”说两种主要观点，尤以“引魂升天”说占上风。[1] 姜生认为，汉墓画像符号系统隐含着死后生命转化成仙为核心主题的思想逻辑。他依T形帛画自身圆满的思想逻辑，将其图像符号话语尽可能转换为语言表达，转译整理出其中包含的尸解升天转变成仙过程示意图。[2]（图4-11）从示意图中可以看出，凤凰正处于“上九天”的“天门”处。

①刘晓路：《中国帛画研究50年》，《中国文化研究》1993年冬之卷（总第10期）。

②姜生：《马王堆帛画与汉初“道者”的信仰》，《中国社会科学》2014年第12期。

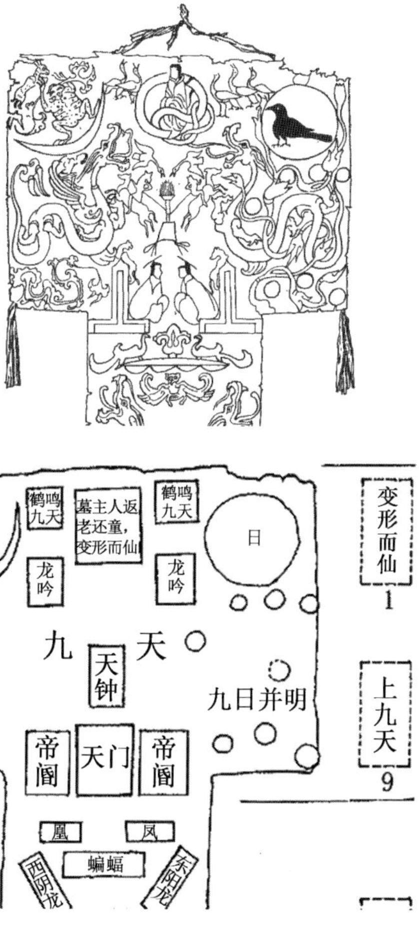


图4-11　马王堆一号汉墓T形帛画（上部）
马王堆一号汉墓T形帛画之得道升仙过程示意图（上部）

天的神鸟，体现出楚凤文化属性的复杂性，其神异功能综合了巫术信仰与神仙观念的双重作用，但巫术信仰是主导，楚凤的特异造型反映了这一点。战国时期神仙思想虽然已经形成，但还属于早期的发展阶段，属于比较模糊、朦胧的神仙观念，与神话、巫术等没有完全分离。

比较楚凤造型的神秘感与神异性，汉代凤凰的主体形象已经褪去了巫风的影响，没有灵物再造的成分，而是独立的个体；也没有酣歌恒舞[1]、以歌舞降神引灵的巫术之态。汉代凤凰的形象主要受神仙信仰的影响，同样是墓葬里表现“镇墓、升仙”的主题，汉代凤凰的组合搭配意蕴比楚凤要清晰、明朗得多。在汉墓中，凤凰不仅起着“镇墓、升仙”的作用，还成为仙境的象征符号之一，颇有“仙气”。如汉墓中凤凰的组合画像，不仅有凤凰与天门组合，还有凤凰立于被称为“天梯”的神树之上；凤凰口含仙药；以及凤鸟与伏羲女娲、凤凰与西王母、凤凰与天禄等其他组合。[2]

①吴艳荣：《论楚国的灵凤》，《江汉论坛》2012年第11期。

②罗二虎：《汉代画像石棺》，巴蜀书社，2002年，第152—164页。

总体来看，楚汉葬俗在表达鬼魂世界与神仙世界的空间穿越中，凤凰是标志性的守护者与引导者之一。从战国时期人们对死亡世界比较模糊的认识，到汉代人逐渐清晰构想的神仙世界，由楚到汉，随着巫术信仰与神仙信仰的不同发展，凤凰在“镇墓、升仙（天）”主题中的作用形式在空间上呈现出细化、分层、程式化等丰富多样的演变，也在文化属性上发生了由巫风到“仙气”的时代转变。

## 第四节　“仙佛模式”、儒佛混融中的凤凰

大约两千年来中国佛教的历史表明，佛教一传入中国，就与传统的道教方术、儒家伦理相调和，随后又依附于魏晋玄学，在隋唐时代佛教宗派的创立者也是这样那样地吸取传统思

想来构筑本宗的思想体系。[1]

[1]方立天：《中国佛教与传统文化》，中国人民大学出版社，2010年，第409—410页。

## 一、“仙佛模式”中的凤凰

### （一）佛道融合的文化背景

从历史上看，佛教来华之时，正值中土社会上各种方术迷信盛行之际。天帝、鬼神、祖先的崇拜和祭祀、卜筮、占星、望气、风角等种种方术，在当时社会上都非常流行，特别是黄老神仙方术更是盛极一时。到东汉末年，随着先秦道家思想的活跃，奉老子为教主、熔阴阳五行与鬼神方术于一炉的道教逐渐形成。道教的宗教理想是通过各种道术的修行以求长生不死，得道成仙，其呼吸吐纳等许多修道方法，都与佛教修行有某些相似之处。而且早期道教以符箓治病、炼丹延命为主，其教义学说比较简单，仪轨戒条也不是很完备，像佛教这样各方面都比较成熟的宗教的传入，对道教的进一步发展是有借鉴意义的，因而道教最初往往将佛教引为同道。[2]

[2]方立天：《中国佛教与传统文化》，中国人民大学出版社，2010年，第409—410页。

佛教也充分利用这样的机会和条件，有意地对此加以迎合，以求在异国他乡更好地生存发展。例如在传为中土第一部汉译佛典的《四十二章经》中，就把佛陀描绘为“轻举能飞”的“神人”，把小乘佛教修行的最高果位“阿罗汉”描绘为“能飞行变化，旷劫寿命”。中国佛教信徒编的最早介绍佛教的著作《理惑论》中也以道家神仙家之言来解释佛陀，认为“佛乃道德之元祖，神明之宗绪”，能够“恍惚变化，分身散体”，“蹈火不烧，履刃不伤”，极似神仙道术之士所讲的“神人”“真人”。这些说法，既消解了人们对外来佛教的拒斥心理，也使佛教得到了那些想长生不老和求得神灵福佑的统治者的欢迎。《后汉书·楚王英传》记，楚王刘英“晚节更喜黄老，学为浮屠斋戒祭祀”“诵黄老之微言，尚浮屠之仁祠”，汉桓帝也在“宫中立黄老浮屠之祠”（《后汉书·襄楷传》），都

的鸟。

佛教死亡观自佛教两汉之际传入不久便影响了中国传统的葬俗，在丧葬礼仪、葬式、墓葬等传统丧葬习俗的各个环节中都有反映，可以说佛教对传统丧葬的影响与佛教的中国化进程基本同步。佛教对传统丧葬的影响具体表现为：佛教仪轨介入丧葬仪式，并逐渐成为其中一部分；传统祭祀发生转变，增加了举办超度法会、造像、写经等追崇冥福的佛教行为；传统一元化的全尸土葬模式被打破，不仅出现火化、露尸葬等与传统背道而驰的葬式，还产生一系列中印合璧的新型葬式；陪葬品中佛教因素不断丰富，所表现的佛教信仰程度呈不断深化趋势。东汉起墓葬中就开始出现佛教因素。东汉到魏晋时期富含佛教文化因素的墓葬是初期表现形式，至于佛教死亡观对丧祭仪式的介入和对葬式的多元化影响，都是佛教发展到一定程度的结果。佛教死亡观对丧葬民俗的改变，从一个独特的视角展现佛教在世俗信仰层面的形态，揭示国人接受佛教的心理过程。[1]

①海波：《佛说死亡——死亡学视野中的中国佛教死亡观研究》，陕西人民出版社，2008年，第150、180页。

墓葬中的佛教因素包括墓上建筑和墓内因素两类，后者又可分为墓内装饰和随葬明器。墓上建筑大都无存，主要借助文献研究，墓内诸物主要凭借考古成果。墓内因素一般包括墓内装饰和随葬明器。装饰能够反映当时的思想和艺术，明器模仿生前所需，体现着“事死如事生”的观念。总的来说，考古中所见的佛教因素，大体上有壁画、画像镜、魂瓶、画像砖（石）、柱础、钱树、熏炉、铺首、陶俑、壶、罐、瓶、戒指、铜棺、墓砖等上面或本身的装饰。佛教在丧葬中的表现，从东汉至魏晋，大江南北都有。[2]

②海波：《佛说死亡——死亡学视野中的中国佛教死亡观研究》，陕西人民出版社，2008年，第181—183页。

东汉，佛教初传，墓葬中的佛教因素较少，一般都是以仙佛信仰模式出现的。考古发现如下：

墓内装饰方面发现集中在北方，如1972年清理的内蒙古

